融合教育
理論與實務

吳淑美　著

目次

作者簡介

吳淑美

美國密蘇里大學特殊教育博士
美國密蘇里大學兒童發展與家庭發展碩士
美國密蘇里大學統計碩士
政治大學心理學系學士

1987 年 8 月至新竹教育大學初等教育學系任教，並兼任特殊教育中心主任
1989 年開始實施學前融合實驗，向當時的教育廳申請學前語障及聽障融合計畫
1993 年創立特殊教育學系，擔任第一任系主任
1994 年創立新竹教育大學附小融合班，向教育部申請設立特教實驗班，擔任特教實驗班計畫主持人三年，之後繼續指導融合班
2000 年創立育賢國中融合班
2000 年成立財團法人福榮融合教育推廣基金會，擔任董事長至今
2004 年興建完成融合教育校區
2004 年基金會創立體制外國中融合班
2015 年擔任非學校型態國中團體實驗計畫主持人
2016 至 2018 年連續三年擔任香港教育大學幼教系學前融合學分班（Certificate in Professional Development Programme Catering for Diverse Needs of Young Children）外審（External Examiner）
2000 年至 2019 年拍攝四部融合教育紀錄片（同班同學、聽天使在唱歌、晨晨跨海上學去、不可能啦啦隊）並擔任導演

　　從 1989 年無心插柳設了學前融合班到 2016 年，我和融合班的孩子相處了 27 年，這個機緣不但成為我人生中一個重大的轉捩點，更讓我有機會接觸融合教育的實務，得以撰寫融合教育的著作。

序

　　在台灣，融合教育已是教育界耳熟能詳的名詞，大家都聽過，但怎麼做怎麼執行就少見討論了。現在很多國中及國小開始招收身心障礙生和普通生一起上課，一個班級甚至不只一個特殊生，國中小階段的融合愈來愈普遍已是一種事實。然而教育界一提到融合教育都說立意良好，但執行起來卻困難重重，亟需融合教育之教學指引，而坊間有關國中小如何實施融合教育的書卻是少之又少。

　　《融合教育理論與實務》一書，不只是一本教科書，也是一本實施融合教育的必備參考書，它提供了融合班的理念及教學策略，讓教師知道如何執行融合班教學，最重要的是它和當今教改理念契合，提供符合教改特色的合作學習，課程統整、多元評量等實務，按部就班的說明如何在有普通及特殊生一起學習的融合式班級中執行教學，以及如何撰寫整學期跨領域及科目的課程計畫、如何調整教師教學及評量學生的學習，因而它是一本實用的書，而不是只有理論的教科書。

　　本書所提及的教學方式是針對國中小融合班中的普通生及特殊生而設計，教學設計是以普通學生為參考座標，然後再在普通班的架構中加入特殊生的需求。

　　全書共分 15 章，詳細的介紹融合教育的理論及如何建立一適性教育模式，針對融合班的作息安排、環境管理、班級經營、行為管理、師資管理、特教哲學、訂定個別化教育計畫（IEP）、課程設計、課程、教學策略及教學調整與多元評量，有鉅細靡遺的介紹，並說明如何與家長溝通，以及如何增進普通及特殊學生間之互動。本書不只可供教師教學參考，也供父母了解融合班之用。

　　書中呈現的表格、問卷及教案都是作者根據融合班中普通與特殊生之教學需要而設計，並在竹大附小融合班使用多年，證明其可行者才列入。本書能撰寫完成定稿，完全歸因主持竹大附小融合班實驗多年，讓融合班之理念及實務都變為可行。期待本書之出版能帶給普通教育及特教界一些衝擊，引發更多人投入教育模式的實驗。

第 **1** 章

融合教育緒論

　　把特殊需求的學生融入普通班級已是特殊教育的新趨勢，美國在 1980 年開始實施統合（integration），讓原本在特殊班的學生進入普通班與普通生融合（inclusion），為了達到融合的效果，會將特殊生集中在一個普通班，集中資源照顧這個有著普通生及特殊生的普通班。美國自 1990 年起開始將各種類別之特殊生（包括自閉症、智障、聽障、多重障礙、學障等）放入普通班和普通生一起學習，美國稱這樣的班為「融合班」，他們認為透過改變普通班級的課程及生態，特殊生的需求一樣可以在普通班被照顧到，只要普通班辦得好，特殊教育就可辦得好，因而在國外，融合是一普通教育的改革。目前在美國及加拿大都已採融合的方式，它對普通教育及特殊教育教材教法都造成很大的衝擊，合作學習、合作小組及同儕間的學習及合作都是達到融合教育的策略及途徑。

　　一般人常將融合教育（inclusive education）和回歸主流（mainstreaming）混為一談，究竟兩者的差別在哪？最大的差別在於融合式班級中特殊生是班級裡面的一分子，普通班的課程做調整，讓特殊生能在普通班級中參與並且學習；換言之，特殊生的需求不需透過特殊班，在普通班其需求就可得到照顧。回歸主流則是讓特殊班的特殊生在部分時間進入到一個普通班級中。至於資源教室安置，指的是特殊生到資源教室接受主科為主的補救教學，雖然大多數時間特殊生和普通生在一起，但原班的課程並未做調整。

至於融合式班級中究竟應該融入多少特殊生，以哪一類的特殊生較適合，並未有定論（Kochhar, West, & Taymans, 1996）。一般而言，輕度障礙生融入普通班的難度較低，中度及重度甚至多重障礙的學生融入普通班的機率較小，然而融合亦是中重度及多重障礙者的期望，因而在美國不只輕度學生融合至普通班，連中重度、多重障礙的學生也能完全融合至普通班級中。

不管普通班級融入的特殊生其障礙的程度為何，只要班上有特殊生，教師就必須提供符合學生需求的教學，因而融合式班級需要新的教學技巧、新的教學組合及新的態度。

在台灣，特殊生和普通生一起上課的型態本來就有，幾十年前還沒有特殊班的時候，普通班上就可能有一些程度較差的學生，但那些學生只是跟著上課，教師並未為他們設計課程。後來政府大量設置啟智班後，普通班就較看不到這些學生了。

第一節　融合教育之歷史淵源

融合教育是自然環境及最少限制環境的延伸，欲了解融合教育，須先從了解回歸主流及其和特殊教育之淵源談起。

一、回歸主流教育的源起

美國早在 1970 年即提出回歸主流的做法，回歸主流指的是，把特殊生統合至普通班級，讓所有學生享有相同的學習資源和機會，給予特殊生一正常化、非隔離的教育環境，讓就讀特殊班的學生在非學科時間進入普通班上課，跟著普通生的進度上課，如午餐、體育課、美術課。因此「回歸主流」的理念在於讓特殊生不再在特殊環境中學習，而提供特殊生機會回歸到普通班級和普通生一起學習，其目的在尊重特殊生的受教權，使他們回歸到社區，同享社區的教育資源，其優點為可增進特殊生之社會技巧，缺點則是無法確保特殊生能在普通班得到所需的服務及注意力。

目前國內的小學一直有實施「回歸主流」的教育措施，普通班也接受特殊生在部分時間進入教室，但是，其做法是讓特殊生和普通生在相同的環境下共同學

習，然特殊生的學習內容及作業不做特殊設計，學習成果之評量亦在不考量特殊生學習能力的情況下實施，這種做法與融合教育的理念及做法是不同的。

二、統合教育的源起

自 1980 年起，美國開始興起普通教育改革（Regular Education Initiative，簡稱 REI）運動，希望由特殊教育及普通教育分開之二元系統變成一元系統，合併普通及特殊教育系統，建立一統整且獨立的系統管理教育資源，盡量將輕度、中度的特殊生放入普通班，直接在普通班級中提供特殊教育服務，讓普通班教師分擔教育特殊生的責任，減少抽出（pull-out）教室的措施，將以前須安排在資源教室者都盡量放在普通教室中教育，讓殘障兒童和普通兒童在一起受教育以符合最少限制環境的意義。最少限制環境於 1986 年提出，其定義為盡可能讓殘障兒童和普通兒童在同一間教室受教育。根據最少限制的原則，每個特殊兒童應和同年齡的兒童一起受教育、一起學習。當特殊及普通生在同一班或同一組時，特殊生的能力雖然落後普通生一大截，但只要能與普通生合作學習，參與學校的活動，就可安置在同一班級同一小組，以達到最少限制的目的。要求最少限制環境的理由如下：

1. 將特殊生和普通生隔離已有很長一段時間，必須改變。
2. 充分的證據顯示，普通生的教學計畫也可以有效教育許多有障礙的學生。
3. 有障礙的學生應有機會和普通生融合，並向他們學習。
4. 如果隔離對學生沒有好處，隔離的特殊教育體制就是不合理的。
5. 維持兩種不同的教育體制──特殊教育和普通教育，所需的花費很龐大。
6. 任何形式的教育隔離，都違反了美國憲法平等對待所有人民的主張。
7. 《身心障礙者教育法案》贊成由普通生來教育有障礙的學生。
8. 普通教育有責任提供身心障礙者融合式教育，並在學校體系中給予障礙者必要的支持性服務以及額外的支援協助，且只有在普通學校體系無法滿足身心障礙者的特殊需求時，才考慮提供隔離式特殊教育。
9. 法院也考慮到社會融合，以及物理和學術上的融合。

三、融合教育的源起

美國於 1990 年通過了《殘障教育法》（Individuals with Disabilities Act），強調透過融合以增進殘障者獨立的能力，在大力推行融合教育的情況下，融合成為一潮流，不只影響了特殊教育體系，也衝擊了普通教育體系。這裡所謂的融合，指的是讓特殊生進入普通班級，成為普通班一分子的教育方式，讓特殊教育及普通教育不再是完全平行的兩個系統，而使普通教育成為更負責、更具資源性及人性化的系統。也因此，在美國融合教育被視為教育改革的一環。

1994 年 6 月聯合國教科文組織於世界特殊教育會議後發表薩羅曼卡聲明（The Salamanca Statement），提出下列融合教育的主張：

1. 每位兒童應有機會達到一定水準的學習成就。
2. 每位兒童有獨特的特質、興趣和學習需求。
3. 教育制度與教育方案應充分考量兒童特質與需求的殊異性。
4. 特殊需求兒童應進入普通學校，而普通學校應以兒童中心的教育滿足其需求。
5. 融合導向的普通學校能有效消除歧視的態度，創造受社區歡迎，建立一個融合的社會，達成全民教育的目標，對教育系統效能及成本效益都有助益。

呼籲各國政府：

1. 把改進教育制度、促進全民教育列為最高的政策，並在預算上優先考量。
2. 在教育方法與政策上採取融合教育的原則，除非有特別的理由，原則上應讓所有兒童在普通學校就讀。
3. 發展示範性方案，鼓勵國家間融合教育經驗的交流。
4. 特殊教育的規劃、監督與評鑑，應採分權制，共同參與。
5. 鼓勵家長、社區及殘障者團體參與特殊教育的規劃與決策。
6. 加強早期鑑定、早期療育及在融合教育中的職業輔導。
7. 有系統地辦理職前與在職的師資培育工作，俾使教師在融合式學校中提供特殊教育服務。
8. 提供殘障者在教育上的平等。

薩羅曼卡宣言強調的融合教育精神如下：

1. 融合與參與是人類尊嚴、樂趣與人權表現的要素。

2. 人類的差異是正常的。

3. 應該根據個人需求去調整學習上的差異。

4. 普通學校應該體認到學生的多元需求，並能因應之。

5. 建立融合的社會與達到教育全民的目標。

6. 當學校能提供有效的融合教育，對多數學生不但有益，且能提升教學效率，最終增進整體教育系統的成本效益。

7. 各國政府應該制定融合教育的法令或政策，讓所有學生都在普通學校註冊，除非他們有不得已的理由。

此聲明當時受到 94 個政府和 20 個 NGO 支持。英國政府在 1996 年採取融合教育做為一項政策。

四、融合教育興起的原因

國際智障者協會聯盟（International League of Societies for Persons with Mental Handicap，簡稱 ILSPMH）在 1996 年更名為國際融合教育聯盟（Inclusion International），曾在 1993 年會員大會通過「障礙者機會均等實施準則」，其中第六條明示普通教育有責任提供身心障礙者融合式教育，並在學校體系中給予障礙者必要的支持性服務以及教師所需的支援系統，而且只有當普通學校體系無法滿足身心障礙者的特殊需求時，才考慮提供特殊教育。如此之揭示，使得各國的「融合教育」迅速推動並興起完全融合（full inclusion）的理想（Inclusion International, 1996）。完全融合的提倡者認為，普通班可以容納所有的障礙學生，甚至是重度及多重障礙的學生，他們認為藉由這樣的安置，這些學生可以獲得教育及社交上的利益；然而融合的提倡者並不希望將所有學生都安置在普通班中進行教育。

融合教育興起的原因則有下列幾點：

1. 特殊教育缺乏嚴謹的課程，重度殘障者亦應有機會統合到普通班級，有和普通生互動的權利。

2. 特殊教育無法提供高品質的個別化教學。

3. 缺乏教導輕度障礙者之教學策略，與普通班教學混為一談。

4. 教學決定缺乏參考點，過分主觀。

5. 特教師資訓練不足以應付學生需求。

第二節　了解融合教育

美國 1990 年通過《殘障教育法》，提出下列融合的結論：

1. 需要了解更多有關融合的成效。

2. 融合可增進殘障者獨立及其學習能力。

3. 融合教育的好處大於付出的代價。

4. 多數的提倡者未要求完全的融合。

5. 全盤性的教育系統改革是必要的。

6. 教師的態度是融合教育能否成功實施的最大關鍵。

7. 融合沒有一個統一的定義。

一、融合的定義

雖然融合沒有一個統一的定義，但多數學者都認為融合是一個對所有學生有益的教學模式，Udvari-Solner（1996）把融合教育定義為一種支持所有學生並對全部學生都有助益的教育。其他定義如下：

1. 指的是增進所有殘障學生在普通教室學習的一種教育方式。

2. 提供殘障生一個不同的學習方式（Fuchs & Fuchs, 1994）。

3. 融合是一種統合的過程，以使大多數殘障學生可以進入普通教室成為普通班一分子的方式。

4. 完全融合比融合更進一步，是指不分殘障類別及輕重都可進入普通班級。

5. 融合教育指的是特教老師走向學生，而不是學生走向特教老師。

6. 美國各個學會對融合的看法：

   (1) 強調去除標記及去除隔離的安置〔監督及課程發展學會（Association for Supervision and Curriculum Development）〕。

   (2) 強調須同時訓練普通班及特教班教師才能了解融合教育〔國際教育學

　　　　會（National Association for State Boards of Education）〕。

(3) 希望朝向融合教育安置（Association of Retarded Citizens）。

(4) 希望除了融合教育仍有其他形式的安置模式（學習障礙學會、特殊教育學會、行為異常學會）。

7. 法院（legal precedence）對融合教育的看法：(1) 融合教育對所有的學生及社區都有正面的結果；(2) 融合對某些學生而言是一種權利，而不是一種優惠。

　　在隔離環境適應良好，並不能否定其在融合環境中的成功適應（意謂一個學生適合隔離環境，仍有可能也在融合環境中適應良好），因而當一個特殊生無法在融合的環境中獲取所需的服務時，才可將其移至隔離的環境。

8. 台灣融合教育相關法令：鈕文英（2002）依據學生融合的方式及教師的編制，將國內融合教育的模式分為以下四種：(1) 反向融合：普通生進入特教班；(2) 特殊生進入普通班，由特教老師及教師助理員負責教學；(3) 特殊生融入體制外學校普通班，由普通教師和教師助理員負責教學，有特殊教育專家提供諮詢服務；(4) 特殊生融入普通班，有特教老師及普通教師編制，多採資源教師模式。

　　先前之法規並未明確提及融合之名詞，故在 2009 年 11 月修訂的《特殊教育法》第十八條中首次提及融合這兩個字，「特殊教育與相關服務措施之提供及設施之設置，應符合適性化、個別化、社區化、無障礙及融合之精神」，在《特殊教育法》第十二條「為因應特殊教育學生之教育需求，其教育階段、年級安排、教育場所及實施方式，應保持彈性。」符合融合教育之精神。

二、融合的要素

　　一般人對融合教育常存有似是而非的觀念，因此 Kochhar 等人（1996）為了釐清融合教育的意涵，將融合教育的要素整理出來，提供學校或教師檢核是否做到真正的融合。融合教育與非融合教育的要素如表 1-1 所列。

表 1-1　融合教育的要素

	融合教育應有的要素	融合教育不應有的要素
安置方面	• 所有的兒童在相同的學校及班級一起學習，並提供必要的服務及支持。 • 承認所有的兒童有獨特的需要。 • 障礙兒童進入鄰近的學校就讀。 • 安置適合其年齡的班級。 • 在相同學校教育障礙學生及一般生。	• 將學生放置在特殊學校及特殊班。 • 將年齡較大的障礙學生安置在年齡較小的班級或不適當的年級。 • 實施特殊教育時，予以隔離。 • 將特殊班放在學校的邊緣。
行政方面	• 支持班級上有障礙學生之普通教育教師。 • 學校校長及其他行政人員共同管理。	• 期待普通教師教導障礙學生，卻沒有提供任何的支持。
相關服務方面	• 統整相關的服務（如語言、物理治療、職能治療等）。 • 重視父母對孩子未來的夢想及目標。 • 以團隊的方式（包括父母）計畫教育方案並強調創造及積極解決問題的態度。 • 在普通的方案中，提供障礙兒童計畫、支持及需要的服務。 • 無論所需之服務強度或頻率為何，皆在普通學校提供。 • 專業人員參與協助障礙學生，使其能融合於班級中。	• 將障礙學生丟至普通班，沒有提供支持和服務。 • 忽視父母的關心。 • 僅將特殊生安置在普通班級中，但對於所需的支持、服務、需要及參與人員等，未加以計畫。 • 刪減特殊教育的服務。
課程安排方面	• 所有的學生參與學校的生活。 • 強調合作及合併特殊及普通教育資源。 • 學生透過不同教育目標一起學習。 • 讓普通教育教師能接受：不同的學生使用不同的學習方式，並依此引發創新的學習策略。 • 提供障礙學生大量參與班級及學校活動的機會。 • 安排障礙學生接受社區環境工作訓練。	• 犧牲一般學生的教育去照顧障礙學生。 • 所有的學生在相同的時間，以相同的方式，學習相同的東西。 • 忽視每個學生獨特的需要。 • 另外安排特殊生午餐時間及其他活動時間。

表 1-1 融合教育的要素（續）

	融合教育應有的要素	融合教育不應有的要素
教師方面	• 非條件式的接納。 • 在普通教育環境中，當學生需要時，以非條件式付出的方式，提供許多的支持。 • 全然的參與勝過完全的排斥。 • 了解學生能做什麼及不能做什麼。 • 在新的合作角色中，教育者須正向看待本身的角色。	• 否認障礙學生可在普通班級獲得服務。 • 教師及管理者過分的要求、暴露學生在不需要的危險中。 • 將普通教師及特殊教育教師分開，因此增加了隔離系統的規範。
同儕方面	• 教導所有學生了解個別的不同及人類的價值。 • 鼓勵及實施活動提升障礙學生與非障礙學生之間的關係及友誼。	• 支持每天對障礙及非障礙學生隔離安排。 • 對特殊生貼上標記，如障礙班或智能不足小孩等。 • 將障礙學生安置在普通班前，沒有任何準備及事前處理。

　　由表 1-1 可知，教師須充分了解融合的意義，並自願參與教學，接受一連串相關的研習與訓練，結合普通教師與特殊教師的專長，實施團體教學、個別教學或合作教學，並視學生的需要，透過合作學習、同儕教學及多層次教學法，整合不同的教育目標及相關服務，並據此設計課程內容、教學環境與評量方式，照顧到每個學生的需求，使特殊生能參與班級及學校的活動（Sailor, 1991; Kochhar et al., 1996），才能發揮融合教育的精神。吳淑美（1998a）也認為融合教育不只是把特殊生與普通生混合在一起就算融合，還要做到學業及社會性的融合。

　　綜合上述提到的融合的特質、指標及障礙，一個融合式班級應具備下列要素，否則就不是融合班：

1. 普通班級和特殊班級教師合作計畫教學。

2. 同儕合作學習及互動。

3. 有效教學。

4. 家長及教師有意願推動融合。

5. 充分的資源及支持系統，例如校長及行政人員支持教學。

6. 政策的配合。

7. 課程與教學必須符合所有學生需求。

8. 融合的理念須引導教學,須整個學校都能接受融合理念。

9. 融合不是只要安置就好,每個學生的需求都應被顧及。

10. 整個模式須考量教師的需求、學生的需求及障礙特質三者間之契合。

11. 須先考量學生是否受益再決定安置,而不是先安置再說。

12. 父母及教師合作。

13. 教學創新及教師合作,例如教師本身的教學能力及彼此間的合作。

14. 不斷的在職訓練。

15. 設立融合班前應先考量是否有足夠支援及支持系統,以提供學生所需的服務。

16. 融合只是一種選擇,除了融合,應有其他安置的選擇,例如自足式特殊班。

17. 老師應有參與的意願而不是強迫參加。

18. 融合模式的設立及發展應考量學生的需求,而不是由上級訂出遵守的原則。

　　融合式教學的理念易懂,然而執行起來常需要很多條件的配合,否則徒有融合之名而無融合之實。美國學者 Smith(1995)曾提出九項融合指標,如未能達到這些指標,就不是融合而流於混合了,其九項指標如下:

1. 每個學生屬於班上的一分子。

2. 為特殊生提供 IEP。

3. 尊重每個學生。

4. 普通及特殊班教師充分合作,共同擬定課程與教學計畫。

5. 提供足夠的行政資源、政策及支持系統。

6. 同儕合作學習。

7. 父母參與及態度支持。

8. 提供有效教學,給予特殊生完整的課程,讓特殊生完全參與,且盡可能改編課程內容以使其能和班上普通生分享課程內容。

9. 提供特殊生合適的評量方式,不因其能力不足而影響其學習機會。

　　從以上的指標中可看出有些指標和教學有關,有些和教師間的合作及父母

的參與有關，可見影響融合成功與否的要素很多。實施融合時，融合的哲學或計畫，應包含下列幾項：

1. 信念（belief statement）：列出信念，例如每個人都是平等的、有相同的學習機會、教育的責任就是要把每個學生都帶起來。
2. 任務（mission statement）：提出融合教育能對普通生及特殊生輔導的目標。
3. 提供的服務是否具連續性及符合學生需求。
4. IEP 是否反映學生的需求。
5. 學校的目標是否支持融合教育的實施：行政是否允許課程及教學有較多的自主性。
6. 提供達到融合的策略。
7. 提供融合所需的訓練。
8. 現在實施的考量及未來的做法：提出近程、中程與遠程的目標。
9. 能自我評估及評鑑執行的成果。
10. 教學的特色：除了實施融合外，教學有何特色。

　　從以上的指標可看出融合式班級的成功需要諸多的因素配合，其中老師能否配合融合教育的理念，可能是實施融合教育與否最大的關鍵，尤其融合班級花在課程設計的時間多，例如擬定特殊生 IEP 及評量的時間都較多，而且班級因特殊生及普通生互動多，管理較不易，這些都會增加老師工作的負擔，因此必須提供融合班教師足夠的誘因，才能使教師安於工作崗位。

三、融合教育的特色

　　在融合班可以看到下列特色：
1. 和同年齡的同儕一起學習。
2. 和同儕一起升級。
3. 沒有特殊班，只有所有學生共用的特殊教室或專科教室。
4. 殘障類別及程度不列為考慮。
5. 普通及特殊教育教師一起合作，確保：
　(1) 特殊生自然地參與並成為班上的一分子。

(2) IEP 的執行。

(3) 主要課程或教材的改編，以增進學生的參與與學習。

6. 提供合作學習、活動本位教學、全語言等教學策略。

7. 透過學生主持會議、學生參與 IEP 訂定及計畫會議來增進學生的責任。

8. 學習型態多元：

(1) 教師包容學生不同的學習風格。

(2) 上課方式多元化，包括個別學習、小組學習及團體學習等教學型態。

(3) 教學活動多元化，包括討論、報告、操作、視聽媒體、電腦科技的使用等。

9. 多層次教學，具有下列特質：

(1) 教師能察覺班上學生學習程度上的差異。

(2) 教師會以學生的共同經驗來設計課程。

(3) 教師在課程的安排上會顧及每一位學生的需求。

(4) 教師會依學生學習能力的不同而調整教學方法。

(5) 教師會充分利用各項教學設備及教具教材以幫助學生學習。

(6) 教師安排活動會考慮障礙學生生理及心理的限制。

(7) 教師會在教學時呈現不同難易的教學目標。

(8) 為了增進學生的理解，會舉不同例子說明。

10. 尊重個別差異：

(1) 教師尊重學生不同觀點的陳述。

(2) 教師鼓勵學生傾聽與自己不同的觀點。

(3) 教師安排適當機會讓普通生和特殊生一起合作。

(4) 教師能安排認識特殊生需求的課程。

(5) 課程的內容能讓學生了解多元文化的價值。

(6) 教師會培養學生尊重生命的價值觀。

(7) 教師會以符合學生程度的言詞作說明，使學生易於理解。

11. 主動學習：

(1) 教師鼓勵學生主動學習及探索相關的知識。

(2) 教室環境、教室布置及教學資源有助於學生從事自主的學習。

(3) 教師培養學生獨立解決問題的能力。

(4) 教師培養學生獨立蒐集資料的能力。

(5) 教師能教導學生撰寫報告的方法。

(6) 教師能給予學生共同擬定課程計畫的機會，例如決定主題為何及涵蓋的內容。

12. 合作學習：

(1) 教師鼓勵學生和同學共同完成作業。

(2) 課程的安排有讓普通生和特殊生互動的機會。

(3) 教師鼓勵學生協助學習困難的學生。

(4) 教師每隔一段時間會重新分組以增進學生的社會互動。

(5) 教師會安排機會讓學生以分工合作的方式達成任務，例如共同完成報告。

13. 多元評量：

(1) 教師會讓學生了解評量的目的。

(2) 教師的評量方式多元化，讓所有學生都有展現優點的機會。

(3) 評量之後，教師能給予學生回饋，例如獎賞。

(4) 教師會針對特別需求之學生給予適合其能力之評量。

14. 自我管理：

(1) 教師能培養學生自我管理的能力，例如決定什麼時候交作業。

(2) 提供學生清楚且有規律的作息。

(3) 教師讓學生共同擬定班級規則。

(4) 讓學生能諒解障礙學生的限制。

(5) 教師能讓學生覺得學習是自己的責任，並協助教師管理班級。

15. 教師提供所有學生公平學習與參與的機會：

(1) 教師了解學生在學習和參與上所發生的困難。

(2) 教師會關懷學生的學習與參與，並給予公平的學習機會。

(3) 教師間會彼此分享經驗，以協助所有學生。

(4) 教師將注意力公平投注在全班每個學生身上。

16. 提供適合學生能力的作業：

(1) 家庭作業有清楚的學習目標。

(2) 教師會依學生學習能力的不同，適當調整作業的難度及份量。

(3) 教師提供學生合作完成家庭作業的機會。

(4) 教師能顧及學生的個別興趣,安排多元化的家庭作業,如剪貼、上網、蒐集資料等。

17. 安排多元化的活動:

(1) 學校或教師會安排配合主題的戶外教學活動,並鼓勵所有學生參與。

(2) 教師會安排所有學生參加藝能活動(例如合唱比賽)和體能活動(例如運動會)。

(3) 教師鼓勵學生參與校內或校外所舉辦的公益活動,例如園遊會、參加義賣活動。

(4) 運動會特別為障礙生設計可參加的項目。

18. 同儕學習:

(1) 教師鼓勵所有學生(包括不同家庭、不同成長歷程學生)分享不同的資訊及學習成果。

(2) 在某一領域有傑出表現的學生,教師會請他指導其他同學。

(3) 較年長的同學協助較年幼的同學。

(4) 教師會教導學生,每個人都有可供他人學習的優點,都可以對社會有貢獻。

(5) 鼓勵同儕間社會互動及合作。

19. 合作教學:

(1) 教師間會相互合作、分享教學技能及專業知識,以促進所有學生的學習。

(2) 特殊教育教師會提供專業知識和普通班教師分享。

(3) 特殊教育教師會和普通班教師充分溝通及分享教學心得。

(4) 同一班級之教師能充分支持及溝通彼此的教學及理念。

四、融合的運作與障礙

融合班並非只是課程的實驗,整個學校都要參與,如果一個學校的文化是開放、接納和人文關懷,融合教育就可以蓬勃發展。相反地,如果學校強調競爭、偏重個人主義和威權式作風,融合教育就不可能順利地推展。營造安全、正向、

有活力的校園文化，可能是創建融合學校工作中最困難的一部分，但可能也是最關鍵的一部分。在融合的班級，學生們有著成長背景差異、文化和語言差異，因此沒有一個單一教育模式會適合所有的學生，加上每個特殊生的障礙程度也不同，所以融合教育能否成功就在於為他們量身打造適合的課程。透過合理的課程調整、老師的支持和教師團隊合作，讓學生可以在一般班級課程受惠。

融合的實施需要很多條件的配合，目前融合式教學的理念雖被普遍認同，然而實施上仍遭遇到很大困難，造成融合式班級無法落實。在了解成功的要素之前應先了解實施融合教育的障礙，將有助於融合教育的實施。

Kochhar 等人（1996）認為障礙主要來自下列因素：

1. 學校的結構及教育環境不允許改革。
2. 缺乏課程調整的空間：當教學過分強調教學成果，使學生的能力及課程要求兩者差距過大時。
3. 教師缺乏教導特殊生的意願。
4. 以為光靠普通教育改革就可以讓特殊或難教的學生學得更好。
5. 缺乏示範班級。
6. 缺乏行政的支持：行政人員須給予教師較大的課程改革空間。
7. 缺乏經費以推動融合：由於融合式班級中學生程度差異大，教師常需較多經費以購買較多的教材教具。
8. 融合式班級花在課程計畫時間較多，增加教師工作的負擔，如無法提供誘因（如提高薪資），將無法吸引教師安於工作崗位。
9. 班級管理不易：融合式班級學生間互動多，常造成教師班級管理的困難，當教師的時間及技巧無法做好班級管理時，教學的成果就不易展現，亦成為融合式教育實施之障礙。
10. 耗費較多時間在課程設計，例如擬定特殊生 IEP 及評量的時間較多，兼顧雙方需求常會花較多時間。
11. 所需的資源常不是一個單位所能提供。
12. 對融合教育不了解，教師常面臨不知如何改變班上家長對融合教育態度的處境。
13. 父母的配合度、參與程度及支持度不夠。
14. 教師配合度及教師能否配合融合教育的理念，可能是實施融合教育最大的

障礙。

15. 缺乏任教融合式班級的教學技巧：教師訓練是很重要的一環，教師須具備教導不同課程的技巧。

16. 教師的本位主義：教師不願改變自己的教學方式。

吳淑美（1997）則發現專業的師資、行政的支持、父母參與及課程與教學為融合成功的要素，可見一個融合式班級的設立並不容易，除了需要行政的支持，更需要父母、教師通力合作。有鑑於此，台灣設立融合班級時，應是循序漸進，視行政單位提供的教學資源決定融入普通班之特殊生之殘障類別及程度，如特殊生殘障程度較重，無法在普通班獲取所需的支持及所需的課程，甚至在普通班不但無法受益且有退化的情形產生時，則須抽出接受訓練。

五、融合的好處

從國際教育組織邁向融合教室教師們的經驗分享報告中，顯示藉由融合教育，學生可以互相學習心理、生理或情緒上的管理。融合教育所帶來的好處的確大於它的成本以及困難，不論對普通生或是特殊生，對社區、對家庭都是如此。

一般而言，透過仔細的規劃，融合可獲致下列好處：

1. 降低教育特殊生的成本。
2. 提供教育系統正向的改變。
3. 特殊生能和同儕建立新的社會關係。
4. 讓所有人主動關心特殊教育、參與特殊教育。
5. 對特殊生的學業及社會性有助益。
6. 有機會接觸到較有天賦的老師。
7. 能接受高品質的普通教育。
8. 增加成為社會一員的機會。
9. 對普通生成績無影響，還有益處。
10. 改變父母的態度。

細分之下，融合教育的好處分成下列幾個層面：

（一）對特殊生的好處

1. 提高自信心。
2. 跟上進度的動力。
3. 適應不同教學以及學習的能力。
4. 提升他們原本在特殊班時所能達到的成就。
5. 在較大的班級裡生活，較有社交空間。
6. 享有和其他正常同儕一樣的生活圈以及社交資源。
7. 能在一般教育體系中得到更專業、更適合他們的幫助。

（二）對普通生的好處

1. 降低與障礙者在教室一起學習的困難度。
2. 增進了解有障礙者與非障礙者間的異同處。
3. 更容易辨認哪些學生是有障礙的。
4. 較有機會成為團體間的領導者。
5. 擔任老師助手時可以幫助他們發展自己的技能。
6. 增加普通課程的學習。

（三）對學校和教師的好處

1. 改善學校氣氛並給予多樣性幫助。
2. 提供學生更多社會互動，減少學生自我中心。
3. 提供教師更多機會認識身心障礙學生。
4. 提供教師自我肯定。
5. 提供教師機會幫助需要額外幫助的學生。
6. 提供教師支持，幫助需要協助的學生和家庭。

（四）對教師知識的影響

1. 增進教師學習教學策略的動機，以增進特殊生與普通生之間的合作學習。
2. 幫助教師了解學生各式各樣的需求。
3. 發展教學計畫。

4. 創造正面學習的態度。

5. 構想和計畫學生的未來。

6. 學習整體考量學生學習的觀點與需求。

7. 能融合各個領域的學習課程。

8. 促進學生合作學習。

六、融合教育常見的問題

(一) 隔離式或自給自足式的特殊班是否應繼續存在?

因應不同障礙程度特殊生的需求,特教班仍有存在的必要,雖然愈來愈多的特殊生進入普通班已是一種趨勢,一些中重度或極重度特殊生無法在普通班學習,就需要安置在集中式特教班。

(二) 特殊生待在普通班級的時間

待在普通班級的時間視特殊生的需求及普通班參與的情況而定。

(三) 殘障程度與獲益

並非各種程度或各種類別的特殊生都可從融合教育中獲益,原則是融合必須對轉入普通班的特殊生及原班學生都有益,不會對多數學生產生負向的效果。

根據融合的哲學,同在一班的學生,其課程安排要符合所有學生的需求,不是只注意到特殊生的需求就叫融合,還要照顧到普通生的需求,對於無法在融合班獲益的特殊生,資源教室或自給式特殊班的安置方式仍然是需要的。

(四) 融合的極限

設立融合班須考量下列因素:

1. 支持夠不夠。

2. 是否有課程調整的空間。

3. 普通班級的調整是否合理及值得。

(五) 特殊生與普通生的比例

這方面尚無定論。有各種比例、各種做法，相較之下，竹大附小融合班中，普通及特殊生以 2：1 之比例融合，似乎是較高難度的嘗試。

(六) 融合班和資源班有何不同？

在資源班上課的學生雖然大部分時間與普通生在一起上課，但在普通班只是隨班就讀，課程並未因特殊生的需要而調整，特殊生只有在抽離教室到資源教室時，才安排補救教學（特教服務）。

融合班的特殊生是全時進入普通班，特殊生盡量不抽離教室，特教服務直接在普通教室進行，而且課程和評量方式都經過調整，以滿足特殊生的需求。所以兩者最大的不同在於課程是否針對特殊生有所調整。

(七) 融合班屬於普通班或特殊班？

融合班最大的特色為調整普通班的課程，讓特殊生能在普通班級中參與、學習，而且其課程進度與一般普通班並無差異，甚且更有特色；基本上融合班是一個普通班級而非特殊班級。在國外，融合教育是屬於普通教育改革的一環。

(八) 哪些特殊生可進入融合班？

根據美國法律之規定，融合對某些學生而言是一種權利，而不是一種優待（Inclusion is a right versus a privilege for selected students），安置至融合班的原則為：

1. 當一個特殊生無法在融合的環境中獲致所需的服務時，才可將其移至隔離的環境。
2. 考量特殊生在融合班受益的程度及接納度（是否會對大多數學生產生負向效果）。
3. 特殊生進入融合班的成本、特殊生及普通生教育資源的分配、是否因融入重度特殊生而影響到其他學生的教育資源。

第三節　竹大附小融合班實施融合之成效

　　吳淑美（1996）針對竹師附小（請見 p. 31 編按）融合班一、二年級學生為
研究對象，發現融合模式對普通生及特殊生的學習都有助益，且對普通生的益處
大於對特殊生的益處。吳淑美（2004）透過下課及休息時間觀察就讀竹大附小融
合班一至六年級之 12 名普通生（每班兩名）及 18 名輕度智能障礙及學習障礙學
生（每班三名）與師長及同儕社會互動的情形，並用問卷蒐集竹大附小融合班一
至六年級及育賢國中融合班一至三年級特殊生在各班的社會地位及孤獨感資料，
最後再透過訪談蒐集竹大附小融合班一至六年級及育賢國中融合班一至三年級導
師採取的社會支持策略資料，結果顯示社會互動觀察、孤獨感及社會地位間呈現
一致性的關係，社會互動愈少者，社會地位愈低也愈孤獨。社會互動、社會地位
及孤獨感會隨著障礙類別不同而改變，教師訪談資料亦提供了有效的支持策略，
且可看出年級及階段間的差異。

　　吳淑美（2001）以就讀竹大附小融合班一至六年級之 12 名輕中度障礙之特
殊生及同班之 12 名普通生為研究對象，每個年級選取普通及特殊生各兩名（學
習障礙及智能障礙各一名）。結果顯示六個年級共六名學障生之教學調整、同儕
協助、教師注意及提示比例都低於其他六名智障生，只有專心學習比例高於智障
生。一至六年級之教學調整、教學對象及學生反應與科目間有明顯的關係。一至
六年級之教學調整、學生反應及教學對象與年級間有明顯的相關存在。一至六年
級之普通與特殊生與教學調整、教學活動、同儕間協助、教學對象及學生反應等
五個變項之主要類別有明顯的相關存在。在教學對象這個變項上，上課時教師注
意到普通生的比例顯著低於特殊生，在學生反應變項上，上課時普通生專注學
習的比例顯著高於特殊生，各變項之主要類別在不同科目及年級間之比較亦被討
論。

　　吳淑美（2002）以任教竹大附小學前融合班、國小融合班及新竹市育賢國
中融合班之教師為主要研究對象，蒐集教師之教育理念及因應融合班個別差異採
取的調整教學及其他教學策略等資料，進行問卷調查、觀察及深度訪談。問卷調
查對象包括任教竹大附小學前融合班之六名教師及一名助理教師、國小融合班一
至六年級之 18 名教師及助理教師（每班兩名教師及一名助理教師），及育賢國

中融合班七至八年級之七名教師，及曾在國小融合班實習一學期之 37 名特教系四年級學生；訪談對象選取在融合班任教較久、年資較久的教師共 11 位，其中學前階段融合班兩位、國小階段融合班六位及國中階段融合班三位，並針對上述 11 位訪談對象的班級教學技巧做實際的觀察，以驗證訪談中提及的教學策略是否已應用在日常教學情境中。結果顯示學前、國小及國中融合班都使用了教學調整策略以因應學生之個別差異，隨著教學對象之不同，學前、國小及國中融合班教師採用之教學調整策略亦不同。比起學前及國中階段，在國小融合班亦較常觀察到調整教學、合作性教學、同儕協助及針對特殊生之教學。

　　學生態度方面，鄭耀嬋（2002）針對竹大附小融合班國小部的學生，以自編之「融合班學習態度量表」進行教師訪談，以了解融合班學生之學習態度。研究結果顯示，特殊生與普通生在學習態度量表沒有顯著差異，多具積極的態度。

　　然而，融合教育雖然促使這兩類學生有較多的接觸經驗。易世為（2005）以兩位就讀國中融合班輕度智能障礙生為研究對象，以社會科學習進行為期八週、每週四節課的教學實驗，探討合作學習對特殊生溝通能力、社會地位與課程內容理解之影響，結果發現特殊生接受合作小組學習後，可增加其溝通互動比例、複句句型出現次數、融合班同儕接納度，及顯著增加社會科學習單上答對的百分比。

　　吳筱蒨（2004）以三名分別就讀於竹大附小融合班一、三、五年級的輕、中、重度自閉症學童為研究對象，發現在上課時，無論輕度、中度或重度自閉症學生皆能獲得請同儕協助、改變教學策略、改變教學內容及改變物理環境等教學調整。國語作業單調整會以普通生課程為範圍，改編普通生作業或教師自編方式予以調整；至於重度自閉症學生其國語及數學的作業單皆為老師自編。觀察結果顯示，輕、中及重度自閉症學生在上課之學習目標都能結合其 IEP 目標。但輕、中度自閉症在上課教學內容符合 IEP 目標之比例較高，重度自閉症學生的 IEP 目標與上課內容符合比例較低。輕、中及重度自閉症學生在作業單之學習目標都能符合其 IEP 目標。但輕、中度自閉症在作業單部分符合 IEP 目標之比例較高，重度自閉症學童的 IEP 目標則符合比例較低。

　　呂岡沛（2004）經由分析竹大附小融合班教師教學型態及學生互動行為，認為融合班的學習空間應具備下列要素：

　　1. 多角形的教室空間：在規劃設計教室空間時，應考量教室的形狀，應以多

角形、多邊形的教室為主，才能提供較多的角落空間使用。

2. 兩個教室空間應共用生活區、走道空間、治療空間。

3. 生活區作為學習區與走廊的緩衝空間，以避免各種干擾，學習區中間需有一緩衝空間。

4. 不同教學型態之學習空間可部分重疊，管理區應設置於教室入口附近：教師為了避免學生造成意外傷害，以及為了觀察學生的行為，管理區必須設在入口周邊以便觀看整個教室內外，以及觀看學生的各種活動。

5. 設置服務走道以供進出及送餐。

6. 桌椅與家具排列應以學生互動為主，使用小組與 U 形的桌椅排列方式，藉此增加學生互動的機會。

第2章

融合教育模式介紹

　　所謂模式，就是有固定的理論架構及教學風格，例如多元智能教學模式，採用同一種模式者就可遵行該模式之教學方法及課程。因此，課程模式不是一個班級、而是一些班級採用相同的教材、教學方法及運作模式，每個模式做法可能不同，例如特殊教育或普通教育之課程模式做法就不同。課程模式的要素包括：

1. 教學對象的組合：異質團體 vs. 同質團體。
2. 教學型態：個別化教學 vs. 團體教學。
3. 師資遴聘：通才 vs. 某一類師資。
4. 教學策略：多層次教學 vs. 單層次教學。
5. 引導方式：直接 vs. 活動式教學。
6. 課程：統整 vs. 分科。
7. 空間安排：空間多樣化 vs. 單樣化。
8. 教師分工：教師分組 vs. 包班制。
9. 師生互動：雙向 vs. 單向。

　　在融合式的教室，教材及教法應改變以符合特殊生的需求，然而在美國一些融合式教室中，雖然在教學上有改變，但忽略了如何將特殊教育需求放入教學的流程中，只是將特殊生移入普通班做到表面上的融合，非真正讓普通生及特殊生融合在一起，以下是美國將學障生融合至普通班中的做法，每個學校做法不盡相

同，但大致可分為幾個向度：

1. 模式由誰負責推動：

    (1) 推動者除了學校本身，尚有外界的協助，例如與大學合作，由大學提供有效教學策略（例如同儕學習、合作學習團體、新的閱讀策略、考試及評分程序的調整、教師間的合作教學等）。

    (2) 推動者只有老師本身，主要由特教老師來執行，執行一種教學策略為主。

2. 參與人員：自願參與還是指定？

3. 特殊生之分配，幾個人在一班？

    (1) 六至八個特殊生在同一班。

    (2) 同一類型的學生分散，有分散到不同班級也有集中到同一班的做法。

4. 在融合式教室中特教老師待在教室的時間：1.5 至 3 小時、4 小時，甚至一天只有 30 分鐘。

5. 特殊生是否有 IEP。

6. 提供的服務：

    (1) 提供者：普通及特殊班教師、一個團隊、同儕、義工。

    (2) 地點：校內、校外、課餘。

    (3) 方式：①抽出教室（例如外面走廊）。

    　　　　　獨立的教室（例如資源教室）。

    　　　　②在原班提供。

    (4) 分工：①只有老師。

    　　　　②義工加上老師協助監督。

7. 特教老師工作內容：

    (1) 教有及沒有 IEP 的學生。

    (2) 提供普通班教師諮詢。

    (3) 參與團隊。

    (4) 只教有 IEP 的學生。

8. 提供服務（在資源教室）：

    (1) 提供一對一。

    (2) 幾個學生一組。

9. 教學分工（一班兩個教師的情況下）：

   (1) 一人主教，一人在旁協助。

   (2) 兩人一起教。

   (3) 分成兩組，一人教一組，課程不同或是相同。

10. 專家間的合作：特殊生的需求如何被滿足，只是表面上提供一些輔助器材，還是針對學生個人的需求分工合作？

11. 課程的調整：

   (1) 部分調整：只針對特殊生，指的是針對量的調整，例如在教學材料、評量及作業上給的量較少，或內容有些不同，或給予較多的複習及練習機會。

   (2) 整體調整：針對全班，改變教學的方式，以符合特殊生及普通生的需求。

12. 特殊生的作業：

   (1) 作業較少。

   (2) 採不同作業及教材。

13. 輔導的重點：針對哪些科目提供教學，教學時間可以是利用多餘的時間或是原來的時段，科目可以針對國語中的閱讀及注音符號教學，亦可針對其他科目或領域。

14. 義工或同儕協助的方式：

   (1) 一個特殊生搭配一個義工或同儕。

   (2) 不同年齡的普通生協助特殊生閱讀。

   (3) 合作學習團體：多數普通生和少數的特殊生在一組。

　　以上是美國一些學校將學障生融合至普通班的情形，至於其他類別的學生融合之情形，則又有不同的方式。

　　融合班的做法和普通班、特殊班都不同，其模式可謂適性教育模式，所謂適性教育指的是教學者依照學生的能力興趣提供合宜的教育，至於應在何種條件下才能做到適性教育，則須遵循下列原則：

　　1. 學生的組成以異質性團體為主。

　　2. 班級包含不同年齡不分級，及不同程度的學生。

　　3. 個別差異被視為常態，非特殊現象。

4. 教室空間及課程必須經過組織以達到彈性與多重功能。

5. 作息安排須彈性，彈性指的是教學的時間，以獲致同儕示範互動。

6. 學生以其教學需求來分類，非以生理年齡來分類。

綜上所述，適性教育模式須做到因材施教，才能稱為適性。其中融合教育模式就是一理想的適性教育模式。融合班學生間程度差異大，要做到適性教育極其不易，還好國內外融合班級經多年研發已能形成一模式，供願意實施融合教育者參考，以下一一介紹幾個融合教育模式。

一、Patrick O'Hearn 融合學校介紹

1989 年 9 月，美國波士頓決定讓 The Patrick O'Hearn elementary School（簡稱 O'Hearn 小學）變成一個融合學校，從幼稚園開始實施融合，當時特殊生不可和同年級的普通生在同一個班級。剛開始時，一至五年級融合班級學生的平均成績低於其他學校同年級學生，幼稚園到五年級共有 220 名學生，其中 25% 為特殊生。然在介紹 O'Hearn 小學的紀錄片中（Herre, 2008），描述 O'Hearn 小學有三分之一學生為特殊生，對普通及特殊生都是一個選擇，可以帶給彼此雙贏，令人訝異的是不管是普通生或特殊生都有人等著要進這個學校。

2001 年 2 月，O'Hearn 小學的校長 William Henderson 催生全學校（whole schooling）的概念，認為融合和整個學校的進步（whole school improvement）有關，每個學校都有優點也有改進的空間。在 O'Hearn 小學，融合除了是所有學生的目標外，也是一個學校進步的動力，他認為好的融合必須有一個有效的學校。O'Hearn 小學提出融合的精神為尊重及誠實，每位學校老師都要能夠了解融合的內涵。

O'Haren 小學用鑽石來比喻學生的多樣性（diversity）及差異性（difference），在很多地方差異性被視為是種恐懼的來源，而不是一份美的元素（element of beauty）。在 O'Hearn 小學，差異性卻被視為一種力量，老師及家長應該去正視差異，而不是隱藏差異的存在。回到鑽石隱喻，鑽石是由煤炭團變成的，經由琢磨才能使石頭變成珍貴的鑽石。同樣地，當學生有人陪伴，有人發揮他們獨特的特徵，擦亮他們，將他們放在可以突出他們獨特特質的位置，並且提供他們地方發光，他們會變成鑽石。教育家有責任將這些未經加工的學生擦亮並讓他們發

光，只要給予機會，任何學生都可成為一顆珍貴的鑽石。

　　O'Hearn 希望提供激發創造力及具挑戰的環境，配合生態環境提供適合學生學習需求和學習風格的課程，例如以波士頓茶葉事件及移民為社會科主題，教導學生了解波士頓著名的歷史事件，對在波士頓 O'Hearn 小學的教學團隊以及學生來說，教導社會科（social studies）是一種喜悅，因為 O'Hearn 小學位於波士頓，是美國歷史發源地，可以讓學生主動參與以及沉浸在歷史事件中。當美國其他各州的學生只能閱讀或觀看電腦螢幕時，這個城市卻能提供第一手歷史事件，讓普通生與特殊生分工合作，使用網路蒐集與分享資料、製作圖畫來描述這個事件、寫出發生波士頓茶葉事件的原因且演出內容。

　　O'Hearn 小學認為學生不應被期望要在同時間內有一樣的進步；反之，學生被教導由於他們的獨特性而感到有價值。此外，學校必須提供符合學生需求的回應課程（responsive curriculum），學生學習的內容和學校的目標及目的一致，學校老師所設計的課程可以支持學生獲致閱讀、寫、聽、數學、科學、創造性思考、批判性思考以及問題解決等能力，教育活動可用來幫助學生達到高階的表現或超越自己，對特殊生而言，訂定 IEP，將 IEP 的目標加入教室活動流程中，可以確保特殊生學到適合其能力的課程。當年級程度的教材太難或是太簡單，課程與教學就需要做調整，課程與教學調整必須因應學生需要而改變，才能讓特殊生參與班上的活動，有些學生不只需要減少考試的項目，還需要更多的調整，包括課程內容的調整。

　　在 O'Hearn 小學裡，每一個班級包含的學生有功課一般的、功課特別好的、些微落後的和程度非常落後的，所以不能使用同步的課程與教材；換言之，將一個模式用於所有人的方法並不是好的教育法，即使同質性班級也必須調整教學內容與策略，最重要的是透過同儕或專業的支持，實踐合作與融合的理念，才能讓每一位學生都可以一起學習及成長。

二、全學校模式

　　全學校模式創始人 Michael Peterson 認為，一個能做到融合的學校才是一個完整的學校，他認為融合不只是讓特殊生及普通生融合，更是推動民主的一個途徑，希望全世界各個學校都能推動優秀公平的理念，創立一個融合和民主的社

會，透過融合教育幫助學生探索潛能，使他們在民主社會中做個有用的人，成為一個創新的領導人，創造變革使世界更好。全學校以為學校教育不應該以考試成績為導向，而是幫助學生發展技能，使他們生存的機會和積極發展達到最大，成為民主社會的公民。學校要教導學生照顧及合作的觀念，使學生學習如何作出決定，使用權力，並有責任感，讓學生在生活中學習。融合教育在乎的不是班上特殊生的人數多寡，而是經由融合是否產生學校的改變及融合文化。

　　全學校強調民主、多層次教學、支持學習、多元評量、多功能空間、夥伴關係、包含所有的人、社區參與等八個指標（如圖 2-1），以建立一個支持所有學生適性學習及成為民主公民的環境（McMaster, 2013）。

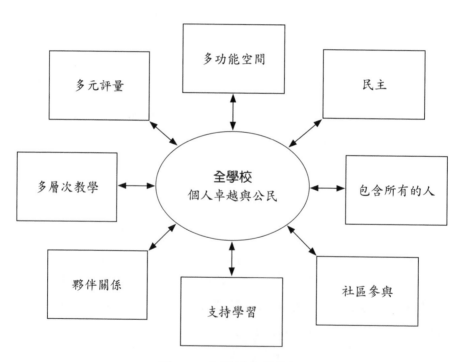

圖 2-1　全學校八個指標

全學校教育具有以下幾項特質：

1. 教導學生學習在社會上真正實用的工具及技能。

2. 讓學生了解同儕間的關係、學習照顧及社會互動。

3. 讓學生在良好的融合環境下學習。

4. 透過教室裡的同儕和老師來鼓勵學習。

5. 發展出學生與老師、家長以及社會之間自然的相處關係。

6. 透過多層次教學與真實情境、經驗、聲音和文化的連結，來吸引不同程度學生的學習興趣。

Rouse 和 Florian（1996）將融合學校（inclusive school）和有效能學校（effective schools）連結在一起，因為融合學校的學生是多元的，必須符合所有學生的需求才能生存，融合學校除了要注意到一般學校所重視的學業成就，還必須能增進所有學習者的學習，因此可視為一有效能的學校。為了增進學校的效能，學校必須能教導各種能力的學生（Creemers, 1996）。

融合教育成效的探討可以是針對特定個案，也可以是整個學校制度的改變，學校的角色由提供個別需求轉換到整個學校對多元化的反應，例如美國 Johnson City Central School District 一些融合小學（inclusive elementary school）實施完全融合 30 個月後，整個學校包括行政人員及教師態度都改變了（Downing, 1996）。

三、集中式融合班模式

美國在 1980 年開始實施統合，讓原本在特殊班的學生進入普通班與普通生融合，為了達到融合的效果，會將特殊生集中在一個普通班，集中資源照顧這個有著普通生及特殊生的普通班，融合的時間視特殊生的障礙而定。Gaylord-Ross（1989）認為將特殊生集中在一個班級實施融合，特教老師就不需在班級間移動，既可專心在一個班級提供特教服務，也可以讓特教資源集中在一起，增加資源的利用，尤其實施中、重度障礙生融合時，如將其分散至不同的普通班級，教師將不易兼顧其他班級的特殊生。至於一個班級中特殊生及普通生的比例應如何分配則見仁見智，做法都不盡相同。Baker 和 Zigmond（1995）認為美國將學習障礙生融合至普通班的做法，可大致分為兩種：

(1) 六至八個不同類別的學習障礙生在同一班。

(2) 同一類型（例如學習障礙）的學生分散到不同班級，也有集中到同一班。

秉持這樣理念者有下列幾所學校：

（一）紐約州愛德華史密斯小學（Edward Smith Elementary School）

其融合式課程涵蓋幼稚園到八年級，是美國歷史最悠久的完全融合學校。一個班級大約 25 至 30 人，每個年級特殊生及普通生人數不一，其四年級的某一班就只有一至二個自閉症學生融合至這個班中，然而其五年級的某一班就有六位特殊生融合至普通班，全班人數共 29 人。老師人數及班級數都不同，詳見表 2-1。

表 2-1　美國愛德華史密斯小學現況

年級	教師人數	普通生人數	特殊生人數	普通／特殊比例	班級數
幼稚園	2	21	6	3.5：1	1
一年級	2	25	6	4.2：1	1
二年級	2	15	2	7.5：1	3
三年級	2	25	6	4.1：1	1
四年級	1	22	1	22.0：1	1
五年級	2	23	6	4.0：1	1
六年級	1	17	5	3.4：1	1

（二）希望科技學校（Hope Technology School）

2001 年設立於美國加州，提供普通生及特殊生完全融合，是一所招收三歲至八年級學生的私立學校，全校現有 140 名學生，除了幼稚園、小學及中學，還設有一個職業訓練中心，以充分運用科技學習為目的。早期普通與特殊生的比例為 6：4，現在則未註明，一個班級有 12 名學生，由一位老師及一位助理教師負責，科技（例如電腦）對於學生學習扮演重要的角色。

（三）台灣集中式融合班

　　參酌美國將不同類別的特殊生融合至同一班，以集中特教資源的做法，1989 年吳淑美教授就開始嘗試做特殊幼兒和普通幼兒的融合，將 5 個特殊幼兒與 11 個普通幼兒融合在一個班級的方式，在新竹師院設立學前融合班。這個模式於 1992 年納入竹師附小成為正式的學前融合班，開啟了體制內學前階段的融合。早上普通幼兒與特殊幼兒以 2：1 的比例混合，採完全融合的模式，結果證明只要課程設計得當，即使是中重度殘障幼兒亦能完全融入普通班中（吳淑美，1992），所有的老師不分誰是特殊幼兒的老師，誰是普通幼兒的老師，特殊幼兒及普通幼兒都融合在一起，都屬於同一班級，融合教育的真諦即在此。

　　除了學前融合班，尚有國小融合班的設立，竹師附小融合教育班設立於 1994 年 8 月，因特殊生人數須符合自給自足式特教班每班 8 名特殊生的下限，所以在竹師附小融合班中，每班有 8 名不同類別之特殊生及 16 名普通生，特殊生障礙程度涵蓋輕度至中重度，每班有兩位老師及一位助理教師，2010 年因應班級人數降低，改為一班學生 22 名，其中 7 名為特殊生。

　　目前將一定人數之特殊生與普通生按比例融合在同一班級的做法者，除了竹大附小的學前及國小融合班，尚有育賢國中融合班及財團法人福榮融合教育推廣基金會附設國中融合班（學籍屬新竹市建功國中），其概況如表 2-2。（編按：新竹師院於 2005 年改制為新竹教育大學，故竹師附小 2005 年後改稱為竹大附小）

四、社區式融合班

　　一班只有一、二名特殊生，以三名為限，課程與教師以普通班為主，師生比學前階段約 1：15，國小階段約 1：35，易忽略特殊生需求。

1. 大津融合中小學 20 位學生中有 3 位為身心障礙，有 4 位專任教師及 9 位兼任教師。
2. 鹿港苗圃學園 17 位學生中有 3 位為身心障礙，有 1 位專任教師及 2 位助理教師（家長兼任）。

表 2-2　集中式融合班概況

竹大附小融合班（學前設立於 1989 年，國小設立於 1994 年）					
年級	教師人數	教師助理員	普通生人數	特殊生人數	班級數
4-5 歲組 （全日班）	2	1 （三班共用）	12	6	3
一年級	2	1	15	7	1
二年級	2	1	15	7	1
三年級	2	1	15	7	1
四年級	2	1	15	7	1
五年級	2	1	15	7	1
六年級	2	1	15	7	1
育賢國中融合班現況（設立於 2000 年）					
年級	教師人數	普特生比率	普通生人數	特殊生人數	班級數
七年級	3	3：1	18	6	1
八年級	3	3：1	18	6	1
九年級	3	3：1	18	6	1
財團法人福榮融合教育推廣基金會附設國中融合班（設立於 2004 年）					
年級	教師人數	普特生比率	普通生人數	特殊生人數	班級數
七至九年級	5	1.5：1	18	12	1

五、合作式融合班：普通班加特殊班合成一個班

1. 新北市成州國小一班普通班（30 人）加一班學前特殊班（5 人）：有兩位普通班教師、兩位特殊班教師及一位助理教師，師生比為 1：9.5，課程與教學雖以普通班為主，然經過調整以符合特殊生的需求。

2. 南投縣水里國小一班普通幼稚園（24 人）加一班學前特殊班（4 人），

　　有兩位普通班及兩位特殊班教師，師生比為 1：7，課程與教學雖以普通班為主，然經過調整以符合特殊生的需求。

3. 苗栗縣啟文國小一班普通幼稚園（30 人）加一班學前特殊班（4 人），有兩位普通班及兩位特殊班教師，師生比為 1：8，課程與教學雖以普通班為主，然經過調整以符合特殊生的需求。

4. 高雄市左營國小附幼：共三班學前融合班，每班由普通幼兒 20 人加半班學前特殊班（5 人）組成，有一位普通班、一位學前特殊班教師及一位實習教師，師生比為 1 比 10，課程與教學雖以普通班為主，然經過調整以符合特殊生的需求。

5. 新竹縣竹北國小半個幼稚班（15 人）加半個學前特殊班（5 人），有一位普通班及一位特殊班教師，師生比為 1：10，課程與教學以普通班為主，然經過調整以符合特殊生的需求。

六、特殊班轉型

　　師資及學生以特殊生為主，讓極少數的普通生進入特殊班，其師生比為 1：5，課程與教師以特殊生為主，易忽略普通生的需求。

1. 新竹市載熙國小將原有學前啟智班學生（5 名）加上兩倍普通生（11 名）組成融合班，有兩名學前特教班教師，師生比為 1：8。

2. 彰化啟智學校將原有學前啟智班學生（6 名）加上兩倍普通生（12 名）組成融合班，有兩名學前特教班教師及一位助理教師，師生比為 1：6。

3. 伊甸基金會鳳山區早療中心將輕度身心障礙幼兒（3 名）加上三倍普通幼兒（9 名）組成融合班，有兩名學前特教班教師，師生比為 1：6。

　　以目前台灣的教育生態而言，合作式的融合班，將普通班及特殊班結合不增加教師編制是較為理想的做法，學前融合班（一班編制 2 位教師、30 名學生）如能採取此種模式將是一較好的嘗試也是一雙贏的做法，至於現行的國小普通班教師編制較少（一班約 1.5 位教師），實施起合作式的融合，教師編制仍嫌不足。

第3章
融合班之環境與作息管理

　　教學環境除包含物理環境、空間的安排外，尚包含作息、時間的分配、班級氣氛、行為管理系統等項目。對班上有特殊生的融合式班級而言，整齊又有吸引力的環境，對提升學生間的互動及降低學生的行為問題有正面的影響。教學環境必須做調整，以減少噪音及干擾，才能增進學生間互動的質與量。

　　物理空間包括教室的外觀及空間的使用，空間則包括牆面、燈光、地面及儲存的空間等部分。牆面空間指的是布告欄，布告欄能增進教室的美觀，亦能讓教學內容一目了然，因此布告欄的設計格外重要。一般教室的布告欄上大都貼著教室的規則及學生作品，當然也包括老師所教課程中強調的部分，例如除法的步驟，以提醒學生學習。

第一節　環境安排的原則

　　環境會影響學生的學習及行為，教室擁擠會讓學生分心，也會讓學生容易吵鬧產生破壞行為，教室環境缺乏組織及凌亂，也會影響教學活動的進行，影響教學的呈現及材料的取得，甚至會讓學生不知道要去哪裡找用具，因此環境必須經過設計及安排以增進學生的學習。首先要問的是，學習環境應如何設計以符合學習者的需求，應提供給特殊生什麼樣的學習環境才能符合其需求，它是否和為普

通生安排的環境一樣？答案是普通生及特殊生的學習環境應是一樣的，對於一些行動較不方便的學生，例如教室有坐輪椅的學生時，環境自然需要做一些調整。但基本上普通生及特殊生的差異是在學習的速率上，不需因此安排完全不同的學習環境。環境的安排需符合下列原則：

1. 安排時間及空間給予技巧的學習及類化（應用），學習指的是透過個別或團體或小組教學，由老師主導學習一些新的技巧。類化指的是將所學技巧運用到真實的日常生活情境，透過增進學習動機，統整所學的技巧，運用到日常的生活經驗中。因而環境的安排須考量是否製造了學習與類化的機會，例如教室有角落的設置，在角落放置各種類別的教具，都是提供類化機會的一種方法。

2. 環境中的教材與教具必須能符合學生的需要。教學活動及材料具備適當的挑戰性，太簡單或太難的活動都不適合，應選取具挑戰性、符合學生程度的活動及材料，讓所有的學生都有參與及歸屬的感覺。

3. 提供秩序化的環境，例如角落的安排，讓每一個區域（角落）有其固定的功能，如數學角放的都是增進學生數學概念的教具，例如大富翁，並給予學生選擇不同學習區及同一區中不同教具的機會。

4. 提供安靜的學習環境：盡量避免過分干擾的學習環境，例如離走道或馬路近的教室，應盡量避免。

5. 提供探索環境的機會：盡量採用開架式的櫥櫃及書架，讓學生可以自行閱讀圖書、方便取用教具及材料，並安排適當的作息，讓學生每天或每週有固定的時間探索及使用教室內的圖書及材料。

第二節　教室空間的安排及布置

　　教室布置及教室空間的安排會影響教室的氣氛，通常一間教室會有多種不同性質及教學型態的活動在進行，有靜態的活動，例如書寫、閱讀、教學活動等，也有操作型的活動，例如自然、繪畫的活動。另外，有小組討論的空間，也有全班一起的空間，例如讓教師能夠面對全班的學生講話的空間。

　　座位的安排也會影響特殊生的學習，傳統式排排坐的位置，老師在做團體教學時可以一目了然地看到坐在台下的學生，教師可以很快發現誰沒有專心聽講而

給予協助。對有注意力缺陷的學生而言，座位排排坐時是很容易被發現的，唯一的缺點是學生之間沒有互動，較難引發互助合作的行為。在融合班，學生的座位常是三個或四個學生坐在一起，形成一小團體，老師可以根據座位的安排做小組間的競賽，比賽哪一小組秩序最好或是以組為單位共同完成一份作業。

　　無論座位是採排排坐或互動式的方式，老師都需要能看到教室的每一角落，包括教室內的學習區，如此才能做好班級的管理與經營。教室內除了教學區域外，也需要儲藏教學用品的區域，例如教學材料櫃或是工作櫃。

　　為了有效利用教室空間，老師必須仔細規劃東西的陳列及特殊活動用的設備，還有恰當使用天花板、樓梯的空間。至於在空間安排及布置上，應符合下列原則：

1. 教室家具合乎班上各種學生的需要：例如桌椅的安排高度適中，甚至提供不同高度及大小的桌椅，以符合不同身高學生的需求，不但適合學生間的互動及合作，且每個人有足夠操作教具的空間及擺放足夠的材料，以增進其獨立的機會，提供學生成功的機會，減少不必要的挫折。

2. 安排不同教學型態的空間（例如靜態、動態、小組、團體、電腦、全班、一至二個學生、十個學生）：安排桌子及教室其他區域時，先建立大團體教學區域，再安排小組教學的空間，小組教學適合教新的技巧及引導式閱讀、數學教學使用。

3. 安排製造互動機會的空間：讓學生四個座位排在一起，讓特殊生和普通生坐在一起以便合作，協助他們互相分享知識、經驗及練習社交技巧。

4. 安排老師的位置：老師的位置須放在一個可以看到大家的位置，並且桌面保持整潔。如果教室夠大，也要安排教師助理員的位置，位置可以位於老師的對面以便監督學生。

5. 設置遊戲或休閒角落作為獎賞，讓學生完成作業時可以去玩。

6. 設置圖書館、閱讀區及電腦、錄音機、VCR、投影機等視聽區。

7. 利用布告欄及牆壁的空間展示作品或張貼班規等，牆面也可用來展示和課程有關的參考資料、常見的字詞、學生的作品、工作步驟。展示要能讓學生有興趣並時常更換。表 3-1 是融合班各班教室布告欄展示的內容。

表 3-1 融合班各班教室各類布告欄展示內容

大黑板	善行小天使（二年級）。 聯絡簿內容、小組長名字（小組長輪流、里長按座位順序排）（三年級）。 主題報告管制表、班規、用餐禮儀（六年級）。
佳作集	作業單作品集（一年級、二年級、三年級）。 學習園地（四年級）。
語文	配合國語科單元的教材及相關的資料、故事（一年級、二年級）。 開心園地（四年級）。 優良作業單（五年級）。 佳作集、作品、作業單、書報文章欣賞（六年級）。
英文	生活實用性字彙配合圖片以主題呈現（一年級）。 英文課句子（五年級）。 佳作集、作品、作業單、書報文章欣賞（六年級）。
數學	數學補充資料（三年級）。 數學故事作業單（五年級）。 闖關小英雄（六年級）。
自然	植物標本（三年級）。 相關資料（五年級）。 作品、作業單報告（六年級）。
榮譽板	每個小朋友一個袋子裝榮譽卡（一年級）。 獎狀獎牌（三年級）。
聯絡簿	除聯絡事項外，每日一句讚美同學（一年級）。 作業登載事項（六年級）。
藝術	美術作品（二年級）。 布告欄張貼、布置教室（四年級）。 優良作品（五年級）。 作品圖文欣賞（六年級）。

表 3-1 融合班各班教室各類布告欄展示內容（續）

主題園地	每個小朋友的獨照、生活照（一年級）。 單元主題布置（三年級）。 配合單元不定期更換（四年級）。 配合各科教學活動園地內容（六年級）。
角落牌	角落卡／史老師（五年級）。 各角落分組名單（六年級）。
每日一句	好話（二年級）。 成語每週一詞（三年級）。 一句好話（四年級）。 成語／小朋友（五年級）。
公告事項	（麒麟大事）重要資訊通知張貼（一年級）。 各項比賽辦法或班級事務（三年級）。 布告欄上張貼（四年級）。 近日活動（五年級）。 活動、課表（六年級）。
其他	（文化園地）文化藝文資訊、班級活動照片（一年級）。 國語日報、書香園地（二年級）。 讚美天地（同學彼此或家長老師對小朋友的讚美）（三年級）。 活動照片列車、活動預告（五年級）。

8. 鼓勵專心的行為，減少干擾：學生有學業及社交上的問題，可以以同儕為模範來學習。容易分心的學生需要安排較私人的區域，或是安排在老師附近。

9. 提供寬敞的空間：空間的擁擠會造成挫折，且容易干擾彼此的學習。教室如要規劃角落或學習區，空間的需求更大。

10. 每個人有放置自己物品的空間，例如有工作櫃或工作箱或每個人有一信箱／籃子放置個人物品。

第三節　安排適合的融合環境

　　融合班有普通生，也有特殊生；特殊生可能是有智能不足、肢體障礙、自閉症、聽覺障礙、視覺障礙、學習障礙、身體病弱、語言障礙、情緒障礙或多重障礙等類別的學生。對於某些特殊生，例如有著視覺障礙或肢體障礙的特殊生，安全的環境就顯得特別重要，因而在安排環境及空間設計時，必須選擇一個適合學生學習的環境，並符合特殊生對環境的特別需求。

　　融合班各年級的教室多採多功能方式安排，有小組教學的座位，教室周圍還有角落的布置。平時上自然及社會課時，全班一起上，國語及數學課分成兩組，有兩種分組方式，一種為將 22 個學生平均分成兩組，成為 A、B 兩組，每組 11 人，每組可再分成三小組，四個桌子合成一小組，或是兩組；上國語及數學課時，則依能力分組，成為大（18 人）、小（4 人）兩組。所以，在環境布置上，利用矮櫃隔成兩邊，一邊有 22 個位置，另一邊則有 4 個位置，以有利教學的進行。美中不足的是，有時會因老師或學生聲音的相互干擾，而影響學生的學習情緒，較易分心。但若老師能適時引導，學生也漸漸習慣這種教學環境，則較沒有太大影響，但仍須兩組的老師用心注意，以免造成兩組教學的困擾。除此之外，其他教學或教學外的活動中，有時需要用到其他輔具，例如學生需要坐輪椅，就要安排利於輪椅迴轉的空間，然有些特殊課程，需要用到二樓的教室時，就需麻煩老師為學生搬動輪椅，一學期下來，老師難免會受傷，因此有行動不便特殊生的班級教室就要安排在一樓，既有利特殊生參與教學，也可減輕老師的負擔。

　　教室是一班兩組學生共同使用，有兩位教師各在一邊執行教學，每組各有一個黑板。教室周圍是角落，中間則安排學生座位。圖 3-1 為竹大附小三年級融合班教室的空間安排。

　　學習環境的調整以提供特殊生安全、安心且無障礙的學習環境為首要考量，再依據個別學生之身心狀況與需求，進行教室位置與動線規劃、學習區的安排、座位安排等環境的調整，例如提供寬敞的走道供肢體障礙學生輪椅迴轉的空間，較常出入的走道，可放老師的桌子或常用的教具，並提供所需的人力、輔具與行政資源與自然支持。盡量避免讓特殊生專用一個空間，以免造成與其他學生的隔離。表 3-2 為融合班無障礙環境與輔助科技的安排。

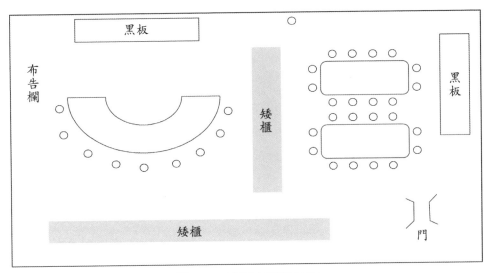

圖 3-1　教室空間設計圖

表 3-2　融合班無障礙環境與輔助科技之安排

項目	舉例說明
學校能依據身心障礙學生個別需求主動調整學校環境（如針對肢障學生調整教室位置、針對聽障學生設置燈號設施等）。	• 針對輪椅生，在電梯設置鏡子，方便輪椅生進出電梯時，消除視覺的死角，維護行動安全。 • 校園無障礙空間設計。 • 為有教保員的學生安排適切座位。
校園動線設計能考量身心障礙學生之行動需求。	• 有電梯、斜坡道，除 B1、草坪非平坦區域，大部分都是學生的可達地區。
學校無障礙設施（如廁所、樓梯、斜坡道等）符合身心障礙學生的需求。	• 兩間教室間設有愛心廁所，樓梯雙側有扶手，維護學生安全。
教室空間使用與各類設施能增進身心障礙學生學習及與同學互動。	• 教室屬於無障礙空間，設施基本上多元化設計，對特殊生學習很有幫助。
學校能提供符合身心障礙學生學習所需的學習設備與資源。	• 有較大尺寸的電腦螢幕，方便視力不佳學生使用，有觸控螢幕和電子白板方便學生操控。 • 有觸控式螢幕，供特殊生學習使用。
學校能提供或協助申請身心障礙學生所必需之輔助科技（如輔助科技設備之評估、提供、調整等服務）。	• 學校提供或協助申請電動輪椅、溝通板。

第四節　作息的重要性

作息是一個班級的結構，它告訴你在每一段時間該做些什麼。作息安排得恰當，對教學的品質及師生間的互動都有莫大的助益。學校除了固定的作息、不固定的作息外，還有一些稱為過渡時間之空檔。教室如果沒有固定的作息，學生的活動、座位、個人空間及日常活動都會妨礙教學，有了作息，教師才能有效率地安排活動及計畫教學。

作息影響學生的學習，作息可分為學業性及非學業性，學業性作息通常較具結構性，有課程在進行，例如語文課、數學課、自然課、社會課等，學業性作息所占的比例愈高，學生學習的時間就愈多。非學業性時間例如每天上課前之導師時間則無課程在進行，卻是最佳的生活訓練時間。不管作息時間有無課程進行，作息一旦訂出，就應該是公開且是固定的，例如每週有幾堂語文課排在哪幾節是固定的，如此學生才知道什麼時候要上什麼課，尤其是特殊生，作息時間更要固定，否則易造成其情緒上的困擾。對特殊生而言，知道每天要上什麼課及課堂進行的活動內容是非常重要的，這樣才能控制周圍的環境，學校生活也才能有規律。例如語文課的內容多半是認識語詞、習寫生字，且坐在固定的座位上，特殊生在上這些課時，情緒通常較為穩定；至於音樂課、體育課並無固定座位，無法預期上課內容會上些什麼，因此特殊生在上這些課時，情緒常有失控的情形發生。

作息對特殊生尤其重要，提供特殊生圖畫式作息，讓特殊生知道每段作息做些什麼事，將有助於特殊生情緒的穩定。製作圖畫式作息時可將典型的一天拍下來，再將拍下來的照片按照作息的時間先後排列，有了圖畫式作息，學生可事先知道當天發生的事，並預作準備，當天作息如有變動時，應事先讓班上學生知道，如此學生才不會有手足無措的感覺。在融合班，特殊生和普通生的作息大致一樣，上課的科目也相同，唯一不同的是有些特殊生會在一週中某些時段去治療室接受治療，或是在角落時間或午睡時間接受班上教師的個別指導。

第五節　作息的安排

　　為了讓學生適應學校的作息，老師可以在固定時間安排一些活動，例如早上剛到教室時，安排繳交作業及聯絡簿，並在固定的時間抄聯絡簿，或是上課上完一個段落後安排寫活動單（學習單），或是寫完活動單後再安排分享的活動，也可在每節課開始時，複習上一堂課所教的內容。有的老師會在下課前五分鐘指定作業並給予學生收拾課本的時間，遇到有些課需要換教室，亦須事先提醒學生，最好不要有時換、有時不換教室，可以讓學生了解換教室的原因及方式，如果需要換教室就應該固定哪幾節換教室，這樣才不會造成學生不安定的感覺。

　　教師的作息包含教學時間的安排及過渡時間的規劃。教學時間可分為教師實際教學及學生參與學習，過渡時間指的是活動轉換中空檔的時間，也可能是變換教室、變換座位的時間。過渡時間如果過長或未妥善安排處理會造成學生的分心，因此教室的座位應該固定，不要隨時搬動椅子；教具也應陳列在周圍，方便教師上課使用，以免發生教師取用教具時學生無事可做的情形。過渡時間為非教學時間，可分為等待參與活動或獲取所需物品或協助的時刻、轉換教學地點及轉換分組的時間。轉換時間時，須注意動線、轉換的位置，並事先預備教材、教具和活動。教師可以利用班級空餘時間，讓學生練習或複習課程內容。

　　作息的重要性不言可喻，安排融合班作息時建議遵循下列原則：

1. 需要有動態及靜態的時間。
2. 需要有大動作及精細動作的時間。
3. 需要有室內及戶外活動的時間。
4. 每一段作息之間應均衡流暢，才不會有壓迫感。均衡指的是：
   (1) 吃完午餐後，應有一段休息時間。
   (2) 戶外時間（例如體育課）結束後，應有一段靜下來的時間。
   (3) 在上課開始時安排唱歌或讀經，如此學生較易安定下來。
5. 每天課程結束前，安排一些較特別的活動，例如回憶當天最快樂的事或印象最深刻的事，如此每個學生可帶著愉快的心情回家。
6. 在每天開始及回家時，應給每個學生彼此問好及說再見的機會。
7. 每天的作息應固定及有順序，固定的作息可給予學生安全感。

8. 作息要安排學習新技巧及練習舊技巧的機會：要把過去單元中學習的內容，透過複習再加以練習，例如利用每一堂課開始時間來複習舊的技巧，把新的概念夾雜在學過的舊觀念中，既可溫故知新也可將舊技巧類化。

9. 活動的安排需顧及各類型活動間的均衡，例如均衡安排下列三種類型的活動：

   (1) 教師及學生主導的活動：作息應有老師安排的活動，也有學生自我選擇活動的時段。

   (2) 結構及非結構時間：作息中有明確目標的結構時段（例如上課時間），也有非結構的時段（例如下課時間）。

   (3) 單獨／與其他同學／與老師的活動：作息中應有讓學生獨處，也有與教師及同儕互動的時段。

10. 作息應安排有大團體、分組及個別的時間。

11. 安排可進行多層次的活動及材料的時段，例如角落時段安排各種類型及難易不同的材料，如有不同種類的數學方塊。或是在上課講解完課文後，提出不同難度的問題。

12. 作息和空間的安排配合，例如小組時段常有作品完成，每個學生應有自己的工作櫃放置自己的物品及私人物品。特殊生應有一個置放其個別的課程的盒子，內有這週為其特別安排的活動，活動根據特殊生的 IEP 來設計，並將其每週的目標貼在布告欄或適當的角落。

13. 每天的作息安排需顧及學習領域間的均衡，例如每天的作息均應顧及語文、數學、社會及自然與生活等領域，並安排美術、音樂、建構（例如蓋房子）、戲劇及體能動作等經驗至一週的課程中。

14. 作息的安排及課程能夠反映教學理念：當教學理念為主動學習及從經驗中學習，教室中就可安排教具的操作，並安排學習區，在教學時給予學生主動參與的機會，而不是被動地聆聽教師的解釋。

15. 教室作息分為結構式及非結構式（指的是到達、下課及午餐時間）兩種，很多功能性活動可以在日常生活中進行，而不需特別安排時間來進行。

16. 同一段作息盡量包含不同程度的學生在一組：在做分組教學時，如將殘障的學生和同樣能力的殘障者放在一起，可能會造成學習設限、社會隔離及教學呆板等問題。因而如要使學生間有互動，異質性分組將是一理想的學

習方式，既能讓不同程度的學生在一起合作學習，也讓普通生及特殊生都能有意義地學習。

17. 減少特殊生抽出教室的時間：抽出教室意味著和普通同儕隔離，此外亦會造成參與普通班級的活動間斷。方法為讓治療師參與班上小組教學，或成為老師的助手，把治療的理念傳遞給老師。如有必要抽出時，也要盡量減少抽出對教室課程的影響。

18. 有順序地安排課程活動：讓學生知道下一段時間做些什麼，並能參與每一段時間。

19. 安排足夠的互動時間：在教室中盡量安排足夠的時間讓特殊生與普通生間有互動的機會，且安排各種型態的作息（例如大團體、小組等）。

20. 安排教師與相關專業人員討論課程的時間：在排課上讓任教同樣領域的教師有共同的時間，作為課程溝通及腦力激盪用，並排出一些空檔讓教師有時間與其他專業人員溝通。

總括來說，作息安排如表 3-3、表 3-4，分為低年級及高年級。

從表 3-3 及表 3-4 的作息表中，可看出融合班在上午時作息的安排，是自 8:40 開始課程。作息約可分為大團體時間、角落時間、下課時間及分組時間。

大團體時間是所有學生一起學習的時間；小組時間則是將所有學生分為兩組後（有兩種分組方式，視科目和年級而定），再根據每一小組學生特質，由老師設計課程，以符合每個學生的需求；角落學習則是由學生自由選擇要去哪一個角落，是學生自主學習的最佳時段。下課時間都是 10 分鐘，只有課間活動時間為 20 分鐘，可配合休閒生活，讓學生可以自由交談及在戶外玩。

第六節　作息和教學領域結合

融合式的班級，班上有特殊生也有普通生。特殊生的類別並非同一類時，整個環境可說是一個異質性頗大的環境，因而作息的安排必須是多功能的，既要兼顧普通生及特殊生的需要，亦要能增進普通生及特殊生間的互動；此外，課程的安排亦必須具有相當的彈性，可以隨時安排其他的輔助課程。

表 3-3　低年級日課表

午別	星期、科目 分鐘、節次		一	二	三	四	五
上午	7:50-8:00		晨讀時間				
	8:00-8:15		整潔活動		朝會	整潔活動	
	8:15-8:35		導師時間			導師時間	
	8:40-9:20	第一節	國語 A 數學 B	國語 A 數學 B	國語 A 英語 B	國語 A 數學 B	國語 A 英語 B
	9:30-10:10	第二節	國語 B 數學 A	國語 B 英語 A	國語 B 數學 A	國語 B 英語 A	國語 B 數學 A
	10:30-11:10	第三節	體育—單 游泳—雙	生活	生活	生活	生活
	11:20-12:00	第四節		鄉土語言	生活	國（全）	生活
中午	12:00-12:30		午餐時間				
	12:30-13:10		12:50 放學	午休時間	12:50 放學		
下午	13:20-14:00	第五節		角落			
	14:10-14:50	第六節		社團			
	15:00-15:40	第七節		社團			
	15:40-15:50			導師時間			
	15:50			放學			

表 3-4　高年級日課表

午別	星期、科目 / 分鐘、節次		一	二	三	四	五
上午	7:50-8:00		晨讀時間				
	8:00-8:15		整潔活動		朝會	整潔活動	
	8:15-8:35		導師時間			導師時間	
	8:40-9:20	第一節	數學（大）數學（小）	國語（大）國語（小）	數學（大）數學（小）	社會	數學（大）數學（小）
	9:30-10:10	第二節	國語（大）國語（小）	數學（大）數學（小）	國語（大）國語（小）	英語	國語（大）國語（小）
	10:30-11:10	第三節	國語（大）國語（小）	社會	美術	國語（大）國語（小）	體育—單 游泳—雙
	11:20-12:00	第四節	社會	自然	美術	國語（大）國語（小）	
中午	12:00-12:30		午餐時間				
	12:30-13:10		午休時間		12:50 放學	午休時間	
下午	13:20-14:00	第五節	英語	鄉土		數學（大）數學（小）	自然
	14:10-14:50	第六節	健康	社團		資訊	自然
	15:00-15:40	第七節	角落	社團		角落	音樂
	15:40-15:50		導師時間			導師時間	
	15:50		放學			放學	

綜括起來，整個班級的教學型態可分為個別教學、小組教學、團體教學、角落教學及戶外教學等五類。在一般小學的教學裡，並沒有個別化教學的安排，然而在融合的環境中，可以融合特殊教育中的技巧，把個別化教學的目標放在融合班的作息中，例如透過角落教學中來執行，如此既可兼顧個別化的教學目標，亦可使特殊生和普通生有互動機會。

在這種型態的學習環境下，整個教室的教學都是經過特殊設計的，例如學習角落（learning center）的安排，可以配合領域來設計。戶外場或操場可有鞦韆、單槓、滑梯，可以幫助學生做大肌肉的訓練；在語文角中，有圖書、圖片或字卡，可訓練學生的語文能力。因此，學習角落的設置，將可幫助學生有系統地學習學科領域中必備的技巧。

小組教學則是一種比較結構性的教學，只由老師特別設計，學習內容包括國語及數學，在分小組時，由於低年級學生間的個別差異較小，課程彈性較大，特殊生和普通生可放在同一組，但在執行小組教學時，仍須使用不同層次的材料及內容，以達到因材施教的目的。

除小組教學及團體教學之外，仍可視學生的需要安排一對一教學，例如利用角落的時間在個別角輔導特殊生。在一對一教學情境中，通常由專業人員負責，例如語言治療師或職能治療師為特殊生做特殊的治療，如果沒有專業人員，可由受過特教訓練的老師充當。一對一教學的安排，主要是彌補團體教學之不足，也是和學生建立關係的方法。如果學生不適合一對一教學，亦可安排同儕教學或其他型態的教學。

班上除了固定老師外，亦可安排義工在團體教學時協助特殊生參與活動，甚至把學校教的東西教給父母，以協助父母在家繼續輔導特殊生。在融合班的教室中，均有個別角的設計，老師可在教室中做個別輔導，讓特殊生的個別化教學目標都可融入普通的教學情境之中，使離開教室的時間無形中減到最低。

為了兼顧各種領域的教學，教學宜採用靈活的方式進行，個別輔導可以在治療室中進行，亦可直接在教室中進行，全視目標而定，例如感覺統合的訓練需要較大的空間和特殊的儀器時，到動作訓練室較佳，而語言矯治訓練可在教室或治療室均可。

在教室中，每一段作息都有其特殊的意義，因此作息表可用來觀察學生學習的情形，並作為教室日誌或教學紀錄用，如此教師可清楚記錄學生在學校發生的

事和發生的時間。表 3-5 為融合班各班之教室日誌表，內容有每一段作息與記錄重點及事項。

表 3-5　融合班教室日誌

融合班教室日誌 ____年___月___日		
時間	作息	記錄重點及事項
7:50-8:00	晨讀	
8:00-8:15	打掃	
8:15-8:35	導師時間	
8:40-9:20	第一節課	
9:30-10:10	第二節課	
10:10-10:30	課間活動	
10:30-11:10	第三節課	
11:20-12:00	第四節課	
12:00-13:30	午餐時間	
13:30-14:10	第五節課	
14:20-15:00	第六節課	
15:10-15:50	第七節課	
15:50-16:00	放學	
備註		

第4章

融合班之班級經營

在融合班，班上除了有普通生外，尚有需要特教服務的特殊生和普通生一起學習，尤其是在竹大附小的融合班中，每個班都有 7 名特殊生和 15 名普通生一起融合，教學難度高外，班級經營更需教師費心經營才能兼顧普通生及特殊生的學習。班級經營的目標不是要學生一直坐著，而是在學習時能坐在自己的位子上。班級經營主要是幫助老師及學生，而不是造成彼此的障礙。其目的為：

1. 幫助學生發展自我管理的技巧。
2. 增進教師教學的時間，減少管理學生的時間。如此學生可以學會如何應用其時間，學習他們需要學習的東西。例如學習如何在預定時間內完成所需的工作、學習工作的順序，及當他們完成預定的工作時如何選擇其他的活動。其優點為：
(1) 培養遵守指示的能力。
(2) 妥善應用學習資源，例如知道每個學習區（角落）的材料及活動，並了解其規則及材料使用的方法。
(3) 培養分類的能力，學會收拾整理學習材料及自己的物品。
(4) 知道何時該尋求幫助。
(5) 知道何時該換活動。

第一節　發展適當規則計畫

　　若無法有組織地管理班級，老師可能每天都要處理學生的問題。所以要制止教學被打亂和維持班上風氣，增進學習和社會互動，老師必須制定及實施班級管理規則，若未訂定班級規則，則會導致花更多時間去管理班級。在教室裡，班規較學業成就重要，因為有些學生很吵鬧，會打斷老師原本有組織的教學，有些老師容忍這種干擾的行為發生，因為他們覺得無力改變學生不好的行為，以下是不良班級經營產生的徵兆：

1. 學生對老師的要求沒有任何反應。
2. 學生缺乏在學校或班上行為的自我控制。
3. 學生無法理解老師的期望。
4. 教師不明白如何使用行為策略以減少學生的不適當行為。
5. 學生無法按時完成指定的作業。
6. 指令不明，沒有重點。
7. 學生不知道要做什麼。

　　融合式班級給予學生較多的空間，學生會嘗試自我表現，因而秩序較難管理，例如上課時每個學生都想講話，這時就需要制定一些規則，做法如下：

1. 建立例行活動的管理規則：在融合式班級，師生及同儕間的互動都比普通班或特殊班頻繁，因此班級秩序較難建立，亟需行為之規範，例如上課時每個學生都想發表自己的看法，就必須制定上課發言的規則（例如發言要先舉手），並和學生討論及建立規則，且讓學生知道如果沒有這些規則，每個人都會受影響。
2. 公布班規給全班看，並常常提醒，在學期一開始、過渡時期至最後一天都要執行班規，有始有終。
3. 讓學生清楚知道不遵守班規的後果，和如何遵守班規。
4. 列出每天固定要做的事，例如早上一來先將聯絡簿放到老師桌上，表 4-1 為各班聯絡簿填寫及收回時間。
5. 稱讚並讓同儕示範正確的行為，這樣可讓學生理解什麼才是正確的行為。
6. 訂定目標以達到自我控制，例如生氣時用握拳代替打人。

表 4-1　各班聯絡簿填寫及收回時間

年級	填寫時間	收回時間
一年級	每天早自修	早自修填寫完後
二年級	早晨導師時間	第一節課以前
三年級	一早到校	放學前
四年級	早上到校自動交	12:00-12:40
五年級	一大早	午餐過後
六年級	早晨導師時間	早晨導師時間

第二節　融合式班級氣氛

　　班級氣氛指的是教室給學生及家長的感覺，當學生待在班級時是否會感受到友善及溫馨的感覺，尤其是在融合式班級，有特殊生及普通生共處時，班級氣氛更加要給人溫馨的感覺，而不會因班上有特殊生的存在而影響了教師的公平性，或因學生間個別差異較大，無法兼顧而顧此失彼，讓普通生及特殊生間無法相處融洽，如此班級氣氛就可能呈現出隔離而非融合的氣氛。

　　融合式班級的氣氛究竟應該如何呢？首先要建立積極學習的氣氛，當學習環境讓學生專注於學習，自然降低問題行為的發生，做法為：

1. 在學生抵達前先準備好所有需要的教材。
2. 用溫暖、親切、微笑的口吻說出學生名字，讓學生覺得進到教室是受歡迎的。
3. 避免使用太多、命令式的指示，盡量給予學生選擇和機會去表達他們的想法，鼓勵學生多思考，並鼓勵更複雜的思考。
4. 避免重複性的說明，這樣會讓學生覺得嘮叨。如果學生對要求沒反應，用不同的方式重新說一遍，記得給予學生一個明確和合理的時間回應，如果學生還是沒有回應，就不再多說。
5. 言行一致，要求學生時自己也要以身作則。

6. 避免威脅、賄賂、說教或強烈性的建議，尊重學生的選擇。

7. 經常要求學生的幫忙而且回饋學生的協助。

8. 鼓勵每個學生，並讓他們知道有他們在班上真好。

9. 認為所有學生想做的都是對的。

10. 透過仔細觀察，發現問題。

11. 考量其他可能的解決方式。

12. 在要求學生改變前，先思考新的改變，例如換位子可能會帶來什麼問題。

上述這 12 個策略，可以為學生創造出一個積極及提供選擇的學習環境。在課堂上，提供學生選擇，比起控制他們的行為更重要，在給予選擇時，必須讓學生知道有哪些選擇，並確定那真的是一個選擇，有些規定（例如準時到校）是無法有選擇的。對於不同類型的學生，可以給予不同的選擇及做選擇的機會，表 4-2 是在融合式班級提供的選擇類型。

表 4-2　融合式班級提供的選擇類型

選擇的類型	範例
教具、圖書或點心的選擇：在同一段作息或活動下，提供兩個或更多的選擇。	閱讀：選擇不同的書。 數學：選擇不同的教具操作。 午餐：水果種類的選擇。
角落課（在三個角落之間）：選擇角落。	閱讀角：閱讀。 數學角：實際操作。 科學角：觀察細胞。
在活動一開始，選擇是否參與活動（優先取捨權）。	自然課：可以選擇觀察豆類或寫學習單。
人：與誰同一組的選擇權。	夥伴選擇權、小老師的選擇、與誰一起討論的選擇。
地點：戶外教學或閱讀地點的選擇。	閱讀：你是想要在教室或在圖書館或角落閱讀。
時間：閱讀時間的選擇。	晨間活動：閱讀 10 分鐘還是 20 分鐘。

除了積極的教室氣氛，還要營造合作的氣氛。融合班是由學習能力差異很大的學生所組成，因此無論是教學的安排或是學生互動的方式，都希望是以合作互助的方式，而不是競爭的方式。學生間願意分享及互助合作亦須教師的引導，學生間正向的互動才能產生。教師間強調的是老師間的合作教學，學生間強調的是合作學習，教師應製造學生間合作的機會，營造鼓勵學生間互動進而合作的學習環境，課堂上要建立互動的規則，例如回答問題時要先舉手，可以讓學生清楚地知道在課堂上講話要先舉手，這樣老師才能很快地回應學生的需求。課堂上無法兼顧學生需求而造成學生挫折時，亦應在下課後和學生溝通，讓學生知道老師還是關心他的。平時在批改作業或簽聯絡簿時，盡量用正向的語句鼓勵及稱讚學生，例如「今天做得很好」，而不是刻意挑出學生的毛病。固然老師希望讓父母了解孩子在校的情形，但應盡量用具體陳述的方式，讓家長了解孩子的學習情形，最重要的是學生的學習應和自己比較，而不是和班上同學比較。在融合班以合作取代競爭的班級氣氛下，更不希望因學生間過分的競爭，傷害了融合的氣氛，因此在融合班強調每個人的優點是很重要的。

融合教育強調合作、多元、父母參與及友誼等四個指標，因此融合班的教室應該營造出一有利於合作、多元、父母參與友誼的班級氣氛。表 4-3 是融合班班級氣氛檢核表，檢核班級氣氛是否達到上述四種指標。

表 4-3　融合班班級氣氛檢核表

融合班班級氣氛檢核表
合作
是　否
□　□　教室座位的安排是否有利於同儕間的合作？
□　□　教學安排是否有一起合作的機會？
□　□　教師是否鼓勵同儕間互相支持與協助？
家庭方面
是　否
□　□　家長是否是學校團體的一分子？家庭如何在學習過程中協助他們的兒子和女兒。

表 4-3　融合班班級氣氛檢核表（續）

☐	☐	家長是否是學校計畫及決策的一員？學校如何邀請並期待家庭和社區的介入？
☐	☐	學校是否提供家長資訊？
☐	☐	父母能否有效地與孩子溝通他們的想法？

友誼

是　否

☐	☐	是否使用不同的分組及活動方式，以促進與各種學生間的互動及友誼的建立？
☐	☐	是否會因為個人的需求安排「互動課程」？
☐	☐	特殊生是否能參與課外活動及校外的社交活動？

多元化

是　否

☐	☐	是否意識到學生間的個別差異，並提出來討論？
☐	☐	使用的課程中是否能免除對特殊生之刻板印象，例如特殊生一定是弱勢？
☐	☐	教學主題及活動是否會彰顯到教室的多元化？學生被教導從不同的觀點來觀察環境？學生將被教導尊重多樣性和差別嗎？學校如何顯現對於有不一樣文化的家庭的欣賞。
☐	☐	對殘障覺知是否成為課程的一部分？

　　綜上所述，融合班教室應該營造出合作、多元、父母參與友誼的氣氛，然這樣的班級氣氛並非一蹴可幾，需要下列因素的配合：

1. 教師有一致的教育理念。
2. 良好的師生與同儕關係。
3. 人本而不失放任的班級管理。
4. 合適及多元的教學內容與方式。
5. 關心與尊重學生間之個別差異。

第三節　融合式班級之管理原則

　　學生是學習活動的主體，在學習上依自己的起點往前衝，互不干擾。老師扮演引導的角色，班級管理原則如下：

1. 勿因學生上課不專心就責罵學生，先檢討自己的教學是否無法讓學生參與。
2. 不要因為自己的方法行不通，就責怪融合教育是無意義的。
3. 當學生忘了寫功課、忘了帶課本、未訂正作業，或是忘了帶老師指定的物品時，應給予學生補救的機會，多聽聽學生的解釋，不要主觀認定學生說謊。
4. 吃午飯時讓學生開心地交談，以增進學生互動的機會。
5. 融合式班級的每個人都要學習去判斷、分辨行為的對錯，學生有時會模仿不好的行為，但這是一段調適期。
6. 平時告訴學生什麼是對的、什麼是錯的，但不要期望學生一次就會記得。
7. 盡量多稱讚學生，以建立學生的自信心。
8. 在學生面前不要刻意提起哪些學生為特殊生。
9. 學生的管理應由兩位教師共同負責，聯絡簿亦由兩人共同簽，不要對學生說「你是那一組，不是我負責的」這樣的話。
10. 班級所有規定應由兩位教師共同執行，兩人尺度必須相同。
11. 班級規則可由學生訂定之。
12. 班級氣氛以合作替代競爭。
13. 班級管理應人性化，而不是動不動就告訴學生要扣點了。不要濫用行為改變技術，造成班級學生的恐懼及制約學生。
14. 作業應適量，重視作業之創意。
15. 融合班嚴禁體罰，透過人性的管理，讓學生知道什麼是對的、什麼是錯的。
16. 管教的原則不分普通生及特殊生，一視同仁。

　　各班兩位老師須共同討論及訂定班級規則、管理尺度、班級理念及特色。以下是融合班教師課室管理做法及理念問卷填答範例，以■表示其選項。

一、上課

1. 學生欲於上課發言時：
   ■自由發言。
   ■須舉手，等老師叫到才可發言。
   □其他＿＿＿＿＿＿＿＿＿＿＿＿＿＿＿＿＿＿＿＿＿＿＿＿。

2. 學生於上課時欲上廁所：
   □可自行前往。
   ■須舉手告知老師。
   □其他＿＿＿＿＿＿＿＿＿＿＿＿＿＿＿＿＿＿＿＿＿＿＿＿。

3. 學生於上課時，與其他學生講話：
   □無所謂。
   ■口頭禁止並了解原因。
   □其他＿＿＿＿＿＿＿＿＿＿＿＿＿＿＿＿＿＿＿＿＿＿＿＿。

4. 學生於上課時無故走動：
   □無所謂。
   ■口頭禁止並了解原因。
   □其他＿＿＿＿＿＿＿＿＿＿＿＿＿＿＿＿＿＿＿＿＿＿＿＿。

5. 學生上課時不專心聽講：
   □無所謂。
   ■口頭禁止並了解原因。
   □其他＿＿＿＿＿＿＿＿＿＿＿＿＿＿＿＿＿＿＿＿＿＿＿＿。

6. 同學沒帶課本或上課用具：
   □處罰，例如＿＿＿＿＿＿＿＿＿＿＿＿＿＿＿＿＿＿＿＿＿。
   ■跟別人一起看或一起用。
   □其他＿＿＿＿＿＿＿＿＿＿＿＿＿＿＿＿＿＿＿＿＿＿＿＿。

7. 上課時，同學傳紙條：

　　■禁止。

　　□無所謂。

　　□其他＿＿＿＿＿＿＿＿＿＿＿＿＿＿＿＿＿＿＿＿＿＿。

8. 其他規定：

　　(1) 禁止上課吃東西，分享時例外。

　　(2) 尊重他人想法。

二、午餐

1. 進食時，同學應：

　　□不可講話。

　　■可輕聲講話。

　　□其他＿＿＿＿＿＿＿＿＿＿＿＿＿＿＿＿＿＿＿＿＿＿。

2. 午餐時：

　　■聽音樂。

　　□不需聽音樂。

　　■依同學喜好。

　　□其他＿＿＿＿＿＿＿＿＿＿＿＿＿＿＿＿＿＿＿＿＿＿。

3. 同學的午餐盛裝：

　　□由老師盛裝。

　　■由同學輪流幫其他人盛裝（自行要求分量）。

　　□由同學自己盛裝。

　　□其他＿＿＿＿＿＿＿＿＿＿＿＿＿＿＿＿＿＿＿＿＿＿。

4. 同學的午餐內容：

　　□可自己挑選菜色與分量。

　　■不可挑選菜色，每樣都要吃。分量可以自己決定。

　　□菜色與分量都不可挑選。

□其他＿＿＿＿＿＿＿＿＿＿＿＿＿＿＿＿＿＿＿＿＿＿＿＿＿＿＿＿。

5. 同學的午餐：

■一定要吃完。

□不一定要吃完，不想吃就不必吃。

□時間到了就要收起來，不管有沒有吃完。

□其他＿＿＿＿＿＿＿＿＿＿＿＿＿＿＿＿＿＿＿＿＿＿＿＿。

6. 同學吃午餐時，吃得比較慢者：

■會用策略請同學吃快點，例如＿＿＿＿時鐘指示或午餐長提醒＿＿＿＿＿。

□不會介入。

□其他＿＿＿＿＿＿＿＿＿＿＿＿＿＿＿＿＿＿＿＿＿＿＿＿。

7. 其他規定：

＿＿＿＿＿＿＿＿＿＿＿＿＿＿＿＿＿＿＿＿＿＿＿＿＿＿＿＿＿＿。

三、午休

1. 午休時，不想睡覺的同學：

■還是要趴著休息。

□可以做自己的事，只要不吵到別人。

□其他＿＿＿＿＿＿＿＿＿＿＿＿＿＿＿＿＿＿＿＿＿＿＿＿。

2. 其他規定：

＿＿＿＿＿＿＿＿＿＿＿＿＿＿＿＿＿＿＿＿＿＿＿＿＿＿＿＿＿＿。

四、生活常規

1. 同學在教室或走廊裡跑步：

■嚴禁。

□只要不追逐就好了。

□其他＿＿＿＿＿＿＿＿＿＿＿＿＿＿＿＿＿＿＿＿＿＿＿＿＿＿＿。

2. 同學說髒話：

　□處罰，例如＿＿＿＿＿＿＿＿＿＿＿＿＿＿＿＿＿＿＿＿＿＿＿。

　□無所謂。

　■其他，了解原因再視情況而定。

　＿＿＿＿＿＿＿＿＿＿＿＿＿＿＿＿＿＿＿＿＿＿＿＿＿＿＿＿＿。

3. 同學爭執或打架：

　■老師會介入。

　□讓他們自己解決，無法解決再由老師處理。

　□其他＿＿＿＿＿＿＿＿＿＿＿＿＿＿＿＿＿＿＿＿＿＿＿＿＿。

4. 其他規定：

　＿＿＿＿＿＿＿＿＿＿＿＿＿＿＿＿＿＿＿＿＿＿＿＿＿＿＿＿＿。

第四節　分組教學

　　很多學校習慣將同年齡的學生依能力分班或分組，然而當低成就學習者被編排在一個沒有其他有能力的學生協助的團體時，他們的成績可能會更糟。有效的分組必須遵照以下準則：

　　1. 在教學一開始時，全班採異質性分組。

　　2. 在固定練習以及技能增強上採異質性分組。

　　3. 在改正性的教學上採同質性能力分組。

　　4. 在充實活動上運用同質性能力分組。

　　5. 同質性和異質性分組取得平衡。

　　分組是融合班維持教學品質之不二法門，也是融合班班級經營之特色，融合班教學型態分為好幾種：有全班一起上的大團體教學，也有分成兩組的小組同質性分組（將程度一樣者放在同一組）及異質性分組兩種。不管是何種教學型態，教學都應該符合教學對象的需求，亦即教學內容要適合小組教學之教學對象。

　　相較於學前教育，小學融合班的課程有一定的課程進度和學期目標要達成，

而且隨著年齡增長，課程難度也愈來愈高，所以上課時的分組愈來愈重要。不適當的分組會導致老師跟學生雙方都有很大的挫折感。分組可以分異質及同質兩種，同質分組指的是同樣能力的學生在一組，例如所有低學習能力的學生都被分在同一組教學；異質分組指的是不同能力的學生在一組。融合式班級分組的技巧須考量到特殊生在普通班的人際關係，善用特殊生的興趣或長才予以分組（例如喜歡畫圖、跑得很快、很大方喜歡上台、有才藝、很無釐頭等），找出特殊生可以勝任的角色，讓同儕間的互動更有趣。

在竹大附小融合班裡，不管是同質還是異質的分組都是將學生分成兩組，每組中每個學生都要互相合作，分組情形如下：

1. 平均分組（異質分組）：22 名學生平均分成兩組，每組 3 名特殊生及 8 名普通生，每組一名教師負責，低年級的國語及數學課程採用之，每組平均分配特殊生和普通生一起學習，課程進行和設計兼顧特殊生和普通生，平均分組時兩組教學應相互協調。

2. 分大組和小組（同質分組）：三、四、五、六年級數學及國語課程內容難度較高，所以採用大小分組，大組 18 名學生（其中 15 名普通生、3 名特殊生），小組 3 至 4 名特殊生，大組中仍有輕度障礙之特殊生參與，小組只有特殊生，例如數學採同質性分組時，分成能力高及能力低組，每組學生程度相同時，教師在教學時就只需設計一種程度的數學內容，教師負擔較小，即使小組都是特殊生，也不可忽略小組中特殊生學習的機會。

當兩組教學在同一間教室時，兩位教師應克制音量大小，注意每一組普通生及特殊生之間互動，在融合班不管是同質性或異質性分組都要做到因材施教，按學生的程度設定不同的學習目標進行教學。能力分組最大的缺點是易造成高低組學生間的對立，易讓低組學生有自卑的感覺，因此即使要使用同質性分組，亦不能讓學生所有科目都被分在低組，最理想的方式是有些科目採同質性分組，有些科目採異質性分組。異質性分組的好處是讓程度不同的學生有機會一起學習，亦可讓程度好的學生作為程度差學生的榜樣，並製造同儕間學習的機會。

以下是竹大附小融合班分組的原則：

1. 一至六年級自然與生活科技全班一起上。

2. 藝術與人文、電腦、鄉土及體育不分組，全班一起上，各班須安排一位教師與外聘教師協同。

3. 角落跨兩個年級上課，角落時間安排特殊生輔導。

4. 四、五年級數學課可跨年級、跨組上課。

5. 社團跨三個年級上課，六個年級共安排八個社團。

第五節　班級經營策略實例

觀察不同年級不同科目教師班級經營策略時發現，愈會使用班級經營策略的老師，學生愈能參與教學，各班班級經營策略如下：

一、六年級健康教育

全班一起上（22 名學生，其中 7 名特殊生）。

1. 要拒絕同學時，所說的話要明確（例如：「停，我不玩了！」「停，你的話或是行為讓我不舒服」）。

2. 訂定課堂中互動規則：回答問題前要先舉手，並得到老師的許可才可發表意見。

3. 表現良好的學生（例如適當的發言、作業準時繳交、上課時不吵鬧、幫助同學等）可以在個人加分板上加分。

4. 表現良好的小組（例如整組最快安靜、正確回答問題等等）可以在小組加分板上加分。

5. 將未繳交作業的學生座號寫在白板上，以提醒學生繳交作業。

6. 在上課開始之前，先請學生將眼睛閉上，讓學生先靜下心。

7. 請學生回答問題時，用抽籤的方式來決定，以示公平。

8. 以分組的方式安排座位，且每組至少有一名特殊生，讓普通生能協助特殊生。

9. 尊重個別差異：依學生的能力給予適當的問題及協助。

二、六年級音樂課

全班一起上（22 名學生，其中 7 名特殊生）。

1. 座位安排：以小組的方式進行教學，教師給予適當的提示，讓同儕間更易於互相協助、討論。

2. 訂定課堂中互動式規則：回答問題前要先舉手，並得到老師的許可才可發表意見。

3. 正向的增強：以小組方式進行，當學生答對時給予口頭讚美或是在白板上加一分。

4. 要去音樂教室練唱時，老師會先要學生在教室前將隊伍排好再一起上樓，特別安排班長站在隊伍前帶領。

5. 因為要上樓到音樂教室上課，安排兩位學生協助坐輪椅的同學，負責帶其到音樂教室練習合唱。

6. 為了使學生能有上台表演時的感覺，排成ㄇ字形練唱，老師會讓學生按照上台時該站的位置練習，為了易於指導，將學生分為三組。

7. 關心及尊重學生個別的差異：對於坐輪椅的學生，老師准許其坐著輪椅和大家一起合唱。對其餘的特殊生，老師會給予適當的協助。

8. 老師會走動以觀察學生是否認真練習，若沒有就會提醒，或是站在其前面指導。

9. 以小組進行：若哪一組沒有認真練習，都沒聲音，老師就會針對那一組讓他們一再重複練習，直到整組都有整齊地發出聲音，其餘的組就坐下。

三、二年級數學

B 組（11 名學生，其中 4 名特殊生）。

1. 在上課當中若有學生分心，老師不會嚴厲地指責，而是進行勸導。

2. 當學生答錯時，老師不會直接說學生答錯，反而讓學生有再一次的機會，以不同的角度思考。

3. 當學生對自己沒信心時，老師能夠給予正面的增強，讓學生知道自己是被關愛和關心的。

四、一年級國語課

1. 活動皆由大家一起進行，學生和老師一起唸所學習的生字、句子、短詩。
2. 對表現好的學生，請其他學生給予「愛的鼓勵」。
3. 上語文課時數生字筆畫，老師會提醒學生：「拿起你的金手指。」提醒學生注意聽講。
4. 上課到一半若有學生躁動，老師會心平氣和地跟他們說：「看誰眼睛有看老師的，才可以下課。」而不以責備的口吻。
5. 每個人都負責一個職務，藉以訓練學生責任心。
6. 讓特殊生坐中間，增加與普通生相處的機會。
7. 在學生很不乖的時候，老師會很明確地告訴學生：「你再這樣，我會生氣！」用很明確的話語告訴學生自己的感受，而不是隨意亂發飆。
8. 在學生提出問題時，不直接給予答案，而是問學生：「那你覺得是怎麼樣？」給學生思考的機會。
9. 老師善用「默契詞」，進行師生互動（例如老師會說：「請大家把金手指拿出來」、「請大家跟我一起唸造詞／造句」）。

第六節　教師訪談

問：班級管理部分，分組討論時的秩序如何控制？

答：教師一開始會建立規範及規則，討論一定會有聲音，尤其討論到很高興的時候聲音就更大了，所以要建立一些規則跟學生互動，學期的第一個月會花很多時間跟學生去建立這樣的關係、規則，後來是可以控制這個狀況的。聲音的部分，教師可提醒他們聲音不要這麼大聲，因為一個班上有兩組在上課，音量一定要降低。秩序的部分除非有特殊的狀況，否則都還好。

問：不午休或不打掃的孩子如何處理？

答：會看個案。例如有一個學生在家是不用打掃的，所以在學校就不會有打掃的習慣，這個可能要慢慢陪著他去做，因為對他而言，打掃並不是生活的一部

分。分配打掃時，一個特殊生會搭配一個普通生，就可以互相帶著做，而比較不會有問題。沒有強迫學生午休，只是讓學生保持在一安靜的狀況，可以不睡覺但不要影響到其他人。

問：如果影響到呢？

答：如果影響到，就會請學生到教室外面，這樣才不會吵到他人，這是在開學的時候，師生就達成的共識。在教室管理的部分，教師會跟學生溝通，不一定都是老師自己去決定，會跟學生互相討論，大家訂定共同的規則，就像是班規。大家討論出來的規則就是要遵守，如果沒有遵守，就提醒學生，或是開會的時候討論是否要調整規則。

問：是否有處罰的部分？如果不遵守，如何處置？

答：如前所述，會請學生到外面去安靜，去教室外面的走廊，請學生坐在那邊安靜，等他覺得自己不會再吵到別人了再進來坐下來。

問：請問老師的班級經營理念為何？

答：比較喜歡很自然的方式，師生一起學習，學生要知道自己要學什麼。我一直要帶給他們這種觀念，不是他們是學生，我是老師，他們就坐在那邊聽老師上課，我比較不喜歡這種感覺。我很喜歡讓學生分組討論，然後在班上發表想法，你談的是什麼，我談的是什麼，我會喜歡這樣，然後他們覺得上課比較不會那麼有壓力。

問：開始要帶一個班的時候，對於如何著手經營這個班級有何想法？

答：教師要先了解這些學生，因為每一個班的狀況不一樣，像我之前帶的兩個班，學生的特質很不同，在這一班用的方法不見得適合另一班的學生，所以其實不太敢說用什麼方法去帶他們，比較想知道的是他們的特質是什麼。教師要先了解學生，然後再針對學生需要的是什麼去設計，因為有些學生是較需要老師的啟發，他可能是比較靜態的，我就會希望啟發他們，讓他們能夠活潑起來，比較有創造力，比較有想像力。而有些學生比較躁動，可能需要的就不是這些，會需要的是用什麼方法能讓他們比較靜的下來，所以會視學生的特質。不過基本上學生都需要鼓勵，教師了解學生的話，學生通常就不會太跟老師多嘴，要讓他感覺到這個老師是真的關心學生，不是那種要來管

學生的老師，這個可能也是需要時間和學生建立關係，建立起關係之後，學生就比較願意接受管教。這需要時間。

問：有哪些班級經營的方式是比較有效果的？

答：之前有使用過爬格子，累積一段時間就可以換一張卡，卡蓋完後又可換一張其他的，到期末的時候再換禮物，用這種增強的制度。也有一種比較快的增強，例如蓋滿一張 30 格或是幾格，就可以馬上換禮物，可是後來有在檢討這樣的方式好不好，因為有些書討論到這樣制約學生好像不是很人道。不過也有一些人本的書，如果是在我們特教裡面學的行為改變技術，這種制約是滿有效的。我後來發現其實是看學生，因為有些學生口頭增強就很高興了，但特殊生可能就很需要行為改變技術的東西，讓他實質看到增強物在這裡。後來到這一班，這班之前的老師他們不使用這種增強，因為覺得不要給學生物質的增強太多，他們認為口頭的讚美就夠了，所以我就不敢一下子改變太大，原則上還是照他們以前的模式。

問：學校有個學生因為過動的問題被罰，家長滿生氣的，您有什麼看法？

答：如果教師已經知道過動是他的困難，他其實也不是故意要唱反調。但如果有些學生他可以做到，可是他故意搗蛋，這個就要處罰。

問：在融合班是否要很有技巧的處罰？

答：不太建議處罰，要想一些方法讓學生願意聽你的。要看每個學生的特質，有些學生用說的就知道，但有些學生說了很多次還是一樣，要去抓學生的弱點讓他覺得他被老師瞭若指掌，他就會害怕，可是他知道老師不是存心找他麻煩。老師最重要的是那種跟學生建立起來的感覺，例如有些老師會覺得想要跟學生關係很好，所以就會變成學生沒大沒小，可是這樣也不行，因為整個班級管理就沒有秩序，學生就沒有辦法靜下來，上課要給的東西就會聽不進去，所以要想辦法去跟學生建立關係，讓學生知道老師是有原則的，什麼時候可以開玩笑什麼時候不行。學生其實都很聰明，一段時間後，他就知道這個老師不能開玩笑，然後什麼時候又可以跟老師聊天、跟老師做什麼。讓學生覺得老師是真的關心他，那麼在糾正他一些行為的時候，他就會比較願意聽。假如學生一直覺得老師是在找他麻煩，他可能就會存心跟老師作對，愈

說他就愈不聽，愈出狀況，就會變成一個惡性循環。

問：像我那幾天去那邊幫忙，學生都會爬到我的身上來，然後我知道這樣不行，我就會跟他們說不可以這樣子，可是我覺得好像很難，他們還是會一直黏在我的身上。。

答：可能是那個時候你的角色是比較模糊的，沒有一個很清楚的定位在那裡，如果是老師的話，若之前你都會很親切地跟他們聊天，而當你不希望他有的那種行為出現時，就要變成很嚴肅地告訴他：「不可以這樣喔！」「我不喜歡人家這樣。」他們馬上就會縮回來。下一次你再碰到他，你就可以很親切地跟他打招呼，或是變成主動跟他聊天。你找他聊，他會發現你上次對他那麼嚴肅並不是討厭他，而是在告訴他「我就是有這個界線在這裡，但是我是很關心你的」，下一次他就會慢慢找出尺度在哪裡。像你下學期，你是實習老師，你在班上會有一個界線在那裡，我們可能會設定這個實習老師在班上是做什麼的，例如老師來班上可能會做一些什麼事情，有什麼事情就可以找他，他們就會很清楚有什麼事情該找你，下課時間，或者是上課中你會來協助，他們會很清楚你還是老師，不是那種以前大學生的大哥哥、大姊姊來陪他們玩，就是慢慢讓他們知道那個界線在這裡。

第 **5** 章

融合班之行為管理

當學生無法參與學校生活時，會從他們的行為中顯現出來，因此學生的行為本身可視為一種與外界溝通的方式。融合式班級中有普通生及特殊生，個別差異大，行為模式也較多樣化，因此行為管理及常規之訂定比起同質性高的班級更需技巧。

任何一個班級都會有一些固定的規則，稱之為常規，在融合班訂定常規時就要特別做到下列幾點：

1. 訂定具體、明確、清楚簡單之規則指令以利工作的進行：例如訂定將教室打掃乾淨、將物品歸類的規定時，應明確、具體，讓大家都懂。

2. 要能保護少數人、個人及團體的權利：團體成員都要遵守訂定的規則，但也要兼顧到少數人的權益，例如準時到校是每個人都要遵守的，但對於家住較遠的成員無法做到時，則需給予一些彈性，例如晚個 20 分鐘。

3. 以愛為出發點，非只是以管理為目的：訂規則的目的是希望有一共同的行為準則供團體成員依循，而不是藉此處罰學生。

4. 要提醒學生常規，以免學生忘記：將規定貼在布告欄，或公布遵守常規的範例，以提醒教室的常規。

5. 視學生能力，訂出合理的期望：公布學生的工作或行為表現良好的例子，讓學生明瞭哪些行為是合乎大家期望的。例如何謂專心？教師期待的專心

行為為何，可以以某位學生的專心聽講行為舉例，讓學生知道什麼是專心，例如上課時要坐在位子上、不搖椅子、不轉筆。普通生及特殊生專心的程度不一，對其期望也應該不同。此外，教師在要求學生時用詞應明確，要告訴學生你的標準是什麼？例如教室整潔的標準是什麼？教師對教室整潔的期望為何？是只要倒垃圾還是還需拖地、擦窗戶？如未明確告知，學生可能就無法做出正確的行為。

6. 訂出每種教學型態的常規：訂出一般性、大團體、小組、個人被期望及合乎學生能力能做到的目標，例如不亂丟紙屑、要將紙屑丟入垃圾桶。

7. 常規能增進學生在課程的學習：提供有彈性、有互動、能增進學生學習的課程。

8. 教師扮演管理者的角色：示範並以身作則，以引導學生學習，讓學生有歸屬感。

9. 管理符合理念：訂定常規時要考量融合班班級的特色，例如理念強調尊重與合作時，常規就會要求每一組共同來遵守常規，每個學生都要負連帶責任；當班級特色強調尊重時，則盡量不要在其他學生面前辱罵學生，以免傷及自尊。

第一節　為何學生無法參與學習

當學生無法參與活動時，可能有下列原因：

1. 學生不了解遊戲的規則：例如當他們不知如何和同儕互動時，就會有搗蛋的行為產生，他們必須先學會如何和同儕互動，才能參與同儕的活動。

2. 學生需要得到較多的關注：當他們得不到注意時，就會用其他的方式來引起老師的注意。

3. 學生可能覺得挫折：有些活動對學生可能太難，因而他們很難參與學習。

4. 學生可能覺得無聊：當活動太簡單或不適合學生時，學生可能提不起興趣。

5. 學生失去主控權：當活動完全由大人主導時，學生可能失去選擇的機會，因而失去興趣。

6. 學生可能有生理的問題：例如生病、飢餓、口渴等問題，都會失去參與活

動的興趣。

7. 學生不了解大人或同伴使用的語言：教師在和學生互動時，要觀察學生對語言的理解程度，如果發現學生聽不懂老師的話，教學及互動時應盡量口語化，減少過多的術語及專有名詞。

8. 教室管理規則尚未建立：當班級管理規則未建立時，教學就容易產生干擾，干擾行為愈多時，學生參與教學的機會就愈少，為了讓學生參與教學，班級管理一定要做好。

第二節　突發性的情緒問題：如哭鬧、不進教室、固執

一、行為出現的原因

1. 對學習的不滿：課程太難或太容易、不明白老師說的話、功課量太少或太多、學習活動缺乏變化。

2. 人際關係的不安：同儕友誼關係的緊張、師生摩擦、小團體產生。

3. 團體的氣氛：敵對的氣氛、懲罰的氣氛。

二、處理原則

處理情緒行為問題時，建議下列處理原則：

1. 找出學生發脾氣或不合作的原因：

(1) 身體不適或感到不安：學生如果真的身體不適，應盡快為他們延醫診治；如果是不適應某環境，應先讓學生安定下來，然後再逐漸帶學生接近那環境。

(2) 不明白老師的指示及不懂得表達：加強與學生的溝通訓練，利用輔助工具（手勢或圖片等）。

(3) 自己喜歡做的活動被終止了或被要求做一些不喜歡的事情：預先讓學生知道活動時間及安排，要改變活動行程之前事先通知學生，並給予學生適應的時間。

2. 安排一小段時間做班級間交流，增進不同班級間學生的互動。

3. 允許適當的動作與噪音，以使學生感到放鬆。

4. 試著使用多元的教學方式或不同的教學風格、形式，增進學生的參與。

5. 常常誇獎良好的行為，確切地指出哪些行為是被稱讚的，例如：「謝謝你先舉手再回答問題」。

6. 將學生在校的紀錄寄回家中，讓家長可以更了解孩子的行為問題且給予實質的幫助，並請家長記錄學生在家生活，以和學校生活對照。

7. 教室規則盡量簡單明瞭，並張貼在公布欄，確保規則能執行且容易理解，符合公平及合理性。

8. 老師在下達指令前先引起學生的注意，讓學生重複指令以確保學生都明白。

9. 張貼並讓學生了解每日課程計畫及午餐食譜，且確實執行，學生會因他們能控制周圍環境而感到舒適及放鬆。

10. 允許學生跑腿做些班級瑣事。

11. 讓學生使用數字圖表來記錄他們是否完成了當日的學業目標。

12. 讓學生遠離容易分心的位置，例如窗戶、門邊、廁所或愛說話的同學。

13. 允許學生使用一些學習用品以增進其精細動作的使用，例如計算機、膠帶台、拼圖及電腦等等。

14. 如果老師忙於處理其他學生的問題，可以指派有能力回答問題或提供幫助的小教師協助。

15. 有行為問題的學生應將行為契約貼在他們的書桌上，告訴學生他們應該常常看到他們的行為契約，老師也應該寄一份相同的契約給家長在家張貼，這樣可以幫助學生時時提醒自己的行為且使他們順利達成目標。

16. 訓練學生當遇見任何狀況時，可以理性地去接受任何意見。

17. 運用視覺提示（例如圖表）讓學生有次序地使用公共物品，例如廁所、削鉛筆機、圖書館等，這樣學生容易理解如何使用公共設施。

第三節　嚴重行為

以下將介紹幾個嚴重的行為及處理方式。

一、作弊

　　作弊指的是學生任意抄襲他人、使用小抄，或是把別人的作品當作自己的。作弊是一種不誠實的行為，就像是騙人或是偷東西一樣，是很難去改正的。雖然作弊能夠得到立即的好處，但是它卻會帶來一連串的問題。慣性的作弊會使得學習落後，並且朋友都會躲避他。作弊的人逃避低成績的失敗，甚至認為作弊是容易的、是被允許的，這樣或許能拿到高分，但失去發揮潛能的機會，甚至會產生沮喪以及較低的自我概念。

1. 分析為什麼作弊會發生：了解為什麼學生會作弊，如果是很多人都作弊，是否是因為課程的安排問題，如果是課程太難，老師需要去理解為什麼學生覺得太難，並且給予補救教學，給予協助，減少作弊的動機。

2. 建立對作弊的規範：明令禁止作弊的行為，並且公布考試的規則，例如桌面淨空、眼睛看著試卷、不准交談、不可討論。讓學生明白考試的目的是了解學生的學習，作為老師教學的參考，據實作答是非常重要的。對於作弊，也要訂出規範，像是給予重考或是 0 分的處置。

3. 私下溝通：對學生說出你的懷疑，冷靜地說出你有看到，讓學生知道他可以是誠實的，他只是犯了一個錯。對於作弊的學生，老師需要給予鼓勵和幫助，並且不要傷害他的人。

4. 改變考試的情境：讓學生沒有機會作弊，例如桌與桌之間有間隔，或是老師在考試時四處巡走，但不要給誠實的學生帶來壓力，無論如何以相信學生為前提。

5. 重新指定作業：對於作弊的學生重新指定適合的作業。

6. 獎勵好的行為：對於獨力完成作業的學生給予獎賞。

7. 重做大型作業以培養其耐心。

8. 扣分：如果第 6、第 7 的方法不適用時，給予適當的處罰；如果學生的目

的是得分，那麼在發現他作弊的時候給予扣分，且特別註明扣分是因為不
遵守紀律問題，而不是因為學習的成果。

9. 指定閱讀作業：找一本跟欺騙或是作弊相關的書讓學生閱讀，或是陪他一
起閱讀，讓作弊的學生了解到誠實的美德。

10. 轉介：如果嘗試過許多方法後仍無法使他改變，轉介給其他老師來指導。

二、罵髒話和辱罵

罵髒話和辱罵可能起因於模仿、失望、憤怒或為了引起他人注意。處理方式
除了私下談話、改變情境、鼓勵恰當的行為、鼓勵不罵髒話的人及忽視辱罵的言
語外，還可嘗試下列行為矯治的方法：

1. 扣時間：當學生出現謾罵等行為時，便扣除他的活動時間（2、5 或 10 分
鐘），並在發生口頭謾罵時收回點數，在一定的期限後（一天、兩天或一
星期）讓學生用好的行為交換獎勵（點數）。

2. 隔離（time out）：當學生出現罵髒話、謾罵的行為時，就請學生去「冷
靜角」約 2 至 15 分鐘，當學生表現良好時（不大吵大鬧），就可以讓學
生回來，當學生回來時要適當地讚美、鼓勵他。

3. 學習正確的行為：透過練習正確的行為與學習適當的行為，來消除其不適
當行為，要求學生對受害者道歉，並私下監督學生練習道歉的話。

第四節　行為觀察與分析

當學生無法參與學校課程，或是有行為問題產生時，都要先了解行為發生的
次數、情境、對象及其他相關行為，才能找出矯正行為的方法。當問題行為出現
時，應先做行為的分析，透過觀察學生的行為，以期找出行為發生的原因，了解
行為背後的動機及行為後的處理。行為分析之方法如下：

1. 平時多加觀察，記錄每段時間發生的行為，範例如表 5-1。

表 5-1　兒童教室行為觀察紀錄表

學生姓名：A 生　　記錄地點：一年級教室　　記錄日期：

時間	情境／前因	表現行為	結果
8:23	導師時間	躺在地板，老師請其取杯喝水	
8:24		杯置於桌子、遊走、取玩具在地上玩	
8:25		躺在地上、打噴嚏	
8:33		起身玩文具、自言自語（躺下）	
8:36		起身、繼續玩紙片、打噴嚏	
8:40	第一節課	玩手指頭、躺在地上	
8:42		起身上樓	牽他上樓上課
8:50	上國語	坐在位子上、自言自語、用手抓身體	
8:54		跟著旁邊的同學唸	
8:54		發呆、打噴嚏	叫到他要他回答問題
8:56		面對窗戶、發呆	
8:58	小朋友表演	頭轉回面對圓桌	
9:02		瞇眼、趴在桌上、打噴嚏、挖鼻孔、吃手指	
9:07	放音樂	挖鼻孔、吃手指、趴著、搓自己的手	
9:08	全班起立		
9:09	放音樂	遊走	拉回位子
9:10		遊走、玩電腦教室門把、遊走	
9:11		趴在實驗台、玩水龍頭、遊走	
9:12	音樂課	回位子（站）	協助做動作

表 5-1 兒童教室行為觀察紀錄表（續）

時間	情境／前因	表現行為	結果
9:14		坐在椅子上、瞇眼、打噴嚏	
9:15	放音樂	起立、遊走	拉回位子
9:16	輪唱	大叫、躺在地上、哭叫	
9:25		躲在水槽下	帶下樓
9:30	第二節上課／感統教室	自己到感統教室	
9:35		進教室、走動	
9:42		躺在鞦韆上	要求其坐著，依老師指示老師協助做動作
9:45		趴著盪鞦韆	
9:48		坐滑板車、抓球	要求其坐著，依老師指示老師協助做動作
10:00		站在鞦韆上	要求其坐著，依老師指示老師協助做動作
10:04		趴在鞦韆上盪鞦韆（用手盪）	
10:05		離開鞦韆玩地墊，再回鞦韆，趴著盪	
10:07		上滑梯，坐在高處	
10:08		溜下滑梯，再往上爬	
10:09		玩滾輪、爬上	
10:10		爬梯、溜滑梯	老師給指令，協助做動作
10:11		溜下滑梯、趴在鞦韆上	要他上滑梯
10:12	下課		要他穿鞋回教室
10:15		坐在位子上	

表 5-1　兒童教室行為觀察紀錄表（續）

時間	情境／前因	表現行為	結果
10:24		坐在位子上玩書	
10:26		躺在地上	
10:27		起身對同學大叫、咬頭髮	告訴其他同學要如何與 A 生相處
10:28		躺在地上打噴嚏	
10:30	第三節數學課	躺著、頭在椅子下、打噴嚏	
10:40		躺在地上	要 A 生起來
10:42		坐起來	
10:43		站起來、玩膝帶	取走膝帶
10:44		玩文具、遊走、坐回位子、背向白板	
10:50		趴在桌上	
10:55		取出本子，拿筆畫畫	
11:00	下課	畫畫、坐在位子上	
11:15		離座、回座、畫本子	收本子
11:20		畫畫	
11:21	第四節角落課		
11:45	個輔	看圖說出東西（銅鑼燒）名稱、數數	拿銅鑼燒給 A 生看
11:47		躺在地上、洗手、拿餐盒	叫 A 生洗手、拿餐盒

備註：發呆 2 次、大叫 2 次。

2. 記錄學生的問題行為：平時在處理學生的問題行為時，不妨將處理情形記錄下來，以了解處理時是否有缺失或是有不一致的情形，行為處理紀錄詳見表 5-2。

表 5-2　學生問題行為處理紀錄表

學生姓名：A 生

發生時間	行為敘述	處理方式及說明	行政支援負責人	備註
9/4 (二)	一早到校，A 生因為睡眠不足發脾氣，一直吵著要回家，只要讀半天，要老師打電話回家請媽媽來接。老師跟他講道理，他罵老師「老太婆」。因大哭大叫干擾自然課，老師帶至體育館，在體育館推倒椅子，把拖鞋甩不見。	老師先安撫情緒並建議下課時睡一下，但 A 生不從，哭鬧不休。老師說高年級了要讀全天，除非生病發燒才能回家，後來帶至體育館讓她發洩，溝通後返回教室上自然課。放學時告知家長希望能讓 A 生早點休息，調整 A 生生活作息。	A 老師 C 老師	• 持續觀察 • 通知家長
9/6 (四)	一早到校因為媽媽說聲音怪怪的，就吵著生病要回家休息。老師不同意，就說老師「根本沒有愛心，不讓我回家」。	老師檢查發現喉嚨有一點點紅，建議下課多喝水，但 A 生陷入情緒中，發一頓脾氣後才安靜下來。	A 老師	• 持續觀察 • 通知家長
9/14 (五)	防災演習全校均須疏散至草地上，A 生嫌草地上有狗屎味，草碰到腳很癢，不肯疏散至草地，大哭大叫並衝向人行道。	老師將 A 生帶至身邊，選一處草較短的草地讓她站，並指出全校同學都疏散至此。但 A 生吵著要找媽媽，衝向路旁人行道，老師迅速帶回，並告知疏散常識及必須在集結點不可亂跑的重要。	A 老師 B 老師 C 老師	• 持續觀察 • 通知家長

表 5-2　學生問題行為處理紀錄表（續）

發生時間	行為敘述	處理方式及說明	行政支援負責人	備註
9/14（五）	游泳課不肯自己換泳衣，要老師協助又嫌泳衣很緊發起脾氣。老師協助戴泳帽時，有幾絲頭髮尚未塞入泳帽內，生氣將泳帽摘下並丟到地上。	老師要求 A 生學習穿泳衣，老師會給予協助。戴泳帽時老師要求先把頭髮塞耳後，抓住帽緣，慢慢把頭髮塞進去。告知 A 生生氣不能解決問題，沒戴泳帽不能游泳，不生氣時再戴。	A 老師	・持續觀察 ・通知家長
9/17（一）	為了減肥，中午不肯吃飯，吵吵鬧鬧很久，最後在老師要求下於午休時間吃完。	老師發現 A 生添的份量並不多，要求 A 生要把自己添的量吃完，並說明減肥不是不吃東西，而是要多運動。事後請家長協助輔導。	A 老師 B 老師	・持續觀察 ・通知家長
9/21（五）	防災演習又因疏散至草地而大鬧。A 生說：「草地很臭有大便的味道，我不要站在草地上」、「防災演習都是假的」，跟老師僵持，不服從指令。	老師安撫她並要求其安靜且服從指令。到整個演習結束，A 生仍然碎碎唸。	B 老師	・持續觀察 ・通知家長
9/26（三）	B 老師要求收玩具。A 生說：「你知道你的教師節卡片為什麼這麼少嗎？我們都喜歡 A 老師。」老師提醒這種話不合適，再不聽話要告訴媽媽。A 生聽完踮著腳、手叉腰、身體撲向老師。	老師說把玩具收起來，A 生不從，並提醒 A 生不該說不合宜的話。老師提醒要聽話，最後堅持陪同 A 生將玩具收起。	B 老師	・持續觀察 ・通知家長

表 5-2　學生問題行為處理紀錄表（續）

發生時間	行為敘述	處理方式及說明	行政支援負責人	備註
9/28（五）	中午不肯用餐，午休時繼續吃飯。因為耽誤午休，老師要求下課留下來趴在桌上練習午休，開始發脾氣大吵大鬧。	因為午餐吃得慢，午休繼續吃，又因不喜歡午休，不想讓 A 生有僥倖的心態，故要求下課趴在桌上，A 生因此發怒。最後在老師堅持下，A 生服從指令，並對大叫行為向老師道歉。	A 老師	・持續觀察 ・通知家長
10/9（一）	放學時間，B 生和 C 生在玩餐盒，A 生認為 C 生插隊，拿起餐盒扔往 C 生，砸傷了 C 生的臉頰及嘴唇。	告知 A 生打人是不對的，就算 C 生插隊也不能打人，要求 A 生回教室坐，乖乖認錯。並告知 A 生爸爸，請其電話關心 C 生受傷狀況。	A 老師 B 老師	・持續觀察 ・A 生家長電話關切並道歉
10/12（五）	游泳課仍不肯自己換泳衣，要老師協助，嫌泳衣很緊發了點小脾氣。	雖然發了小脾氣，經老師提醒很快就好了。	A 老師	・已改善 ・持續觀察
10/12（五）	C 生媽媽發現 C 生手臂上一塊十元硬幣大小的瘀青，C 生敘述是游泳時 A 生弄的。	週一詢問 A 生，A 生說游泳時 C 生拍她肩膀，她想告訴 C 生不要拍，C 生又用水潑她，她很生氣就捏他。老師要求 A 生向 C 生道歉，並再次提醒 A 生生氣時不能打人。	A 老師	・持續觀察 ・通知 A 生家長 ・在校老師密切注意雙方互動

表 5-2　學生問題行為處理紀錄表（續）

發生時間	行為敘述	處理方式及說明	行政支援負責人	備註
10/15（一）	交英文作業發現沒有小組英文籃子，老師說先放在大組的英文籃子裡或小組數學籃子裡。A生拒絕。A生開始大叫、跺腳：「你都沒有給我籃子要我怎麼放，大組同學都有。」老師說：「待會找給妳，妳等一下。」A生說：「你都不聽我說話，早就跟你說過了，為什麼不能拿給我？」老師說：「A生很可愛要好好說話。」A生說：「為什麼要好好說話，不要說我可愛，說好聽的話，我覺得很噁心。」	老師拿籃子給A生讓A生完成交作業工作。提醒A生跟老師講話要禮貌，要好好地說，不要大聲吼叫，最後A生向老師道歉。	A老師B老師	・持續觀察・通知家長

學生的問題行為一般處理情形如下：

(1) 給強化物（請註明何種強化物）。

(2) 忽視。

(3) 隔離（請記錄地點、時間）。

(4) 其他。

3. 找出不適應行為的前因後果，在處理行為問題時，最有效的方式是記錄特殊生的行為，了解行為之前因及後果，使用前因（Antecedent, A）、行為（Behavior, B）、結果（Consequence, C）分析模式，A、B 與 C 說明如表 5-3。

表 5-3　前因後果分析模式

前因（A）	行為（B）	結果（C）
在行為之前發生了什麼？小明的老師說：「現在要上數學課。」	你看到什麼或聽到什麼？小明尖叫和猛撞桌子。	在行為之後發生了什麼？老師把小明帶離教室。

ABC 行為分析表如表 5-4 所列。

表 5-4　ABC 行為分析表

學生姓名：A 生　　　記錄者：老師

問題行為	時間／地點	行為前表現	表現行為	老師處理	行為後事件
用手推同學，同學跌倒。	第二節下課中庭。	B 生和同學玩抓人遊戲，A 生衝過來。	• 推了 B 生一把，B 生跌倒。 • 又推了 C 生一把，C 生跌倒。	• 老師告訴 A 生不能推人並向 B 生和 C 生道歉。 • 要求全班同學下課不可玩追逐遊戲。	A 生道歉自己不會再推人了。

第五節　提供正向行為支持

除了矯正負向的行為外，還要提供正向行為支持。正向行為支持共有三個原則，在很多情況下提供正向行為支持可以引導學生如何去看待不適應的行為，以及提供對學生有助益的方法。正向行為支持三大原則如下：

1. 所有兒童和少年本性都是良善的：每個學生都有其良善特質，不要忽略了學生的良善。支持所有學生的學習和成長，特別是那些表現不尋常、困難、挑戰或妨礙的行為。

2. 創造溝通環境：教室裡的大人會影響班級氣氛的品質，老師和其他專業人員都須無條件地歡迎和支持兒童和少年。在學校的每個大人把創造溝通環境視為自己的責任。

3. 所有的行為都是嘗試傳達某些訊息：通常學生因為想被了解，會在教室或家裡表現出不被大眾接受的行為，任何行為都有其背後的意義，看到行為時可以試著做下列事：

(1) 了解學生溝通行為的意圖。

(2) 協助學生做好他們行為和感覺的連接。

(3) 協助學生使用一些替代性／不同的方式去溝通，表達出他們的想法、需要及期許。

(4) 權力和控制並非塑造學生行為的有效方式，使用權力和控制去改變學生的行為，反而會將學生逼迫到角落。

建議執行 IEP 時，將上述三個正向支持行為原則列入行為處理原則。除了提供正向行為支持外，處理行為問題時，尚須遵守以下指導方針：

1. 管理須一致，不分特殊生及普通生。

2. 當學生做出適當的行為時給予讚美，特別是那些行為有困難者。例如當學生拒絕舉起他的手，可以試著對另一個學生說：「A 同學，謝謝你舉手，你想說些什麼？」而不是直接跟 C 同學說：「你看 A，他有舉手，如果你這樣做，我會叫你。」

3. 須和作息及環境安排配合：問題行為或意外事件的產生，亦和作息時間及環境安排有關，例如過分擁擠的環境易造成意外事件，因而教師須將意外事件發生的時間、地點都記錄下來，以了解事件發生的原因，並做好補救措施。平時教師在填寫教室日誌時，應將行為直接記錄在教室日誌上（教室日誌乃按作息時間排列），藉以了解行為和作息間的關聯。當意外事件影響到學生的安全時，亦應記錄在教室日誌上，防患於未然。

4. 教導及獎賞學生適當行為：對適當行為要加以獎賞，獎賞可以是物質或口頭讚賞、微笑和輕撫，但要即時給予和持之以恆才會有效果。

5. 切勿對不當行為給予關注或妥協：有些學生是為了要吸引老師注意而故意搗亂，所以如果老師一直制止學生的行為，反而達到了學生引起注意的目的。

6. 找出行為背後的原因：例如打人的目的是為了與同學溝通，應教導溝通的技巧，自然可減少打人的行為。矯治行為應從建立學生正向的行為及教導如何與別人互動開始，而不是去壓制行為的發生。總之，找出行為背後的

原因、給予清晰指示、輔以示範及改變教學形式及提前預告是非常重要的。

<h1 style="text-align:center">第六節 設定行為矯治計畫</h1>

做好了行為分析，還要有一套有效的行為矯治計畫，以改善不適應行為，以下介紹幾種行為矯治做法。

一、訂定行為目標

幫助學生發展出可被大眾接受的行為替代方案，改變不良的反應、減少甚至完全消失。例如找出不適應行為（如打人）後，可根據行為前項及行為本身設定行為矯正目標。例如行為前項為「別人碰到他」，行為為「打人」時，根據行為前項設定的目標則為「當同學不小心碰到他時，能用報告老師的方式回應，而不用打人的方式」，以進行行為改變的計畫。目標行為評量表如表 5-5 所示。

表 5-5 目標行為評量表

學生姓名：_____ 記錄者：_____

時間	行為前項	行為	正確	做不到	需協助	無反應
6/5	當別人碰到他時	能報告老師		✓		
6/6	當排隊碰到別人時	會說對不起			✓	

二、訂定課堂行為檢核表

配合班級的作息及特色，詳細列出所有學生須遵守的行為規範，以利學生遵守。表 5-6 是以竹大附小融合班為例，訂定之國小學生課堂行為檢核表。

表 5-6　國小學生課堂行為檢核表

課			
我是否做得到？			
行為	圖片	是	否
坐在位子上手腳放好			
安靜聽課			
遵守指令			
排隊			
參與討論			
適當地說			

三、訂定行為契約

　　契約是學生和教師或是父母雙方認定的約定，可以是口頭也可以是書面，契約用語必須正向及請楚，行為表現後要立即給予獎勵（林素貞，2013），以下提供兩種範例：

行為契約

姓名：＿＿＿＿＿＿　日期：＿＿＿＿＿＿

我最想要改變的行為是＿＿＿＿＿＿＿＿＿＿＿＿＿＿

為了改變行為，我會＿＿＿＿＿＿＿＿＿＿＿＿＿＿

為了幫助我，我的老師會＿＿＿＿＿＿＿＿＿＿＿＿

為了幫助我，我的家人會＿＿＿＿＿＿＿＿＿＿＿＿

如果我改變這個行為，我將會得到＿＿＿＿＿＿＿＿

家長或老師簽名：＿＿＿＿＿＿

學生簽名：＿＿＿＿＿＿

自我管理契約

在走廊我必須有合宜的行為	是	否
我要有好的行為	是	否
我要少惹麻煩	是	否
我要學習自我管理	是	否

寫下一個句子，為什麼我要改變自己的行為：

_____

如果不想，請寫下一個句子說明為什麼？

_____

我同意執行自我管理計畫

學生簽名：_____

老師簽名：_____

四、訂定在校行為檢核表

分為團體及個人兩種。

(一) 團體行為檢核表

配合學校作息設定，如表 5-7 所示。

表 5-7　竹大附小融合班學生行為檢核

	教學目標	評量	備註
生活教育	在八點以前到校		
	能保持工作櫃整潔		
	能輪流使用設備		
	能協助特殊生		
	會排隊		
	放學時能將東西放入工作櫃		
	喝完飲料能將空盒丟入垃圾桶		
	能整理自己的工作櫃及抽屜		
學習態度	能準備好上課要用的東西		
	能注意聽講		
	能操作教具、主動學習		
	能收拾好課本才出去		
	能準時進入教室		
	離開教室時能跟老師說		
	能做指定的作業並交給老師		
	上課時能不干擾別人的學習		
	有問題時能舉手		
	老師及同學講話時能安靜聆聽		
	上課時能坐在椅子上		
角落	能選擇自己想去的角落		
	能完成角落中的工作		
	能收拾角落的東西		
	能遵守角落的規則		
午餐／午休	飯前能洗手		
	能撿起掉在地上的飯粒		
	能做清理的工作		
	午休時能安靜睡著		
	放學時能收拾好自己的書包		
其他	能避免干擾的行為		
	集合時能很快安靜地站好		

評量標準：∨ 有做到，△ 有待加強，╳ 未做到。

(二)個人在校行為檢核表

行為和作息通常有相關,因此可針對在校之每一段作息,訂定明確之作息目標,讓特殊生知道每一段作息要做些什麼。表 5-8 是以一自閉生為例所訂定之在校行為檢核表。

表 5-8　A 生在校行為檢核表

時間	作息	週一	週二	週三	週四	週五
7:30-7:40	到音樂教室,靜坐,聽音樂	○	○	○	○	○
7:40-7:45	交聯絡簿、作業 輕聲說早安,找同學握握手	○	○	○	○	○
7:45-8:05	拿掃把掃樓梯 把掃把放好	○	○	○	○	○
8:05-8:40	坐在座位上,小聲跟著讀經 小聲回答問話	○	○	○	○	○
8:40-9:20 第一節	能拿出課本、鉛筆盒跟著聽講 坐在座位上,小聲回答問話	○	○	○	○	○
9:20-9:30	擦白板、上廁所、喝水 跳床 300 下	○	○	○	○	○
9:30-10:10 第二節	能拿出課本、鉛筆盒跟著專心聽講 坐在座位上,小聲回答問話	○	○	○	○	○
10:10-10:20	擦白板、上廁所、喝水 跟同學玩遊戲能收拾玩具	○	○	○	○	○
10:20-11:00 第三節	能拿出課本、鉛筆盒跟著聽講 坐在座位上,小聲回答問話	○	○	○	○	○

表 5-8　A 生在校行為檢核表（續）

時間	作息	週一	週二	週三	週四	週五
11:00-11:10	擦白板、上廁所、喝水	○	○	○	○	○
	跟同學玩遊戲，能收拾玩具					
11:10-11:50 第四節	能拿出課本、鉛筆盒跟著聽講	○	○	×	×	×
	坐在座位上，小聲回答問話					
11:50-12:30	洗手	○	○	○	○	○
	排隊打菜	○	○	○	○	○
	坐在座位上吃飯（離開座位最多一次）	○	○	○	○	○
	午餐吃光光	○	×	○	×	×
12:30-12:45	收拾餐盒，擦自己的桌子	○	○	○	○	○
	刷牙（不弄濕衣袖）	△	○	○	○	○
	收拾書包	○		○	○	○
12:45-12:50	排隊放學、倒垃圾	○		○	○	○
12:45-13:10	安靜趴下午休		△			
13:10-13:20	上廁所、喝水		○			
	找社長上社團課		○			
13:20-14:00 第五節	能聽老師話		○			
	安全玩遊戲		○			
14:00-14:10	上廁所、喝水		○			
	找賴老師		○			
14:10-14:50 第六節	能聽老師話		○			
	安全玩遊戲		○			

表 5-8　A 生在校行為檢核表（續）

時間	作息	週一	週二	週三	週四	週五
14:50-15:00	上廁所、喝水		○			
	跟同學玩遊戲，能收拾玩具		○			
15:00-15:05	收拾書包		○			
15:05-15:45 第七節	聽老師的指令上體育課		○			
			○			
15:45-15:50	排隊放學		○			
我今天得到的圓圈		18	30	18	17	17
家長簽名						
總計	我得了（100）個○					
獎勵	我可以得到：回家可以看多啦 A 夢					
處罰	我不可以看卡通					

執行辦法（請家長務必配合）：

1. 評量標準：達成打○，完成一半打 △，未達成打 ×。
2. 每天超過 16 個○，就可得貼紙一張（週二全天 24 個○才可以），達成目標當日回家可以看多啦 A 夢，整週都達成目標可以放風箏或去淡水坐船，沒達成目標回家不可以看卡通。

五、在家行為檢核表

　　除了上述作息檢核表外，亦可針對特殊生訂定在家之行為檢核表，範例如表 5-9。

表 5-9　一週行為檢核表

作息	檢核項目	週一	週二	週三	週四	週五
早上	1. 早上聽到鬧鐘自己起床					
	2. 自己整理床鋪					
	3. 脫下來的衣服放在椅子上					
	4. 生氣的時候會說：我生氣了					
	5. 能收拾工作櫃					
	6. 將用過的物品放回原處，例如茶杯、課本、鉛筆盒、彩色筆、剪刀					
下午	7. 將脫下來的鞋子放入鞋櫃					
	8. 下課時將鉛筆放回鉛筆盒					
	9. 將作業單放入夾子中					
	10. 帶午餐盒回家					
	11. 將不用的課本放入工作櫃					
	12. 會自己收拾桌面					
	13. 能輕聲說話					
	14. 將課本、作業、鉛筆盒放入書包					
合計	昨天我的聯絡簿上有（　）個圈					
	今天我總共得（　）個圈					

備註：
1. 評量標準：達成打○，未達成打 ×。
2. 獎懲辦法：每天超過七個○，週三超過四個○，可以有獎勵。每天沒有超過七個○，回家不能玩電腦或看電視（取其一）。假如整週達成目標，請爸爸媽媽給予獎勵。

六、召開個案討論會

當教師嘗試過一些方法仍無法改變學生行為時，則須召開個案討論會。以下以一自閉症學生為例，針對其在校之不適應行為召開個案討論會，以期解決其問題。個案討論會記錄如下：

（一）問題

A 生在校參與度差，且一直有撞頭、情緒失控之行為，行為處理紀錄如表5-10。

表 5-10　個案行為處理紀錄

學生姓名：A 生　　年級：四年級

日期	事件描述	處理方式	處理／晤談者	備註（主管簽名）
9/13	情緒不穩定（2:20 pm），將書櫃的書推倒，便當裡的飯菜倒出，拖把散放在廁所洗手台上，頭敲桌子。	老師告訴 A 生這樣的行為是不對的，並帶著 A 生收拾殘局，但是 A 生不理。 告知母親（4:00 pm）。A 生看到媽媽，跟媽媽說自己很累很餓（可是 A 生並未告訴老師）。 最後是由媽媽收拾物品，A 生並未參與。	A 老師	
9/14		A 生媽媽說 A 生似乎知道自己做錯事了，所以在媽媽接送回家的路上顯得比平常乖。之後，只要 A 生又弄亂物品不肯收拾，就告訴吳生：「你不收，媽媽來才幫忙收拾，你就會晚一點回家喔！」剛開始幾次此方法有用，後來又失效了。	A 老師	

表 5-10　個案行為處理紀錄（續）

日期	事件描述	處理方式	處理／晤談者	備註（主管簽名）
9/17	• 今日老師介紹蓋章獎勵卡，告知聽話時便可蓋章。 • 知道不可躺桌上，經規勸無效，且會故意四處跑去各個桌子上躺著。 • 在學校上大號。 • 下午一點左右，將內、外褲全脫下，詢問其原因，未理會，並去躺地上、桌上。	• 由兩位老師強行為他穿上褲子，內褲上有殘餘糞便未擦拭乾淨。	A 老師 B 老師	
	• 重複脫褲行為，在墊子上敲頭，把褲子脫掉。 • 眼神與平常不同，似乎有抽搐現象（母親來亦發現其抽筋）。	• 請父母來接回家。父母來帶他時，無法站立，由父親揹上車。	A 老師	

（二）討論過程

1. A 生母親之想法：

　(1) 三年級分為小組上課，學習情況還好。國語願意上，數學不願上（可能當時數學老師不了解他）。

　(2) 他有固著性。目前看 DVD 只喜歡其中一段。

　(3) 他很容易累，在校又不願意休息，會容易發脾氣，目前已養成習慣，中午回家睡覺。

　(4) 他的印象有時會存很久，他與 B 生在幼稚園時曾有衝突，會一直記得過去的衝突。目前和 C 生不和。

　(5) 敲頭的行為在四個月大時就發生，在家會敲床墊。

　(6) 人多的地方，他較會發脾氣。

　(7) 我們願意請人帶他，但擔心別人無法勝任，也曾想自己陪，但爸爸不

同意。

(8) 他能學多少，就學多少。

(9) 晚上睡眠狀況不佳，上午時間精神狀況較不好。

2. 學校之想法：

(1) 希望進行較長時間之行為分析，了解 A 生不同分組時之狀況。以一週為觀察時間，以了解哪些課他較喜歡上。

(2) 做人力調配，上體育課時應讓他有事做，可在教室聽音樂、跳跳墊。學校可「退一步」，但希望拉他到我們的世界。

(3) 特殊生無法適應「動態」的課，例如音樂、體育（上體育課時他一個人不知道要做什麼），要給予正向的指示。國語、英文之流程較固定，較能參與。

(4) 他可能需要有人在旁告知周圍發生的事並提醒他要做的事。

(5) 他已習慣聽覺刺激，要嘗試多給予視覺刺激。

(6) 自閉症學生容易養成固著行為，想辦法引導他做其他選擇。

(7) 請母親協助記錄在家的作息。

(8) 我們分析他在家的生活型態：玩電腦、看電視、聽音樂，這些刺激較有趣，使他無法專注上課。要慢慢改變，使旁邊沒有這些刺激。

(9) 目前科技進步，不能再讓他在家自學，否則未來無法適應社會。

（三）結論

1. 做行為分析，分析 A 生為什麼會撞頭，了解原因及發生前老師說了什麼。

2. 來學校對 A 生較易有與人的衝突，將他帶回家雖可減少衝突，但會讓他無法適應社會，要教導他，讓他減少負面行為。

3. 請實習老師做記錄：他可以坐多久、什麼課較能坐得住，以了解發生什麼事造成這個反應。

4. 會敲頭可能是不知道可以用別的方法（沒有轉換），可協助其做轉換，下次可換敲桌子。他可能是想要什麼或想引起父母的注意，因為一敲頭老師就過去幫他，可能會增強他敲頭的行為。

5. 很多特殊生無法在學校午睡，因為人太多。

6. 養成他一些習慣，慢慢增加其自主性（不要為他做太多）。

7. 一點一點改變他。

8. 記錄他情緒爆發的次數。

9. 他需要獨立自主的空間，給他一個屬於自己的空間，裡面不要有電視、電腦，也不要有噪音。放些他喜歡的玩具、墊子，加上音樂。

10. 請父母每天花五分鐘和他互動，再慢慢增加時間。

11. 自閉症孩子需要多元學習，從相同的東西中增加不同的刺激。

12. 他的活動都是團體活動或是有母親在旁，他需要每天有時間做自己的事，安定下來。

13. 自閉症孩子須個輔，需要一段時間安靜。

14. 去人多的地方（陌生的地方）之前，讓他知道會發生什麼事、看到什麼人。可先去拍照，用視覺刺激幫助他詮釋事件，並可選不同的地點，讓他認識地方，提升語文。由於看到的東西常是快速的，用簡單的圖片可協助他說出來。

15. 在學校刺激較多，較有機會讓他回應刺激；若帶他回家，擔心會退化而回復自閉的狀況。

16. 增加人力資源。

第七節　教師訪談

問：班上的學生有哪種學習習慣比較不好，跟人家比較不一樣，要如何解決？

答：學習上比較不同。有一個學生比較愛講髒話、比中指，其實他很聰明，我剛開始很困擾，因為還不是很了解他。我今年才來，上學期的時候，就不了解他，然後一方面他會反覆、重複地一直比，他的目的就是要你生氣。我剛開始沒有清楚這一點，所以會讓自己掉進那個陷阱裡面，也會很生氣。後來慢慢幾次錯誤的處理，就會發現今天錯了，明天不要再錯了，過幾天又錯了這樣，重複幾次的滑鐵盧事件，再回去反省，然後，我用的方法還是我前面提過的，現在目前也有比較改善，就是改善和他之間的關係，去關心他，讓他覺得你是願意接納他的。他其實問題滿多的，家裡也有問題，因為他很聰明，他的內心都知道自己有問題，可是沒有辦法控制自己，所以我覺得他也

滿苦的。那時候就覺得假如我被他打敗的話，我自己也很苦。如果要幫他的話，第一個就是要自己跳脫這個、不能自己陷進去情境裡面。後來就是調適，使自己的情緒不能受他的挑釁，這一點是我這邊調整比較大的部分，好像做這樣的調整，他的狀況就有一點改善。目前他的問題還沒有解決，可是有比較穩定。我的感覺就是要從根源去找問題所在，然後，看他要的是什麼，如果我們可以提供就盡量去幫助他，應該是這樣會比較好。

問：在教學中，有沒有覺得特殊生會造成教學上的一些困擾？

答：例如上述他的一些問題行為，當干擾很大的時候，就會造成很大的困擾，不過我覺得從上學期到現在，我不斷地去思考怎麼處理這個問題，當中也有很多的收穫，所以我的感覺是問題出來的時候，可能也是自己會有所進步的時候，所以就不用去怕會出現什麼狀況，這次沒有處理好，下一次處理好一點就可以了，這樣自己才能愈來愈進步。我覺得要處理得很完美不是那麼容易，除非剛好班上的學生都可以掌控得很好，就不會有這麼多問題。像這學期有些學生，他們有一些是情緒會有很大的反應，很會干擾上課，這種的應該還是同樣一個問題，就是還是得先去觀察這個學生，他在什麼時候會有很大的一個情緒出來，然後避免這些狀況產生。在盡量避免之後，狀況就會好很多，好很多之後，接下來就要去思考當他情緒起伏已經比較小時，怎麼樣再去讓他能夠參與到課程裡面，如果能夠參與課程的話，相對問題行為出現的比例就會降低。就是大概透過這幾種模式去做調整。

第 6 章

融合班之師資管理

　　老師任教於學校，是學校的一員，一個班級教學計畫的實施會受到整個學校組織的影響，在談師資管理時要從學校環境介入。教學並不是單單只靠老師，老師無法一個人執行他的教學計畫，還必須要有一個有組織且有條理的學校，學校因素包括課程、紀律、成績、教材，甚至是學生的能力程度，都是學校方案中的元素。學生有各式各樣的需求，學校需要提供適性的課程、允許多元的選擇，才能符合學生的個別需求。融合班級有普通生及特殊生，必須符合所有學生的社會性及學業性需求才能稱之為融合，除了要注意到一般學校所重視的學業成就，還必須能增進所有學習者的學習，提供有組織的跨領域、跨年級的課程，教師亦必須在發展與執行教學方案之過程中自然扮演一個積極的角色。

第一節　融合班教師必備之理念與技巧

　　融合班級的老師必須用心設計課程內容與教學型態，讓課堂活動既適合個別學生又符合社會文化，讓各種不同學習風格的學生都能參與，還要滿足不同資質、不同興趣的學生需求。這不只是對自閉症學生或其他有特殊學習需求或社交需求的學生很重要，對教室中的每一個學生也都很重要，因為學生是從每天的課程中學習與成長的，而學校對待差異的態度，學生也會在不自覺中學起來，因此

實施融合,學校須提供一個支持差異、尊重差異的環境,以促進不同學生學習與互動。

談到教育計畫一定要考慮到老師的價值觀、期望及信念。融合班和一般班級最大的不同是它面臨不同類別、不同程度的特殊生及程度比特殊生好的普通生,因此課程內容必須涵蓋不同的面向、不同的領域及技巧才能兼顧普通生及特殊生的需求。特殊生可能並未具備其他學生已具備的技巧,因此擬定 IEP、了解家庭的需求、計畫未來的安置與銜接、安排連續的評量以及掌握學生的進步都是教師必須學習的。此外,教師必須協助特殊生主動學習及參與,提供特殊生以家庭為中心的服務,讓家庭扮演更重要的角色。教師除了提供功能性的課程外,更須不斷評估學生的進步,以了解所教的內容是否有效。比起一般普通班或特殊班老師,融合班教師在教學上的付出更多,因此須具備更多的技巧,以因應繁複的教學工作。一般而言,融合班教師須具備下列技巧:

1. 能提供適當的教學,知道學生應學習什麼、何時學習及學習的方法。教學者要能辨別出學習者的需求與其能力間的關係,設計適合的教學策略與課程內容,選擇合適的輔具來提升學習。此外,必須評量學生的起點、長處及短處,經常評量學生學習表現。

2. 能做計畫,計畫要涵蓋各式各樣的課程及活動時間的分配,實施合乎學生能力的教學或介入,善用及管理教學時間,訂定每日固定要做的事項(慣例),按學習進度教學,減少在活動中轉換的時間,即使無教學的時間也要安排事情給學生做,並盡可能遵守自己訂定的計畫。

3. 準備課程時,能引導學生思考、問問題。一開始教師須設定教學目標及一個可供學生討論的框架,先教會學生課程內容再提供互動教學的練習,利用事先計畫好的問題來指導學生討論,讓學生主動參與並為自己學習負責,鼓勵主動性的參與,讓討論離題的情況降到最低。問問題後,給予學生思考時間,鼓勵學生討論。即使學生回答不夠完整和正確,教師仍要稱讚並回應正確的部分,對不正確的地方則要釐清想法。學生不理解問題時,教師可改變問題,或是從別種觀點發問。若學生不會回答,教師可給予漸進的提示,引導他們想出答案,若學生還是無法想出答案,教師可公布答案,而後請學生用自己的意思來表達。對學生表現出的困惑反應,應給予立即的回饋,老師的稱讚能強化學生的好行為。有效地使用讚美,是

讚美時要清楚明確地告知被讚美的理由。

4. 能設計多元教材及利用科技，例如電腦，讓學生真正參與學習（Onosko & Jorgensen, 1998; Udvari-Solner, 1996）及提升教學的品質。揚棄傳統的紙筆教材，比如在社會課時可以用地圖、地球儀、各縣市的簡介、旅遊書籍來上課。廣泛地使用各種教學材料很重要，因為可以讓每一位學生有成功的學習經驗，並且可以使用最適合他們的方式學習。

5. 教學能使用真實和可操作的材料，分析教材內容，評定什麼教材可直接使用或是需要改編，教材可以被歸類為核心教學教材、練習教材、休閒活動或是充實的教材。好的教材必須內容客觀、排列順序由簡到繁及能提供學生各個學習階段（例如獲得、精熟、維持、延伸）的學習。有些學生無法透過傳統的方式和教材來學習，因此大部分教材需要改編以符合學生的個別需求，這表示教師必須知道如何去分析和改編教材以順應學生的需要，例如調整課本上語言的表達方式、縮短句子的長度、替換拗口的字彙、強調關鍵字等。

6. 講課的時候，能事先規劃上課的內容，如果事前計畫得不好，課堂上缺乏刺激就會造成學生混亂的行為，因此老師必須組織講課的內容且能穩固地掌握教室情境、利用真實情境，這樣才能引起學生的興趣。課文要用有邏輯性且排序過的方式呈現，講課的過程中利用問題來與學生互動及取得學生的回饋，觀察學生肢體語言來確定學生是否了解上課內容，利用聲音的抑揚頓挫、肢體動作和手勢來強調重點。選擇對學生目前及未來有意義的課程活動，活動時間必須足夠，活動結束後還要引導後續的討論，並以學生對概念理解情形，作為課程設計參考。結合提示、示範、練習和鷹架學習等策略，訓練學生問題解決及思考策略，示範的優點是它提供了一個具體的例子，去闡明一個事實且讓抽象的概念更具體化。藉由練習，學生可以很快了解老師的上課內容，再增加問題的困難度。此外，允許學生用多元方式表達他所學到的知識和技能，讓學生把新的資訊及已經習得的知識做連結，將先前學會的技能應用到新的情境。

第二節　教師分工與分組

　　當一個班級有一位以上的老師時，老師的分工與協調就顯得格外重要。在融合班裡，有受過普通教育訓練的老師和特殊教育訓練的老師，兩者必須一起工作，並且能把現有的課程及活動加以調整，以因應特殊生個別化教學的需要。換言之，班上所有的老師都應參與課程的計畫及實施，而不是分成兩個部分，由一些老師完全負責普通生的課程設計，另一些老師負責特殊生的課程設計和教學。在融合式教學的教室中，課程必須經過統整，特殊生的課程中必須融合在普通課程之中，每位老師的地位亦是平等的。每位老師不但要能帶個別教學、小組教學，也要能帶團體教學，雖然不是每位老師都受過特教專業訓練，但可由受過特殊專業訓練的老師帶領其他老師，學習觀察學生的需要、擬定教學目標、設計教學活動。

　　一個班級中，應該使用不同的編組方式。例如國語科合作小組在 A 組，社會科合作小組在 B 組，好讓學生有機會接觸班上所有的同學，跟許多不同的同儕學習而受益，並且每隔一段時間向不同的同儕學習（Ferguson, Ralph, & Meyer, 2001; Kasa-Hendrickson, 2002; Oyler, 2001）。老師可以在上一些課時，把有相似學習目標、興趣、需求或技能的學生編成一組，然後上另一些課時，把學習目標、興趣、需求與技能各不相同的學生編成一組，這樣可以讓學生有機會互相分享與學習。

　　分組時，視每組人數多寡，再讓三、四個學生形成一小組。在融合班分組時，每一組都要有特殊生，以免對特殊生造成標籤。選擇小組成員時，有些老師會讓學生選擇自己的夥伴或團隊成員，可能會造成班上的一些學生因為沒有人要跟他同一組，而有被孤立或沮喪的感覺。另一種分組方式是教師根據性別、能力來分組，讓每組具備相同的能力及性別的成員，無論如何，當老師在更換組別時，應該都要讓特殊生事先知道，以做好心理準備。在中等跟初等教育裡最常被使用、同時也最常被誤用的分組方式就是小組討論模式。老師必須隨時注意且監督學生的討論，以免學生偏離主題。教師分工與合作原則如下：

1. 每班有兩位教師，學生管理應由兩位老師共同負責，班級所有規定應由兩位老師共同訂定並執行，不要常告訴學生「屬於某一組」、「不是我負

責」之類的話。原則是兩人管教的尺度必須相同,聯絡簿亦由兩人共同負責。

2. 任何形式的教學應讓所有學生都能參與,每位教師教學時應製造普通生及特殊生互動的機會,尤其要讓特殊生在課堂上也有參與的機會,而不是在課後給予特殊生作業單或是在課堂上給特殊生一個玩具,就算是提供其所需要的教學目標了。當教學無法兼顧普通生及特殊生需求時,應檢討上課的方式,而非責怪融合教育是無意義或不可行的。為增加教學精緻化,教學採分組方式進行,無論將班上 22 名學生平均分為兩組(每組 11 名學生)或是一大組一小組,兩組的教學內容應先協調,且兩組應盡量在同一間教室,以免造成小組間的差異過大。作業及評量應適量,並做到因材施教及展現創意。

第三節　增進教師間合作的策略

合作包括課程與教學計畫的設計與擬定、尊重每個人的專業及成果分享三方面。

一、課程與教學計畫的設計與擬定

課程與教學計畫設計與擬定的過程需要融合班教師共同參與及合作。在分工上,每位教師都應為每位學生提供學習的經驗。而特殊教育教師應知道如何為特殊生設計 IEP,各司其職,並分工合作。表 6-1 是融合班三位國語科教師針對課程與教學提供其做法之範例。

表 6-1　融合班國語科課程與教學做法

	A 師 （三年級）	B 師 （四年級）	C 師 （四年級）
上課方式 （如何引導）	• 小組合作學習。 • 與學生對話互動。 • 提問（學生練習提問題）──反向操作，以前是老師提問題。 • 比較賞析（配合課本教材，每幾課即有一討論單元，做一整理）。	• 利用實物或原著介紹。 • 介紹作者生活背景年代。 • 共同閱讀後提出問題討論、發表。	利用生活化的方式、生活化的口語、模型或實物引導學生引起其動機興趣。
如何針對特殊生做調整	• 基本上對特殊生的上課調整與以前大致差不多，因為學生學習的特質並未因改變教材而改變，故調整方式差不多。 • 本教材中有些文章較優美，有些教學目標透過分組合作學習來達成。	• 給予較多關注。 • 給予生活化之語詞，尤其指認、辨別。	利用生活化的語詞、生活中的經驗、生活中常用的字詞介紹給學生辨別、仿寫、造句、運用。
作業安排	• 本套教材本身設計有學習單，由淺至深均有，故可依學生能力選擇不同學習單為作業。 • 剪報紙文章分享或日記等作業，特殊生有時有閱讀測驗、日記等作業。	• 由學生先行計畫，例如可選擇生字、語詞、作業單或其他呈現方式。 • 自行安排時間完成（未規定完成日期）。 • 每一主題有一主題作業。	選擇生活化的字詞、句子學習查字典，造簡單的句子，語詞生詞的變化與指認。 日記與圖書日記。

表 6-1　融合班國語科課程與教學做法（續）

	A 師 （三年級）	B 師 （四年級）	C 師 （四年級）
學習單安排	本套教材的學習單有些適合於課堂上使用，會選擇性利用。有些是放大供小組合作學習以小組為單位完成，有些仍每人一張，特殊生則另做調整或簡化。	視課堂需要，例如分組討論題目。	• 句型練習，內容理解深究。 • 排出短句、閱讀測驗。
評量的安排	• 觀察記錄（老師）。 • 紙筆測驗（再依特殊生能力調整方式）。 • 作業評量（檔案評量）。	檔案評量：書面作業（作業簿、作業單、主題作業）。	檔案評量：作業單、上台說故事。
整體遭遇到的困難	尚好。	• 較難掌握整體架構。 • 文章較長，對特殊生的專注力是一項考驗。 • 課程進行方式需較靈活、開放，較難兼顧特殊生需求。	• 文章較深較長，需改編課文。 • 部分課文較抽象，特殊生無法使用，需轉化為生活化、經驗過的、較具體的、較口語化的文意，較能接受與練習。
學生興趣引導	目前嘗試讓學生練習寫「閱讀日誌」，利用星期二、四早自修 20 分鐘閱讀課外讀物，並寫閱讀日誌；特殊生則老師與他們共讀並引導撰寫閱讀日誌。	學生將教材視為故事書，有興趣瀏覽可自己選幾課喜歡的內容上，學生有主導權更有興趣學習。	相關故事書籍由圖片肢體動作，教師口語的演示、表演。學生將模仿表演引起興趣主動閱讀（學生喜歡閱讀聽過的故事）。

二、尊重每個人的專業

　　不論是普通教師或是特殊教育教師都有其專業能力，因而給予尊重進而合作無間是非常重要的。

三、分享資源及成果

　　教師間除了在教學時充分合作及給予尊重外，無論是在行政資源或是教學資源上都應分享，互通有無，在成果上更應共同分享。以下為國小融合班四位教師的生命教育教學分享，分享如何在不同班級及年級實施生命教育，三次分享結果如下。

(一) 生命教育──快樂人生（第一次聚會）

討論綱要：

1. 確認小組成員。
2. 討論研究主題。
3. 決定組長。
4. 討論生命教育的重要性，以及學生對生命教育的需求。
5. 分享「心光燦爛──心光祈願卡」的使用。
6. 討論活力工作坊進行時間。
7. 「善行日記」在生命教育中的使用。

討論內容紀要：

1. 由高年級（五、六年級）語文領域教師四人及實習教師一人，共五人組成一組。
2. 研究主題命名「快樂人生」，期待學生與老師都有快樂人生。
3. 培養學生對人生深度的思考，從繪本或影片中體驗生命的意義，進而尋求快樂人生。
4. 現在社會上的學生有時會把自己的感情封閉起來，壓抑自己的感情，導致情緒或心理不穩定。

5. 學生時常不了解自己的優缺點，因此會產生嫉妒等等負面情緒，學生需要認識生命、面對自己的生命，進而「接受、面對、改進」自己的命運。

6. 其中老師分享自己在班級中使用「心光燦爛—新光祈願卡」的經驗，讓其他老師體驗。

7. 可利用晨光時間進行心靈對話，或利用一兩堂的語文或社會課進行課程。

8. 使用「百善卡」鼓勵學生行善，或觀察別人的善行，培養感恩心。

9. 先由累積善行開始，多給予學生肯定。

(二)生命教育──快樂人生（第二次聚會）

討論綱要：

1. 分享各班百善卡實施成效。

2. 討論目前班級中班級經營的問題與困難。

3. 擬定下次開會要討論的內容大綱。

討論內容紀要：

1. 五年級「百善卡」實施效果顯著，初步達到學生寫善行的目標及數量，以往寫善行日記不熱衷的學生，也逐漸開始寫自己或別人的善行。

2. 五年級接下來會要求善行的「質」，要求學生省思別人或自己的善行對自己的影響（包括事件、發展、心得）。

3. 六年級百善卡是以全班進行的方式，每天利用晨光時間或是放學前的空檔來蓋善行印章，每天輪流當善行股長。善行股長當天要負責觀察大家的善行，並記錄在白板上，其他學生也可以提供善行股長大家觀察到的善行。善行日記如果有寫，則再蓋一個印章。

4. 六年級中改變最多的一名學生，目前很積極做善行，老師有時會用百善卡當作獎勵卡，以達到顯著的效果。

5. 百善卡可以營造一個「善」的力量，讓班級中的學生愈來愈會包容別人，間接也影響情緒管理不好的學生，態度愈來愈溫和。

6. 善行卡對於班級中較單純的特殊生效果很好。

7. 班級中有學生不願意做善行的時候該如何處理？老師公開提醒該學生別人做過的善行，鼓勵他們慢慢自發做善行。

8. 下次除了繼續討論百善卡進行的成效，亦開始計畫下一階段「快樂人生」

欲實施之教學活動。

（三）生命教育──快樂人生（第三次聚會）

討論綱要：

1. 六年級老師分享感恩卡活動。

2. 五年級分享上週善行進行的情形與結果。

3. 討論接下來可能進行的活動。

4. 討論與分享米飯實驗進行的細節。

討論內容紀要：

1. 六年級目前進行「感恩卡」的活動，每個學生自己製作一張卡片，並在上面寫上自己想要感恩的對象（人、事、物）。

2. 一開始讓學生蒐集一般生活上用到的東西，把東西放在袋子裡，讓學生去摸摸看猜是什麼東西，學生猜到以後，讓其思考這個東西對自己有什麼意義。對各式各樣的東西感恩。

3. 老師講故事（集百恩），要學生找 100 個東西去感恩，學生一開始覺得不可能，在帶領之下學生慢慢轉變心境。

4. 五年級老師分享艾瑪奶奶的故事。

5. 班級中有學生聽到故事後想到自己的外婆，眼眶泛紅。

6. 五年級在講完故事後，讓學生填寫生命教育學習單，班級中喪親同學填寫學習單時感觸很深。

7. 目前善行日記寫的善行好像有點「浮濫」，尤其女學生之間會大量寫很小的事，接下來要宣導，記錄善行時要完整、清楚，有自己的想法。

8. 聖誕節接近，製作聖誕卡，讓學生多製作一些感恩卡，發送給其他班級的人，分享感恩的心。

9. 期末可進行「期末感恩」活動，讓學生思考學期中要感恩的對象為何。

10. 未來可在班級中分組進行，一組感恩物品、另一組感恩人……，全班都可以參與。

11. 米飯實驗可派值日生記錄班級中同學要對米飯說的話。

12. 每碗米飯下面可寫提示語，提示學生可以對這碗米飯說哪些話。

13. 對著米飯說話的時候，可以對米飯說自己的缺點，把對自己不滿意的地方

告訴米飯。

此外為了增進教師間的合作，學校可安排下列活動，以確保教師間的合作，活動方式如下：

1. 每天安排一段時間供教師討論當天所發生的事情及交換意見。
2. 每週安排一次課程討論，討論課程進行時所發生的問題及個案研討。
3. 在開學時，討論班級經營的理念，以建立彼此的默契，例如討論當教學計畫無法執行時，其應變的方式（如增加人力）及過渡時間應如何安排（如先打掃完的學生可以先到角落操作教具，或是在上課開始前先去圖書角看書）。此外，教師應隨時注意在每一段作息結束前五分鐘，提醒學生準備收拾課本及文具用品。

第四節　教師如何協助普通班中的特殊生

教師除了執行教學外，還要了解特殊生的學習特質，不斷地引導，提供較多的例子及教學所需的協助，例如編寫學生看得懂的課文，讓特殊生了解上課的內容，以參與老師的教學。教師的責任不只是將學生不懂的問題教他一次，或示範如何做就好，而是要了解學生為何不懂，是不是題目本身超過學生的能力，如果是這樣就要找出學生已具備的能力，例如已認得哪些字、學會哪些數學概念，再以這些習得的字或概念為基礎設計題目，這樣學生才能閱讀並了解題目的內容而回答題目中的問題。因此教師在教學時必須了解課程的順序，哪些要先教，哪些要後教，並且不要一次教太多，最好在上每一堂課時，為學習較緩慢的學生準備這一堂課要學習的重點，再在上課中找空檔教這些和課程相關的重點。

以下幾點可作為班上有特殊生之普通班教師參考：

1. 視特殊生為普通生。
2. 利用團體教學達到個別化教學的目的。
3. 將每段作息都變成可以學習的目標：不管是上課或下課都可提供學生學習的機會，例如下課可培養學生間的互助及合作。
4. 在普通的課程中插入特殊生的目標。
5. 先從社會性統合做起，再談課程與教學。
6. 找額外時間輔導，對無法參與課程的學生安排個別輔導。

7. 其他。

第五節　融合班教師的特質

　　竹大附小融合班現有六個年級，每個班有 22 名學生，其中 15 名為普通生，7 名為各種類別的特殊生，如聽障、自閉症、智能不足及肢體障礙等。是全國唯一將普通生與特殊生以 2：1 比例融合的班級，對老師及學生而言都是個很特別的班級。融合教育強調尊重學生，給予學生較多的選擇，採民主方式對待學生，提供活潑溫馨的教學氣氛，用獎勵及啟發的方式引導學生學習，不希望看到教師用體罰或強迫學生學習的方式來對待學生。

　　和普通班級和啟智班不同的是，在融合班級任教的教師既要會教普通生，也要會教特殊生，除了教學對象較不同外，教學還要同時兼顧程度差異很大學生的需求，因此其教學負擔較重。其教學工作包括了教學準備、調整教學、編選教案及教材、引導特殊生學習、引導特殊生及普通生融合、促成教師間合作、與家長溝通，及如何做評量等項，還要隨時調整教學內容以符合學生需求，更須隨時參加教學討論以增進教學知能。因此，融合班教師須具備教學熱忱、創意及理念，願意接受訓練及成長等特質。教師的特質是能否勝任融合班教學工作之一大要素，綜合學者專家看法，融合班教師應具有下列特質：

1. Mastropieri 和 Scruggs（2001）認為融合班教師應具備的特質為結構性教學、清晰、重複、熱心、適當的步調、擴大學生參與（互動式教學）、有系統地監督學生進步。

2. 鈕文英（2008）認為融合班教師應具備理解融合教育的意義、體認融合教育的價值、從事融合教育的意願與熱情、關懷弱勢的人道情懷、有教無類的胸襟、教學方法（多元智能教學、適應個別差異的教學及合作學習）。

　　此外，教師應具備與人共同管理一個班級、克服融合情境教學困難的決心、較高的挫折容忍度、敏銳度、喜歡學生、願意及喜歡改變教學方式、樂觀、惜福、穩定、積極面對及解決問題的決心。因此，為了適應融合班的教學工作，教師應先了解班上的學生，願意和學生一起成長，想想看在教學上自己能夠以及願意做哪些改變，放鬆自己，量力而為，再看看因自己的改變是否改變了學生

及自己，最重要的是放鬆自己，放慢自己的腳步，不要和別的老師比較，肯定自己（內化），視需要尋求資源。表 6-2 是一位三年級融合班教師的教學特色及風格，從中可以了解融合班教師具備的特質。

表 6-2　三年級融合班教師教學特色及風格

填寫者：A 老師　　任教科目：國語、社會、健體、鄉土

項目	做法、特色及風格
作業批改評分標準	1. 學生用心程度。 2. 小組合作度。
如何協助學生完成作業	1. 課堂示範講解。 2. 分組討論。 3. 觀賞他組的作業與思維分享。 4. 交回作業後的回饋。
合作小組	1. 安排異質性小組座位。 2. 教師教學及個別教具引導下，組內由組員們分工協調工作。
上課如何引起動機	1. 從生活實例切入。 2. 帶入舊經驗。 3. 課程動靜交叉安排。 4. 學生分享相關經驗並回饋。 5. 使用電子媒材。
每一堂課如何結束	1. 複習本堂上課重點。 2. 活動式、分組式綜合評量。 3. 小組出題目相互評量。
課程常用哪些教具	1. PPT。 2. 電子媒材、電子白板。 3. 各式操作教具、器材。
是否讓學生分組報告	視課程性質需要。重視學生的實作及分享，並藉由聆聽他人審視自己。

表 6-2　三年級融合班教師教學特色及風格（續）

項目	做法、特色及風格
有特殊生時如何調整教學	1. 分組時，教師安排指定工作、組內協調分工。 2. 部分參與課程。 3. 以操作式課程為媒介。
出學習單（一課有幾張）	視科別性質。 例如： 1. 國語一課約一至兩張，另一至兩張延伸作業。 2. 社會一課約一份（小組共同完成），個人約一張。
鼓勵學生找資料	配合時事、課程、生活相關等（例如節氣），鼓勵學生找資料並分享。
作業類型	學習單、課本習題、閱讀、剪報並繪圖。
如何給學生獎勵（獎懲標準）	1. 學生個人表現優良給予個人獎勵，另加入小組的合作加分機制，鼓勵學生主動協助特殊生參與。 2. 社會性增強為主，物質增強為輔。
如何增進學生對不同學生之認同	1. 教師對主動協助特殊生的學生公開讚美。 2. 教師以身作則。 3. 分組上課，提供小組共同參與完成的作業。 4. 教師以身作則主動讚賞特殊生。
教學特色	1. 以合作學習方式，帶動課堂每一位學生。 2. 引導式帶領學生思考，避免直接提供答案。 3. 以統整概念（例如概念圖）為主，由上往下引領學生學習。 4. 重視操作與組間回饋，加強思辨能力。
你覺得能營造哪些班級特色	1. 重視每一個學生的感受。 2. 以尊重的心待人、說話、做事。 3. 生活禮儀。 4. 學生自律的養成。
讀書風氣之培養	1. 物理空間設置閱讀角。 2. 提供表率——公開表揚運用零碎時間閱讀的學生。 3. 教師善用空檔時間安排學生閱讀。 4. 學生上台報告——好書分享。

　　從上述教師教學特色中可以發現，融合班教師工作內容不外乎環境準備、教學及行為的管理。表 6-3 為根據融合班教學的情境訂定的融合班教師工作項目檢核表。

表 6-3　融合班教師工作項目檢核表

項目	教師姓名			
	A 師	B 師	C 師	D 師
在角落時間支持及延伸學生的計畫。				
和其他老師交換教學心得。				
和學生一起吃午餐。				
在學生到達之前把教室準備好（如把桌椅排好、準備好教學材料）。				
在離開前關好門窗及電源。				
準備及填寫需請購之物品。				
準備一學期一次之教學座談會及 IEP 會議。				
記錄特殊生是否叫得出他人的名字。				
注意普通生及特殊生的進步。				
為學生講故事。				
整理及布置教室，為物品標上名稱。				
為特殊生設定目標並將目標貼在白板。				
介紹新學生，協助其適應。				
隨時支援其他老師。				
幫助學生在對話中使用更多字彙。				
決定教室管理規則及對學生的限制。				
計畫及執行小組教學。				
寫下活動計畫及評量方法。				
在父母接送孩子時和父母交談。				
清潔環境。				
自製或準備所需的教具。				
教具材料之保存與分類。				
教案之撰寫與整理。				
蒐集教學資料。				
填寫教師日誌及其他表格。				

評量標準：∨ 表做到，△ 做一半，✕ 做不到。

第六節　教師訪談

問：您對於這融合班抱持著什麼樣的理念？

答：融合班是未來社會的縮影。讓學生和家長可提早面對遲早要面對的問題，也讓每個普通生都知道，不是每個學生都像自己這麼幸福，生下來就是這樣。但是特殊生還是一樣有他們積極向上的一面，而普通生也在學習他們積極向上的光明的那一面，並激發他們惜福的能力。特殊生在這裡可以模仿和學習，也可以學習及早獨立。而我們往往都會勸家長要學著慢慢放開，不管是放手、放心或是其他，都要慢慢放，因為我們沒有辦法一輩子陪著他，把他當作是一個責任或是包袱，都會過得很痛苦。

問：融合班任教的老師應該要具備什麼特質才有能力勝任？

答：第一個要認同融合的理念，這是先決的條件，然後吃苦耐勞，再來就是包容性大。本身個人的特質要有彈性，出狀況時可以隨時調整，如果比較不能去改變，又強調原則，那可能就會很苦，因為融合班是有很多事情常常在變的，老師要能夠適應且有彈性，再來就是願意學習，以及包容力。其實如果願意學習，能力應該沒問題，既然是從師資培訓的制度裡面出來的，應該都有能力在融合班任教，只是就是有這些能力，再配合這些特質，就不會覺得很辛苦。如果願意一直去學習，常常吸收新的東西，例如國外的資料，並且也試著做做看，如果願意學，雖然以前沒做過，可是若願意抱著學習的心態的話，就不會那麼排斥。所以基本上，如果有普通能力，再配上那些特質，應該就有能力勝任。

問：融合班和一般班級有什麼不同，例如和普通班和特殊班的比較？

答：本校融合班最大的不同在於老師，目前融合班能夠慢慢有更多老師願意留下來，甚至改變自己，也慢慢認同這個環境，這是跟別的學校最大不同的地方。融合班這幾年的努力，已經累積很多的資料和珍貴的經驗，或許在其他學校有很多行政支援，可以將這些繁雜的東西建檔。但是目前融合班仍然做不到，缺乏人手將這些資料分類、統整、歸納。

問：融合班教師與普通教師或特殊教師有什麼不同？例如專業知識、教學能力、
班級經營等？

答：普通班老師和特殊班老師所要面對的學生不同，他們的教學層次也比較趨於
一般化。而融合班的老師要面對的是不同的學生，而且每個學生都不一樣，
狀況也不一樣。所以融合班的老師不論教了幾年，面對不同狀況的學生，就
是要重新規劃自己的教學方式，隨時都在學習，隨時都在面對新的挑戰。我
印象最深刻的就是吳淑美教授講過一句話：你們要選擇怎麼樣的工作在於自
己。這句話是我在遇到挫折時常會想起的話。

問：要教融合班需要具備什麼比較特別的條件或能力？若一般師院特教系學生想
往融合班走，會建議他修些什麼課呢？或規劃具備一些什麼能力呢？

答：基本上是那種熱忱，第一個就是要認同這個理念，如果不認同融合的理念，
教融合班真的會滿辛苦的。如果有這個熱忱，到哪裡教書都會很快樂，只是
在這裡教書，更需要熱忱。除了專業能力，基本上要了解學生發展的歷程，
因為學生的階段層次很多，教師本身需要對課程很了解，才能知道學生的發
展在課程的什麼階段、什麼是適合他的方式。這種能力很重要，教師要知道
學生是處在什麼重要的發展階段、起點能力，如果判斷錯誤，教學上只是做
白功，很容易教，但沒有符合他的需要，效果沒有辦法出來。學生這麼多，
要符合每一個的層次，基本上要花一點工夫去了解。

問：該怎麼得知學生的起點能力呢？

答：一些基本的理論要懂，有關兒童的發展，一般特教系通常偏於特殊生或啟智
班的課程，但在融合班，各種程度的學生都有，普通班的課程、以普通學生
的發展及要具備的能力為主，要調整普通班課程去適應特殊生的需求，所以
這部分要兼具特殊教育的能力，也要兼具普通教育的能力，教師自己要摸索
拿捏。

問：教融合班的時候，有沒有遇到較特殊的困難是自己沒有辦法解決的？

答：時間永遠不夠用。以前有一些經驗可能沒有累積下來，之前教師花了很多時
間設計作業單，如果以前有累積下來，同樣的年級或單元，就有很多資源可
以運用，很可惜這方面沒有做，所以老師好像每年都在面對新的課程，每年

都要設計作業單。以我而言，教數學和自然，我要單獨面對十幾二十個特殊生，這麼多的特殊生，我教三年級和五年級，一班有八個特殊生，加上三年級教小組，有四個，自然還要跨到其他班，所以就是至少面對十幾個特殊生，若要設計作業單，符合到每一個學生都有適合他的作業單、適合他的作業、適合他的課程，事實上，時間上是一個很大的因素，要把自己知道可以做、應該做的做到，是跟時間在做很大的競賽，如果以前有累積一些資源，我們可以挑選一些學生馬上可以用，另外一些學生不適用，然後再來修改，這樣可以減輕這部分的負擔，這是在教學上比較大的一個困難。當然，學生有些行為的狀況、情緒狀況，超乎老師能處理的能力時，其實滿需要一些專業人士的支持。

問：老師平常都是怎麼準備教學？

答：在開學前會把整個課程都看過這學期大概要教哪些東西。平常有空的時候，會把相關資料都收集起來，所以會去圖書館借出來或是把它錄下來，有一些單元則會上網去找資料。也有些是根據以前留下來的紀錄，學生一定會留下一些 IEP、以前的作業單、考試卷什麼的，就是這些了。

問：教自然和數學，會不會和自己所學差別很多？要花比較多時間準備教學？

答：其實不會，剛開始教會有一些惶恐，因為覺得不知道如何去教這些東西，但後來自己有研究再上課之後，就覺得不用太擔心。就像學生有很多能力，例如我們說多元智能是很多智能都應該具備，只是哪一個方面比較突出，這不一定是社會科、自然科，事實上是邏輯方面比較強還是語文方面比較強，或是屬於知覺動作方面的。不過事實上小學的課程並沒有分得這麼清楚，現在很多是說各種能力是融合在一起、結合在一起的。在三年的經驗來講，對學生而言，尤其是年紀比較小的學生，他並沒有分得很清楚一定是什麼很好或者什麼能力很強，對他們來講，還在培養發現的一個階段。我也是從這樣子的經驗重新認識到每一個人的很多的智慧能力都是具備的，可是在以前的環境裡面我們沒有去發現。後來我發現，大學裡面所受的訓練在教書裡面其實很有用的，大學其實是學一種方法，大學裡學到蒐集資料的方法、研究問題的方法、看一個事情的方法，事實上在教書方面，不論在設計課程，實際上是一個很實用的部分。數學的知識、自然的知識，其實是我從開始教之後，

才重新又回頭認識了這些知識，當然沒有辦法像數學系畢業的老師去講到很深的理論，但是在小學課程的理念還沒有像國中那樣的專精，還是一個比較基礎的、概括性的東西，目前覺得還能夠勝任。

第 7 章

特殊教育哲學

　　受到融合教育及最少限制環境的影響，愈來愈多的中重度特殊生進入一般公立學校，如公立國中、小學。班上有不同程度的學生，對國中、小學普通班級現有的課程不可避免地造成一些衝擊與挑戰。

　　特殊生難以將所學知識應用於其他地方，他們通常需要額外的時間和注意力以發展較複雜和抽象的概念。即使經過仔細的指導，他們仍然可能忘記所學而出現誤解。他們的問題包括：

1. 無法了解成長與改變的發生是持續的。
2. 無法察覺自己的優勢與弱勢。
3. 無法對自己有肯定的想法。
4. 難以了解及控制情緒和感覺。
5. 無法將情感投入他人。
6. 社會的互動有困難。
7. 缺乏適當的社交行為。

第一節　特殊生融合課程

普通班為了因應特殊生進入普通班，課程內容（語文、數學、自然、社會、

健康與體育、藝術與人文等領域）及上課方式必須調整，由於目前各領域課程的廣度或範圍不夠廣，以至於不能把每個學生學習的內容含在教學的活動中，讓學生覺得有參與感，進而達到成就感。因此，如何讓課程符合不同程度學生的需求就變得非常重要。前提是不論學生殘障程度多嚴重，他都要能在學校或社區中生活、工作、學習及從事休閒。因此，學校在課程安排上必須做到下列幾點：

1. 學校必須設計和日常生活相關的活動，教學的內容或領域必須和日常生活相關，如此學習才有意義。

2. 特殊生能融入社會是特殊教育的目標，特殊生要能適應學校生活才能進而適應社區的生活。

3. 學校及家庭間的合作是學生適應學校成功的要素。

4. 教學的決定必須個別化，決定必須反映學習者的特質、生活方式、年齡、學生及父母需求。

5. 學生的依賴及部分參與是合宜的教學目標，不可因學生無法獨立完成一件工作，就將其排除在學習之外。

6. 結構式的學習必須在不同的情境中發生，有意義的學習不僅限於學校情境，亦可在周圍的環境中發生。

7. 特殊生的學習過程是累積的，必須和普通生的發展順序結合，太早學習某些技巧是不對的。

8. 找出學習最自然的方式及時間，在日常教學中有些活動不須經過特別的設計。

9. 不要讓科目及作息限制學生的學習，造成學生的隔離。

10. 盡量讓特殊生參與活動以增進其體力。

11. 讓特殊生都能進入主要課程，被期待學習。

12. 要讓特殊生能主動學習（例如舉手回答問題；完成相同科目的課程，但內容經過改編）。

13. 對於需要類化的學生，學校應提供社區的經驗（例如上到和歷史有關的單元，安排學生參觀社區中具歷史性的建築，並蒐集資料報告）。

14. 多安排合作小組及到社區參觀的學習，例如自然課安排四人一組的合作學習小組；上到飲料單元時，可以讓學生去學校附近的麥當勞，學習如何在麥當勞購買飲料。

第二節　特教新課綱

　　2013 年 1 月修訂的特教新課綱涵蓋國民教育、高中與高職三個階段，強調設計特殊需求學生課程應首要考量普通教育課程，重視個人能力本位與學校本位課程、採課程及教材鬆綁的執行方式，以能設計出符合特殊需求學生所需之補救或功能性課程。為落實特殊教育課程與九年一貫課程間的銜接及符合特殊教育需求學生之學習需求及特性，新課綱增加「特殊需求」領域課程，加上九年一貫課程之語文、健康與體育、社會、藝術與人文、自然與生活科技、數學與綜合活動七大領域，共計八大學習領域。特殊需求領域之學習內涵可包含職業教育、學習策略、生活管理、社會技巧、定向行動、點字、溝通訓練、動作機能訓練、輔助科技應用、領導才能、創造力、情意課程等科目，以及其他非屬單一學習領域之專題研究、獨立研究等特殊需求領域之課程。特教新課綱指標編碼乃參考九年一貫指標編碼方式，每個領域分成不同主軸，再分成不同學習階段（初階及進階），再分成次項目，指標按主軸—學習階段—次項目—流水號排列，以溝通訓練指標為例，指標 1-1-1-1「能在自然的身體擺位狀態下，將身體面向溝通對象」，是指在身體語言主軸下、初階學習階段、肢體動作溝通次項目中的第一項能力指標。除可單獨教導此能力外，亦可配合其他課程領域（例如語文或社會領域）融入此一指標進行教學。使用者應根據專業整合團隊所提供的標準化或非標準化評估結果與建議、溝通能力之評估結果，並參考觀察及晤談所蒐集的資料，充分了解學生基本能力與需求，以適合之能力指標為基礎設計教學，協助學生習得特定溝通技能或溝通型態 。

　　至於特殊生是否需要外加「特殊需求領域課程」？需要哪些領域、哪些主軸、初階或進階的課程及哪些次項目？要回答上述問題端賴學生具備多少能力，視學生目前所屬年段在該主軸或次項目具備的能力有哪些、要學習其中的哪幾項而定（盧台華，2011）。

第三節　功能性課程

　　根據特殊生的學習特質，功能性課程可分為：社區生活技能及日常生活技

巧、功能性學業課程，其教學內容及範圍可分為三大項，每大項再分為幾個小項：

一、社區生活技能

1. 自我管理／家庭生活：
   (1) 吃／食物準備。
   (2) 打掃／穿衣。
   (3) 衛生／如廁。
   (4) 安全及健康。
   (5) 協助／照顧他人。
   (6) 預算／計畫／作息安排。
   (7) 做家事。
   (8) 戶外生活。
2. 職業：
   (1) 教室／學校／社區之工作經驗。
   (2) 工作準備。
3. 休閒／娛樂：
   (1) 校內／課後。
   (2) 獨處。
   (3) 家庭／朋友。
   (4) 體能活動。
4. 一般社區功能：
   (1) 旅行。
   (2) 社區安全。
   (3) 購物。
   (4) 外食。
   (5) 使用服務設施。

二、功能性學業領域（認知）

國小科目以四個主要學科（語文、數學、社會及自然）為主，功能性課程可以從這四個科目選取較實用的內容教導特殊生，形成實用語文、實用數學、實用社會及實用自然四大功能性學業領域，內容如下：

1. 實用語文：閱讀。
2. 實用語文：寫。
3. 實用數學：金錢及時間管理。
4. 實用社會：與人互動。
5. 實用自然：觀察自然環境。

三、和日常生活最相關之技巧領域

任何課都應該涵蓋這三種技巧：

1. 社會技巧。
2. 溝通技巧。
3. 動作技巧。

從補救性／功能性技能模式的角度來看，不管學生的心理或生理年齡為何，某些技能是表現「正常」行為所必備的，因此其教學重點集中在教導學生成人階段有用的、功能性的技能（即非身心障礙成人可能在日常生活表現的技能）。為了讓特殊生融入普通課程，先要了解特殊生要學些什麼。這些技巧包含：

1. 語言／溝通技能。
2. 生活自理能力。
3. 居家生活。
4. 社區生活。
5. 職業／職前生活。
6. 休閒／娛樂生活。
7. 與非身心障礙者的互動。

功能性課程可分為：功能性學業課程、社區生活技能（含生活和職業教育、

家庭、休閒、社區參與、身體和情緒健康、個人責任與關係、社會技能及自我決定）及日常生活技巧轉銜技能（不同教育階段的轉銜、每日不同服務情境的轉銜及學生到成人角色的轉銜）。雖然各學派對特殊學生學習內容的範疇秉持不同的看法，然提供特殊學生功能性實用性課程已是一種共識。何謂功能性的活動呢？根據 Kelly（1992）的看法，功能性活動指的是：

1. 活動是同齡普通學生也需要學習進行的。

2. 是經常需要做的活動。

3. 活動可在自然情境用真實的器材來教學。

4. 活動對學生會產生立即效應。

5. 活動足以讓學生應付生活中有意義的環境中之需求。

6. 活動有助於同儕之互動。

7. 活動是目前以及未來之環境中所需要做的。

8. 如果未做此事，他人就必須做（替他做、幫他做）。

9. 活動能改善生活之品質、選擇的能力及／或獨立性。

10. 活動有助於社會之接納。

11. 活動是有趣的。

12. 活動能讓學生部分參與或獨立參與未來更多的事物及環境。

13. 增進學生邁向最少限制的能力。

14. 符合生理年齡。

15. 學生對該活動有正向的反應。

16. 增進學生正向的態度或人格。

17. 教師以外的人可以參與活動。

18. 家長認為重要的。

有了上述功能性活動指標，教師在安排特殊生課程時就須考量所安排的活動是否符合上述指標。

第四節　將特殊生需求課程融入普通課程

在融合班，這些「特殊生所需學習的內容」可以融入普通生的課程中，成為功能性課程，以下將逐項將特殊生學習的內容放入融合班的作息中。

一、社區生活領域

1. 自我管理／家庭生活：
   (1) 吃／食物的準備：吃營養午餐、準備同樂會的食物。
   (2) 打掃／穿衣：打掃時間訓練打掃、返校日打掃、穿好上學的衣服。
   (3) 衛生／如廁：衛生紙、手帕、指甲檢查及上廁所。
   (4) 安全及健康：放學能排路隊、蟯蟲檢查、尿液檢查。
   (5) 協助／照顧別人：拔河比賽時能協助及照顧別人。
   (6) 做家事：打掃時間訓練擦桌子及擦窗戶。
   (7) 戶外生活：透過校外教學教導戶外技巧。
   (8) 預算／計畫／作息安排：透過早自習時間做作息的安排、數學課教導如何使用零用錢、學習在角落時間作計畫，並按作息整理書包。
2. 職業：
   (1) 教室／學校／社區之工作經驗：幫忙老師發本子、週末到附近社區幫忙。
   (2) 工作準備：整理圖書館及教室圖書。
3. 休閒／娛樂：
   (1) 校內／課後：下課時安排普通生及特殊生一起玩、放學後或週末和同學打球。
   (2) 獨處：一個人時能安靜看書、聽音樂。
   (3) 家庭／朋友：透過家庭聚會郊遊或每學期學校郊遊，學習如何與家人及同儕互動。
   (4) 體能活動：體育課或課間活動安排增進體能的活動，例如在操場跑步。
4. 一般社區功能：
   (1) 旅行：畢業旅行、戶外教學。
   (2) 社區安全：防震及防災演練、消防演習、參觀和社區安全相關機構。
   (3) 購物：到合作社或便利商店購買零食或文具用品。
   (4) 使用服務設施：使用公用電話、電梯。

(5) 外食：到麥當勞買午餐。

二、功能性學業領域（認知）

1. 閱讀：閱讀聯絡簿、閱讀短文。
2. 寫：寫便條、寫信、寫名字。
3. 金錢管理：管理自己的壓歲錢及零用錢。
4. 時間管理：按時交作業、遵照學校的作息。

三、和日常生活最相關之技巧領域

1. 社會技巧：給予和同儕互動的機會。
2. 溝通技巧：在課堂上給予其表達的機會。
3. 動作技巧：在課堂上給予其操作的機會。

此外，亦可以配合融合班的課程與活動將特殊生之學習內容並列（表7-1）。

表 7-1　融合班課程和特殊生學習內容

融合班課程	特殊生學習內容
語文課	閱讀、寫
數學課	購物、寫、時間管理、金錢管理
自然課	寫、閱讀、戶外生活、社會技巧、觀察自然環境
社會課	家庭生活、社區安全、寫、閱讀
健康教育課	衛生、寫
體育課	體能活動、動作技巧
美勞課	動作技巧、協助他人
角落課	時間管理、作息安排、選擇

表 7-1　融合班課程和特殊生學習內容（續）

融合班課程	特殊生學習內容
導師時間	作息安排、工作準備
午餐時間	吃、衛生、做家事、外食、工作準備
打掃時間	打掃、衛生、做家事
放學	安全、休閒活動
下課	戶外生活、語言、休閒、獨處、工作準備
班會	溝通技巧、社會技巧
團體活動（社團）	社會技巧、溝通技巧、工作準備
上廁所	衛生、如廁、社區安全、使用服務設施
升旗、降旗	時間管理
園遊會	金錢管理、購物、預算
運動會	體能活動、社會技巧、動作技巧
戶外教學	戶外生活、社區安全、動作技巧、語言
電腦課	工作準備、動作技巧

　　由表 7-1 可看出在融合班可將特殊生所需學習的內容，融合至普通班之課程架構中。

第 8 章

融合班的課程設計

　　課程原意為跑道，引申為學習的路程，即為達到教育目的，學生學習所必須遵循的途徑，其要素為分為目標、內容、組織及過程。教學則是將課程付諸實施的一種活動，課程和教學有相互依賴的關係，教學受課程指引，課程也會受教學影響，如果課程內容和教學活動能符合學生能力，則可以大大減少行為問題發生的可能性。有效教學是處理行為問題的第一道防線，而教師是課程的魔法師。

　　課程與教學設計分為教學前評量階段、計畫階段、教學階段及教學後評量階段。換言之，課程與教學主要包含課程計畫的擬定及教學的執行，對老師而言，學校提供現成的課本，就以為不需第一、二及第四階段，事實上任何教學都需要事先預備教材、教具和活動。教學又分為老師實際教學、學生參與學習及轉換時間，轉換時間指的是等待參與活動或獲取所需物品或協助的時間，轉換時要注意轉換的地點、動線及分組。教師若善用轉換或空餘時間，讓學生練習或複習課程內容，可增進學生學習效果。

　　一般而言，讓學生願意參與的課程必須做到下列幾點：所有學生同時參與、有思考時間、不必先有先備知識才能學習、學習重要技能和概念、尊重個別差異、同儕學習、師生互動及差異性教學。

　　在竹大附小之融合班中，三分之一的學生是特殊生，普通生占大多數，因此它不是特殊班，而是一學生之間個別差異非常大的班級，和其他普通班只有一、

兩名特殊生的生態不同。在融合班座位的安排可以看到對方，而不是排排坐，進度和一般國小完全相同，普通生和其他學校普通學生一樣的方式學習，視需要加深加廣。

為了讓所有的學生都能依據自己的能力學習，教師必須將課程內容設計成活動，將每課編成不同程度的學習單，鼓勵學生思考及發言。在作業安排上並非每個學生都有一樣的作業，考試也可以有不一樣的考題，完全依據學生的起點來設計。在融合班所有的學生都被期望能主動學習，主動閱讀。為了讓所有學生都能參與，上課方式做了調整，例如音樂課以打擊樂器為主；美勞課運用各種素材並鼓勵學生創作以表達自己的情感；體育課則安排游泳、舞蹈及各種球類活動；此外，亦安排了英文及電腦等課程。

在整個融合的實驗中，教師、學生及家長都要學著去體會融合的真諦，認同融合教育。

第一節　課程設計原則

在一個異質性較高的教室中，如何把課程有系統地呈現出來，並且符合學生的需要，端賴老師能否有效地控制教室的情境，及做好班級的管理。在國小階段，普通生與各類的特殊生都安置在一起時，教學著重在協助學生展現各方面的能力，教學主要以自然與生活、社會、語文、數學、健康與體育和藝術與人文五個領域為主，這些領域亦是普通生應該加強的部分。在找出普通生及特殊生的基本共同需要之後，老師就須把整個教室按科目領域來布置，特殊生的教學目標可貼在教室的布告欄中，或按科目或領域直接貼在合適的學習角落，如此教學活動就可按照教學目標來進行。教學目標能融入日常教學情境中，不但可增加學生類化的機會，亦可讓普通生和特殊生間的距離拉近。

學習單元一定要對學生有意義，並且跟學生有關，探討的主題一定要生動有趣，並且能激發學生的學習興趣，教學的內容也一定要給予學生適當的挑戰，而教材教具也要能讓各種不同需求的學生都能使用，例如在教室裡的圖書角應放置適合不同程度及興趣學生閱讀的書，書的種類愈多元愈好。此外，老師也應該要安排幾堂讓學生認識及尊重差異的課程，例如老師可以在語文課跟學生分享乙武洋匡有肢體障礙的故事，或是在讀到《深夜小狗神祕的習題》時（一自閉症孩子

寫的偵探小說），跟學生討論自閉症的複雜性和多樣性，幫助學生了解班上的自閉症同學。

　　教師在做課程計畫之前，首先要了解自己的教育哲學及理念，它會影響到如何教及如何呈現課程。以下是計畫融合班課程時，常須注意的事項：

1. 提供有順序、有系統的課程：課程的安排須靜態及動態兼顧，給予學生充分自主的空間，不強迫學生學習。課程須能給學生心理及生理的安全感。讓學生知道要學的課程及所需的知識，然執行課程應有彈性，視實際需要調整，活動的安排亦必須有彈性，以學生需求為主。

2. 提供實用型及功能性課程：課程的安排必須和學生的生活相關、有意義，並且適合教學的情境，例如在吃午餐時，可以讓學生數一數一桌有幾個人。基於傳統教材的非生活化，學生不易從中學習到課程該學到的東西，應讓知識變成活的、有機會運用。

3. 課程內容多元化打破資質藩籬：在融合班有些課是打破年級界限的，例如「角落」課一共分為七個角落，學生在角落課可以選擇不同的角落。上課學過的內容可以在角落學習時加以應用或類化，角落教學使得學習的管道多元化。在融合班教材內容應該針對科目作一個跨領域之聯絡教學計畫，課程不能單以單科單領域為教學的材料，盡量將各科課程內容融入其他領域的目標，這樣學生才能從中學會主目標外的功能性子目標，兼顧到各個層面學生的需求，也讓學習的廣度拉開。一般而言，課程應著重在增進學生各項能力的發展，且應包含至少三大領域：認知、技能及情意。表 8-1 就以美術課之撕貼畫為例分析如何做到跨領域。

表 8-1　藝術人文跨領域課程

領域	藝術與人文——撕畫
精細動作	剪刀及手的使用
認知	顏色及物品的辨別
情緒	耐心、輪流、安全、分享、借還東西的禮貌
語文	說出撕畫的內容及命名

4. 提供主題式課程：學習必須能引起學生的動機才能長久。日常生活中的事務並非依科目或領域呈現，而是需要學生應用有系統的知識來解決問題；因此，如何將錯亂無章的訊息有組織地透過主題或單元來傳遞，並配合實際的情況來教，對普通生及特殊需求的學生而言是非常重要的。單元或主題的教學有助於學生的學習，如輔以適當的情境效果更好，例如和中秋節有關的單元，若配合月餅的製作及節令介紹，則更傳神。

5. 提供差異化的課程：為了讓學生有自主及勝任感覺，課程的難易程度應適中，既要兼顧挑戰性，又要降低學生的挫折感。因為有些學生的學習進度和程度都和同儕不一樣，如果課程不夠有挑戰性，有些人會覺得無聊或是因漫不經心而導致學習低落。總之，課程計畫必須配合學生的年齡、興趣及能力，教導特殊生時，必須考量其年齡的需求，而不只是以心理年齡為主，而要在同一活動中安排不同難度及種類的學習經驗，以符合小組中不同能力的學生的需求。因此，教師需具備同時安排不同難度課程的能力。

6. 課程內容應盡量完整及正確：雖然學生年紀尚小，仍應介紹較完整的知識，以使學生能充分理解概念。因此在融合班，要求教師在傳遞每一科目、每一課課程時，給予學生完整的概念，例如音樂課不只是唱唱童謠，應介紹各種樂器，以使學生了解旋律及音調的特性。同樣地，在安排語文學習時，亦可安排和語文相關的活動，例如童詩、兒歌、兒童文學、閱讀報紙等活動。然而在安排活動時，仍應考量學生學習的極限，過分難或不適合學生年齡的活動仍應避免。

7. 課程應輔以課程式的評量：課程式的評量可用來檢視學生的進步，反映平時教學的內容。課程評量應多元化，可採目標評量、活動式評量，而非全以紙筆測驗為主。除了個人評量結果，亦可併入小組的分數，以達合作學習之效。

8. 讓學生主動學習，並從做中學：安排讓所有學生能參與的課程，盡量不把特殊生隔離，減少把學生抽出教室的時間，學生的學習必須經由主動學習才能發生。因此，課程安排需透過操作及體驗，減少教師單向的溝通，以增進主動學習的機會，如此才能習得新的概念。此外透過學生間的合作學習，亦可增進學生參與課程。

9. 設計多元智能課程：以更寬廣的角度看待學習，從多元的角度來看學生的

　　成就，以寬容的角度來看障礙，找出學生的優勢並且從優勢切入弱處，運用多元的教學方法，使用多元智能理論在課程計畫的擬定，多元智能課程包含語文、邏輯、人際、自然、肢體、音樂、空間、內省等智能探索學習（新增宗教智能）。表 8-2 介紹一運用多元智能理論設計的課程計畫。

表 8-2　國語科多元智能課程設計計畫

單元名稱：時間詩兩首　　設計者：四年級融合班 A 老師

單元活動	語文	空間	人際	內省	邏輯數學	音樂	自然觀察者	肢體動覺
腦力大激盪：以小組合作的方式，讓學生思考生活中還有哪些東西、事件、語詞是與時間相關的。	∨		∨				∨	
時間製作：以小組合作方式，製作與時間相關的東西，例如時鐘。		∨	∨					∨
生字出擊：讓學生自行準備字卡，在上課時當小老師發表自己的字卡，並於課後做字卡省思，學習欣賞他人、反省自己。	∨	∨		∨				∨
體驗時間：讓學生親身體驗，對於做喜歡的事與討厭的事，同樣一分鐘，會有不同感受。				∨			∨	∨
故事圖繪製：在課文深究後，讓學生輪流上台繪製故事圖。	∨	∨	∨					∨
珍惜時間：教師實驗雖石頭已裝滿燒杯，看似無法再裝，但是沙子依舊能裝進去。讓學生推想，雖然在我們生活中有許多大事占滿了時間，但依舊有許多如沙子般的零碎時間，要懂得好好利用。		∨		∨			∨	

表 8-2 國語科多元智能課程設計計畫（續）

單元活動	語文	空間	人際	內省	邏輯數學	音樂	自然觀察者	肢體動覺
譬喻大不同：以小組合作的方式，一起思考，如何以不同的譬喻法描述一個主題。	V		V					
童詩創作：以小組合作的方式創作童詩，並讓學生體會童詩的音韻、文字之美。在創作完畢後，上台與其他小組學生分享創作的童詩。	V		V			V		

　　此外，融合班鼓勵學生進行八大智能自主學習。由學生自行決定及選擇主題，運用八種智能來擬定學習計畫與進度，並以小組合作學習的方式製作口頭及書面的報告，從中學習蒐集、歸納、整理資料等統整性的能力；在討論的過程中，學會溝通與接納；特殊生的學習也在普通生自行擬定的計畫之中進行，讓普通生懂得去了解特殊生的需求，以期能達成主動協助特殊生的目標。例子如表8-3 國中多元智能自主學習進度計畫表。

表 8-3 國中多元智能自主學習進度計畫表

主題：三毛的撒哈拉之旅　　　組員：A生、B生、C生、D生

順序	重點	學習目標（學習單）	統整課程（與哪些課程有關）	多元智能	週數節數	地點
1	確定主題與小主題探索	• 蒐集主題的相關資料，以便了解主題內涵。 • 閱讀蒐集資料並分類。 • 寫學習單，將蒐集資料做摘要。		人際	第二週第一、二節課	教室圖書館

表 8-3 國中多元智能自主學習進度計畫表（續）

順序	重點	學習目標（學習單）	統整課程（與哪些課程有關）	多元智能	週數節數	地點
2		• 查出三毛求學經歷、工作過程。 • 蒐集撒哈拉沙漠地形、人文風情。 • 深入了解撒哈拉人民篤信宗教——伊斯蘭教。	國文 社會 自然	語文 空間 自然	第三週 第一、二節課	教室 圖書館 電腦教室 家裡
3	撒哈拉地理、文化	• 了解撒哈拉所在地理位置、環境、氣候。 • 充分了解撒哈拉的習俗、穿著。	社會 藝術與人文 自然 地理	語文 空間 自然	第四週 第一、二節課	圖書館 電腦教室 家裡
4	撒哈拉人民普遍信仰伊斯蘭教	• 了解伊斯蘭教的信仰規定。 • 該宗教所信仰的神。 • 該宗教在哪裡盛行。	社會 藝術與人文	語文 自然 人際	第五週 第一、二節課	圖書館 電腦教室 家裡
5	三毛的一生	• 了解三毛求學經過。 • 知道三毛有哪些作品、翻譯了哪些書籍。 • 閱讀蒐集資料並分類。	國文 社會（歷史）	語文	第六週 第一、二節課	圖書館 電腦教室 家裡
6	撒哈拉交通規則、工具	• 駱駝、騾馬的遺傳關係、生理構造。 • 在沙漠中如何考駕照。 • 沙漠中最常見的交通工具。	自然 藝術與人文 生活科技	語文 自然 人際	第七週 第一、二節課	圖書館 電腦教室 家裡

至於設計多元智能活動課程時，每個智能常用的點子如下（林心茹譯，2005）：

語文活動

    1. 用說故事來解釋……

    2. 處理一個有關……之爭議。

    3. 寫首詩、童話、小說、短劇、報導之文章，關於……

    4. 把短篇文章和小說和……產生關聯。

    5. 做一個簡報，有關……

    6. 課堂討論，有關……

    7. 製作一個談話性的廣播節目，探討……

    8. 撰寫一個讀後感，關於……

    9. 創作針對……標語。

   10. 製作有關……的錄音帶。

   11. 進行一個訪問，對象是……，議題是……

   12. 寫一封信給……，關於……

   13. 運用電腦來撰寫……

   14. 你的其他選擇……

邏輯—數學活動

    1. 編……之故事問題。

    2. 把……題目換成數學公式。

    3. 做一個……的時間表。

    4. 設計並執行一個關於……的實驗。

    5. 製作一個策略遊戲應用畢式定理來闡釋……

    6. 應用三段論法來說明……

    7. 作一個類推來解釋……

    8. 運用……思考技巧來……

    9. 設計一個關於……的密碼。

   10. 分類，關於……

   11. 描述在……之中的型態或對稱。

12. 運用技巧來解題……

13. 你的其他選擇……

動覺活動

1. 角色扮演或模擬……

2. 創造一個或一套動作來解釋……

3. 編一支關於……的舞蹈。

4. 發明一個關於……的下棋或大地遊戲。

5. 為……安排一個經驗之旅。

6. 請人來示範……

7. 設計一個動一動來……

8. 做一個……的模型。

9. 用手邊材料來說明……

10. 為……設計一個產品。

11. 運用技術來……

12. 你的其他選擇……

視覺活動

1. 流程圖、地圖、集合、圖表。

2. 製作一個幻燈片、錄影帶或相片選集。

3. 設計一個海報、布告欄或是壁畫，關於……

4. 運用記憶系統來學習……

5. 創作藝術品……

6. 發展……之建築圖。

7. 為……製作廣告。

8. 變化……的大小和形狀。

9. 以顏色標示出……的步驟。

10. 發明一個下棋或大地遊戲來說明……

11. 圖解、描繪、著色、素描、雕塑或是建構……

12. 運用投影機來教……

13. 運用技術來……

14. 你的其他選擇……

音樂活動

1. 舉辦一個音樂成果發表會。

2. 為……寫歌詞。

3. 唱一段繞舌歌或一首歌來解釋……

4. 指出……節奏的形式。

5. 解釋一首歌的歌詞是……

6. 解釋一首歌的音樂，像是……

7. 演出一場古典音樂，像是……

8. 製作一種樂器並用其來演奏……

9. 用音樂強化學習……

10. 蒐集並演奏關於……的音樂。

11. 為一首歌或是音樂作品填寫新的結尾，來解釋……

12. 創作一首什錦歌來描寫……

13. 運用技術來……

14. 你的其他選擇……

人際活動

1. 舉辦一場會議來宣揚……

2. 與一位夥伴運用「大聲地解決問題」來……

3. 角色扮演多元觀點，在……

4. 組織或參加一個團體來……

5. 參加一項服務計畫來……

6. 運用……社會技能來學習關於……

7. 教導其他人關於……

8. 和一個小組合作設計規則或程序來完成……

9. 用……來協助解決一個地區性或全球性的問題。

10. 練習給予和接受關於……的回饋。

11. 運用自己的力量，設想自己是團體的某一個角色來完成……

12. 製作一個地圖或系統來……

13. 使用電子郵件來……

14. 你的其他選擇……

內省活動

1. 描述能幫助你成功地完成……之特質。

2. 為……產生一個比喻。

3. 設定並追求一個……的目標。

4. 描述你關於……的感受。

5. 解釋你在……所持的個人觀點。

6. 描述一個你關於……的個人價值觀。

7. 運用自我導向的學習來……

8. 撰寫關於……之文章。

9. 解釋在學習……時你所體會到的目的。

10. 進行一項你在……所選擇之計畫。

11. 接受其他人對你在……上之付出所給的回饋。

12. 自我評量你在……之工作表現。

13. 運用技術來……

14. 你的其他選擇……

自然活動

1. 蒐集和分類有關……的資料。

2. 為……做一份田野觀察日誌。

3. 將天氣現象比喻為……

4. 為……分類。

5. 解釋一種植物或動物如何與……相似。

6. 作一份……的分類。

7. 使用雙筒望遠鏡、顯微鏡、放大鏡觀察……

8. 確認……與……之間的關係。

9. 照顧植物或動物以學習……

10. 描述在……之中的循環或型態。

11. 詳述……的特徵。

12. 到郊外注意觀察……

13. 運用技術去探索……

14. 你的其他選擇……

第二節　增進普通班中特殊生參與課程的原則

當班上有特殊生參與時，教師準備課程必須把握下述原則：

1. 讓所有的師生認識及了解特殊生的學習特質，並給予所需的協助，以建立彼此間的信賴及共識。

2. 特殊生的課程可以經過調整，上課的科目和普通生相同但目標較簡單。

3. 準備不同種類的教材教具，以符合學生的興趣及需求。例如美勞課時準備不同的美勞教材及工具，以便課程採多層次。

4. 同樣的時間並非每個人都要做同樣的事，在同一時段可允許學生做不同的事，可視特殊生程度安排不同的活動課程。例如上國語課時，同一組之學生有的在剪，有的在貼，有的在著色，有的在聽講。特殊生甚至可以在教室中從事和其他學生不同的活動，例如自然課時可以在旁閱讀相關的圖卡。

5. 安排學生間合作及互相支援的方法，如此才能有效地做好班級的管理。

6. 盡量讓特殊生參與學校活動，但允許特殊生參與課程的型態及種類可以不同，在融合班只要教學活動做適當的調整，特殊生都可參與融合班的教學活動。特殊生的能力和普通生間差異大，學習的速率和普通生不同，因此參與學校課程的方式不同於普通生，一般在融合班參與學校課程的方式可經由三個方式：(1) 採多層次的方式來安排課程；(2) 學習的重點在溝通、行為及動作；(3) 給予不同的學習目標，不要求學生完成課程設定的目標，只須達到部分目標即可。參與的目的除了達到 IEP 的目標外，特殊生還可以從普通課程中學習適當的社會行為，並成為普通班級的一分子。一般而言，特殊生可以參與很多普通生的活動，例如體育課，如果特殊生體能達到和普通生相同的目標及做出相同的表現，就不需做任何調整；當特殊生無法參與體育活動時，可以為他設計較簡單的運動項目或降低要求或減少參與時間；如果完全無法參與，是否准許其不上體育課將視學生情況而定。即使特殊生干擾上課，也要考量抽出教室可能會影響特殊生參與

普通班教學活動的機會。

7. 分組時，須以異質性分組為主，分組時須考慮性別、普通生、特殊生的均衡性，每組應有男生、女生、特殊生及普通生，及各種能力之學生，以反映班上的組成，增進同儕之互動。

8. 讓課程的目標盡量適合大多數的學生。特殊生的課程目標必須先擬定，再將目標融入平時的教學程序中，如此才能符合特殊生的需求。

第三節　教師訪談

問：設計課程時，如何兼顧特殊生和普通生的需求？

答：普通生的需求主要是在教材，他們在教材中的學習得很完整就可以了，特殊生的需求會比較去思考實用性，例如生活上的實用性。另外就是要看特殊生的能力，他能到哪邊，還有他的實用性，兩個合起來然後再看教材當中有哪些部分是可以讓他們完成、學習到的，這就是我兼顧的方式。

問：如何準備國語？

答：（A 老師）：之前，當然是課本內容先看好，然後再想一想，例如這一課去配幾節課的份量，用幾節課的時間可以把它教完，然後再想一下這一組有幾位特殊生，他們的目標是什麼？就可以在這個學習過程中加入他們的學習目標，加入學習目標後，就會把整個教學流程想一遍，然後在什麼時候會插入一些教學目標，在這個同時，就可以一旦教到目標，就可以設計他們的學習單了。我剛開始都會寫下一些較不熟悉的計畫，先做計畫，例如，星期一兩堂課，第一節要上哪些？第二節要上哪些？現在比較熟練到就是腦海裡面會跑一次，然後，這樣跑一次之後，學習單也差不多可以設計了。再來就是上課的時候，配合課程內容延伸，我比較喜歡找一些讓學生感動的故事或是童詩讓他們讀，或是變成投影片讓他們做，就是透過這個延伸，讓他們能夠反省一些東西，希望我找到的可以達到多重的目的，這樣子，讓他們自己做文學的欣賞、語文練習，最好是還能夠讓他們省思自己的品德。

（B 老師）：在學期初時，我們就會把各科的教學計畫先設計出來，平時每一個單元都以一個單元為主來準備。相關資料、平常的教學內容目標等，都

會在之前教學計畫內容當中設計好。這學期，我還會加入一個部分，就是讓學生自己來決定他們想要學什麼。會跟學生討論，讓他們去選，讓學生參與決定他們要學習哪些東西。

問：老師要如何準備這些資源？

答：資源很多啊！例如我會去買一本童詩，然後故事就要看平常的蒐集，有一些季刊那一類的書。有時候平常在看一些雜誌，就會看到自己滿喜歡的東西，有時剛好這個主題可以搭，就可以用。上網也是可以用，但有時就是同事會互相介紹一些圖片。

問：為什麼分兩組？

答：因為人數的關係。一班 20 幾個人上起來，分成兩組對特殊生比較容易照顧到。

問：為什麼要分大組和小組？

答：到三、四年級就會開始分，一些東西年級愈高特殊生參與的機會愈來愈少。小組在六個人以下，針對他們的需求去調整。

問：大組的組成是如何？特殊生分在大組還是小組？

答：不一定，看特殊生程度較適合在哪一組來決定。

問：低年級是 A、B 組，中高年級分大、小組，哪些科目會這麼分？

答：國語和數學。

問：自然沒有？

答：自然全班一起上。

問：一般認為特殊生需要較多的時間來教導他，同樣一堂課 40 分鐘的時間，如果要對特殊生有比較多照顧的話，相對就壓縮普通生的學習時間？

答：我們並不會特別去照顧特殊生，應該是把時間分給所有的學生。

問：怎麼個分法？

答：課程設計或課程調整，課程裡面都有機會參與，這樣時間就分到每個學生身上。

問：九年一貫講聯絡教學，各科之間有沒有做連結？

答：有的。學期初的時候，老師之間就會互相討論，我們有做課程統整的部分，橫向的部分就可以連結在一起。我帶數學和自然，這兩部分連結就比較快，其他部分，我覺得我們班的老師之間都滿能互相配合的。

問：會不會有一個主題出來，再各科來配合做連結？

答：我們是先看各科有什麼單元，彼此之間再配合和互相連結。還是要顧到各科的舊經驗，這是不能跑掉的，中間能連結什麼東西，再做考量。

第**9**章
增進普通生與特殊生之互動

　　人與人以及社會之間的互動，對於特殊生而言是困難的；特殊生能力不足又在缺乏適當訓練的情況下，更難以掌握社交技巧，應該給予他們機會，讓他們學習大眾可接受的方式來表達自己的想法，並將這樣的技巧類化到教室的情境及教室以外的情境。

第一節　提供互動的環境

　　營造一個讓特殊生及普通生互動的環境比任何策略都重要，竹大附小融合班每班有三分之一的學生為特殊生，但並不因班上特殊生人數多就影響普通生及特殊生的互動，反而更加緊密。訪談普通生時，普通生回答：「從特殊生身上看到自己過去的影子，在和特殊生相處中，發現到他們和自己的不同。」例如有一回老師問一位特殊生覺得自己跟其他學生有何不同，特殊生答說：「自己的腦子跟別人不同，他的腦子比別人都好。」聽到這樣的話，普通生也不會刻意去指正他或和他爭辯。訪談中發現融合班學生有包容心，能容忍及接受別人和自己的不同。

　　融合指的是彼此的接納，接納彼此的優缺點，認為每個人都是有貢獻的。融合班之所以名之為融合班，就是不分普通生及特殊生，全班打成一片。特殊生

提供普通生當小老師的機會，普通生學會如何處理特殊學生的行為，不論普通生或特殊生都可從別人身上學到一些經驗。融合班教導學生能主動及自動自發的學習，並鼓勵學生間的互助，普通生幫忙的事，從抄作業、拿課本、到當小老師等，他們習慣班上有特殊生。在他們眼裡，他們不認為班上有七個特殊生，以為班上只有二到三個特殊生。融合班提供了和不同能力學生相處及互相扶持的機會，融合班這類異質性高的班級強調的是同儕間的合作，以合作取代競爭，競爭亦建立在合作的基礎上。

在課堂上老師會要求兩個普通生和一個特殊生一組，一起唸課文，普通生會逐字指給特殊生唸，讓特殊生專心。普通生除了課業的學習外，還要擔任特殊生生活及學業上的導師，特殊生亦會選擇比較能了解他們需求的同儕為他們的小老師。長期的相處下，普通生不但不會嫌棄比他們程度差的同學，反而學會較多的體諒及養成獨立自主及服務的價值觀。

觀察融合班學生社會互動時發現，他們具有以下特質：

(一)勇於表現自己

融合班裡的學生，人人都爭著表達自己的想法。這是因為他們處於一個開放的學習空間中，所以他們可以放心地展現自己，不需要擔心被任何一種形式的權威所戕害。

(二)同儕互助互信

在竹大附小融合班，特殊生和普通生的互動非常自然，能力較好的學生會幫忙能力不好的；而被幫助的特殊生也能完全信任幫助他們的普通生。在成人世界中少見的真愛，在此時呈現，令觀者深受感動。

融合班學生的能力不同，但透過合作學習、老師間通力的合作，彼此都能看到並欣賞對方的優點，相處久了普通生及特殊生間不再壁壘分明，形成一個整體；家長間亦融合一起，不分普通生或特殊生家長。

第二節　增進互動之策略

在有特殊生融合的普通班，普通生與特殊生的互動不見得能自然發生，因此

教師要提供互動的機會，引導及教導學生間如何引發社會互動，以下是製造社會互動產生的機會：

1. 利用全校集合活動的時間，例如朝會升旗，讓普通生與特殊生一起參與。
2. 參加全校性的活動，例如戶外教學、畢業典禮。
3. 共同使用學校的設備，例如圖書館、戶外場所等。
4. 讓特殊生與普通生共同合作完成報告或作業，例如共同做美勞作業。
5. 讓普通生協助特殊學生做功課。
6. 讓特殊生幫忙做事，例如幫老師送公文、發聯絡簿。
7. 安排特殊生及普通學生間的互動，例如座位安排在一起。
8. 利用課堂上或下課休息時間，讓特殊生和普通生一起說話、討論。

此外，如何在一個融合教育的班級製造普通生及特殊生間的社會互動，可參考圖 9-1 流程圖。

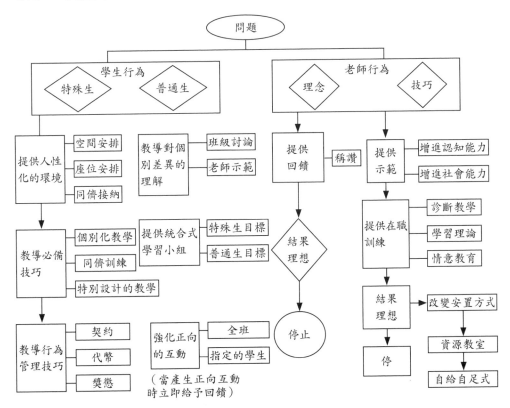

圖 9-1　普通生及特殊生社會互動流程圖

　　圖 9-1 顯示，影響融合式班級社會互動產生最主要的因素是學生及教師的行為，教師行為包括其秉持的理念及具備的技巧，理念包括提供學生適當的回饋，例如對學生的反應給予支持。技巧則包括在課堂上提供示範，以增進學生認知及社會能力，提供在職訓練以提升教師的教學知能，也是增進教師行為能力之一環。

　　在學生行為部分則分為普通生及特殊生兩方面，在特殊生方面提供接納與關懷、人性化的環境，教導必備技巧及行為管理技巧，普通生部分則需教導其對障礙類別及個別差異之理解，提供統合式學習小組及強化正向的互動。以下是融合班師生如何營造師生的接納與關懷，以增進普通生及特殊生間的互動，各年級增進學生互動作法如表 9-1 至表 9-3。

表 9-1　六年級互動作法

1	有三個學生吃飯速度較其他人慢，因此每天午餐與老師同桌吃飯，老師會關心他們的生活與學習，並提醒與協助他們加快用餐速度。
2	當特殊生與普通生有摩擦時，老師會在第一時間了解狀況。輔導普通生如何與特殊生相處並與其家長聯繫告知狀況及處理方式。同時和特殊生的家長聯繫，告知特殊生的狀況以及處理的方式與建議事項。
3	普通生對特殊生有消極的言語、態度時，立刻加以了解與輔導。
4	利用 PPT 及影片向普通生介紹「特殊生」的障礙，啟發他們的同理心、憐憫心，教導他們如何給予特殊生協助。
5	普通生會提醒特殊生將課本翻到正確的頁數，並協助其畫重點、寫筆記。例如琳幫助嫻，蘋幫助坤，宸幫助誌等。
6	普通生會與特殊生合作完成打掃工作。例如普通生每日陪伴、協助特殊生完成打掃工作。
7	普通生會提醒特殊生時間作息或完成其分內工作。例如提醒特殊生在時間內擦白板，提醒特殊生下一節是○○課。
8	同組同學給予熱情的讚許，鼓勵特殊生的好表現。例如特殊生在數學的成就使得同組同學為他歡欣鼓舞，也藉模仿同組同學而在口語表達上進步神速。

表 9-1　六年級互動作法（續）

9	普通生學習愛與接納，在溫柔的語氣中提醒特殊生。例如特殊生常會不自主地抓癢、摳腳、上課中喃喃自語，而與同學起衝突，也常固著不顧旁人感受。老師輔導其正確良好的衛生習慣，好讓人喜歡，也輔導普通生用溫柔的語氣提醒他人。同時也請廷練習每回遇提醒不忘謝謝同學。
10	欣賞特殊生的長處，常用正向的言語肯定、鼓勵。例如特殊生若學習控制情緒，有禮貌回應他人，老師就會不吝讚美他的進步，在學期末頒發給他「溫柔進步獎」，鼓勵他與家長的努力。

表 9-2　二年級互動作法

1	掃地工作時，普通生會協助特殊生一起掃落葉，特殊生不時會跑走，但普通生會很有耐心把他帶回來，並且一起完成掃地工作。
2	上課時，特殊生較難跟上老師教學速度，普通生會依老師指示完成自己分內作業後，再去協助特殊生，當他的小老師。
3	下課時，特殊生有時會跑去別班教室或不知去向，普通生會幫忙帶他回教室，或者帶他去上廁所並帶他回教室。
4	特殊生因身體狀況不穩，出現尖叫或打人行為，老師會告知學生們他的狀況不好，也因此難控制自己，讓學生們理解。等他身體狀況穩定後，老師會帶他去向被打的學生道歉，學生們也都願意接受，並且覺得心疼特殊生的病痛。
5	學校的啦啦隊活動，普通生與特殊生都會一起練習，普通生也會帶不會走位的特殊生走到定點，並且一起完成所有舞蹈動作。
6	因為班上善行列車的活動，讓普通生願意多花時間與特殊生相處，或幫助他們，例如下課時陪著特殊生一起跑步，協助特殊生一起倒垃圾、與特殊生一起當值日生等。
7	校外教學時，特殊生的手腳較不靈活，無法自己完成米粉裝袋的工作，站在對面的普通生看到後，就一邊包裝自己的米粉，一邊示範帶著特殊生完成。
8	放學排隊時，普通生會主動牽著隔壁特殊生的手，讓他們在路隊中排得整齊不亂跑。

表 9-2　二年級互動作法（續）

9	上課鐘響後，特殊生不會自己帶著課本跟鉛筆盒到他的組別就位，普通生會教他分辨正確課本並帶他回座位，之後也能夠教他一邊數數字，一邊翻到正確頁數。
10	下課時，有的特殊生因社交互動技能不足，常自己留在教室，普通生看到了會找他們一起出去跑步或玩遊戲。

表 9-3　其他年級增進學生互動作法

項目	作法
教師會提供特殊生課堂學習及表現的機會	• 依據問題難易度，請不同程度學生答題，給予機會。 • 安排特殊生發部分聯絡簿，建立認同及和同儕互動應答的能力。 • 調整難易程度及配合小組上課內容，給特殊生課堂表現機會。
教師會適時與特殊生互動	• 下課時間，會加入特殊生或安排普通生與特殊生互動。 • 上課走近觀察了解學習狀況，適時協助。下課了解互動狀況，並給予特殊生數份小點心，請特殊生分享給其他學生，增進師生間與學生間情誼。 • 在自己的課程與學生建立默契和相處。
教師會持續關心並改善特殊生的班級適應情形	• 特殊生本身適應問題，會協助找出適當處理方法，並要求事前反覆練習，養成習慣。普通生和特殊生相處問題都會請雙方互相清楚表達想法，找出雙方可接受之相處方式，請雙方事前反覆練習，養成習慣。 • 焦慮特質的學生會請同儕和其分享減少焦慮的方式。 • 和家長保持聯繫，主動了解關心學生的狀況。
教師會爭取學生家長對特殊生的接納	• 告知家長，教學相長對每位學生學習態度與品格發展的實質好處。並即時告知家長每位學生進步現況與成長。 • 讓學生當幹部，並爭取表現機會讓家長肯定孩子的努力。 • 提供親職教育的講座訊息。 • 利用班親會、運動會等增進和其他家長的互動。

表 9-3　其他年級增進學生互動作法（續）

項目	作法
多數同學會協助促進特殊生在班級中的適應情形	• 多數學生願意帶領口語能力不佳的特殊生，練習打招呼與認識同學與老師。 • 老師平時在課堂引進特殊教育宣導，讓學生了解有許多不同特質的人。 • 教師身體力行，真心欣賞／接納特殊生，學生自然學習模仿。
多數同學會主動與特殊生互動	• 班上學生大多從小與特殊生同班，並能了解其需求，和其建立互動模式。 • 若特殊生有困難，普通生會主動提醒或教導其課業。
多數同學會主動協助特殊生	• 是班上老師不可多得的小幫手，主動協助特殊生，這是在融合校區很棒的現象。 • 幫忙提醒、幫忙拿起掉在地上的東西等。
特殊生有公平參與班級或學校各項活動的機會	• 分享好句時，特殊生也有分享的機會。 • 進行投票時，每個學生皆有投票及輪流當開票人員的機會。 • 無論運動會、班上會議，每個人皆有公平參與的權利。

第三節　社會互動課程

　　對學生而言，教師能教導學生社會互動技巧，是社會互動課程成功與否的重要關鍵，與同儕、老師們一起獲得正向社會互動的經驗，可以從中學到自信，激發學生達到自我實現。在安全的教室環境裡，有機會與別人分享及討論遭遇的困難是很重要的。要看特殊生的優點，不要過分注意他們的缺點，否則會使特殊生不願意與人互動。如果問題變得特別嚴重，學生可能會被社會孤立。有特殊生融合的班級可採用下列策略以增進學生間的社會互動：

一、給予適當的增強

　　在融合班中增強的方式以口頭的精神鼓勵為主，因為物質的獎勵，將因獎勵

之物品必須不斷增加，而增加班級管理上的困擾，所以在獎勵方式的選用上，融合班常選擇口頭之增強。

二、給予學生充分表達機會

在融合班，學生是學習活動的主體，老師扮演引導的角色。教師提供學生充分的表達機會，引導學生自行思考、尋求解答，學生可以毫無顧忌地說出自己的想法。

三、合作學習

合作學習對於增進學生人際關係和社會互動有顯著的效果，有研究顯示，合作學習可以幫助許多學生克服在社交和學校所面臨的障礙，並且提升個人自我概念並增進社會技巧。

老師必須知道學生擅長和較弱的地方，並利用機會教學生連結他們過去的經驗來學習新的課程，這些連結關係提供學生更深一層的社交學習，並且可以應用在真實世界當中，進一步達到融會貫通。老師可以利用探索課程訓練學生社會技巧；此外，這些課程內容要具體且經過挑選，符合學生的需要和興趣，以增進學生在課程的學習。當學生在某些科目表現較優異，比較能促使他發展出自信，願意與人互動以及增加學生學習的動機。對於學生是否能夠肯定自我價值以及感到快樂，個人自尊成為支持的重點。任何社會互動模式都需要有穩固的社會技巧做基礎，除了提供基本的互動外，尚須經由仔細地計畫社會互動課程來達到預期的效果。

為了使學生能夠適應這個社會很多的角色，他們必須要學會了解、適應、接受生活中的改變，以及去欣賞與自己不同的人。適應改變及接受他們生活中的改變，有益自我概念的提升，學習體諒、接納、情緒控制、尊重他人、與社會互動、參與學校生活、與自己不同的人相處，對特殊生及普通生都是一個重要的課題。

特殊生處於有限的經驗及語言能力，影響了他們了解、解釋社會觀念及了解問題的重點。他們常不知自己發生什麼事，而且無法使用基本的言語去表達他

們抽象的情感。熟練語言可以使他們有能力去自我省思，去解釋他們情感上的衝突。和社交技巧有關的主題可以反映在所有課程當中，例如社交可和閱讀、寫作、語言、歷史、地理、經濟及藝術等領域作豐富且有意義的連結。音樂和文學反映了文化價值和習俗，同時也提供了一條道路，讓我們能夠了解人類如何適應環境以及體驗人類文明的精髓。數學和科學提供學生學習解決問題的方法。綜合這些可以刺激思考過程，以及創造解決人類問題的方法。

在教導和練習繁複的社交技巧上，講述、小組討論、示範及角色扮演都是適當的方式，透過講述可以教導具體的社會技巧，示範可以讓社交技巧更容易學得，小組討論可用來練習社交技巧以及解決人際問題，角色扮演則對於教導社交行為特別有效；其他教導正面社交行為的技巧包括：同理心、自我監控、圖示法以及利用物質增強物等，都可修正學生的社交行為。教師還可以安排以下活動以增進學生間社會互動：

1. 學生必須標示在他們生活中的重要事情，如果學生有重要意義的照片，可以帶來一起分享。
2. 安排角色扮演的活動，請學生扮演父母，如何與孩子說明不要與陌生人交談，特別是在回家的路上。
3. 開放學生上台的時間，上台前訓練學生如何發表，讓每位學生在課堂上分享蒐集的資料及週末發生關於自己的事情，分享時鼓勵其他學生發問，可以使分享的同學有機會深入解釋他自己，當學生分享做得很好的時候要讚美他。
4. 訓練與他人交談。
5. 剪輯報章雜誌上呈現臉上表情的圖，貼在布告欄上，請學生記錄圖上代表何種情緒。指出這些畫家使用什麼樣的技巧以呈現不同的情緒，特別是嘴巴與眼睛。列舉情緒的單字，請學生在下課時將這些單字與圖片連連看，並解釋他們為何做這樣的選擇。在卡片上寫下感覺的單字，把它們分配給學生，請學生去表演自己所拿到的卡片，其他同學則試著猜他在表演什麼情緒。
6. 提供畫有不同顏色的紙盤並討論顏色所代表的意思：
藍色＝難過的、沮喪的、孤單的。
綠色＝平靜的、中性的、精力充沛的、自然的。

黃色＝開心的、快樂的、明亮的、陽光的、興奮的。

紅色＝生氣的、心煩意亂的。

選擇一個符合自己心情的顏色，並加以說明。學生可以在團體裡玩這遊戲，也可以想其他的情緒字眼。每天撥出一點時間讓學生討論他們的選擇，只要適合他們心情，可以在一天內改變許多顏色，記得請學生解釋為什麼。老師要時時提醒、鼓勵學生在心情不好時或是愉悅的日子完成這項練習，聯絡簿上可以增加一個填寫心情顏色的欄位，好讓學生將自己的心情顏色寫在聯絡簿。

7. 跟學生解釋你將要列舉許多班上同學相似與不同的地方，在黑板上寫上兩個標題——我們有什麼相似的？我們有什麼不同的？並邀請學生提供意見。學生可能會從衣著、身高、髮型、聲音、性別或是指紋去做分類。讓學生歸納他們的答案，並問學生是否相似比不同的多，反之亦然。選一位自願的學生請他離開教室，用水彩在他的額頭、臉頰上點上紅點。之後再請學生回到教室，其他學生可能會笑或是一直注視那位同學。短暫的討論後，老師和學生解釋，我們可能因為一個人的外表、身體殘缺、文化的背景而產生許多偏見。請學生感受在他們生活中發生的事情，並想想為什麼發生改變了。讓學生帶他們不同年齡的照片或是老照片，比較他們與現在有什麼不同。討論教室內鄰座同學對於自己的利弊，如果是一個特殊生或普通生坐在隔壁，答案是否不同？

第四節　教師訪談

　　吳淑美（2001）透過教室觀察發現，教師在教學時協助特殊生的比例比起同儕間主動的協助高 38%，然而在上美術課卻發現同儕協助特殊生占的比例高於教師協助的比例，可見有些課程易引發同儕間的協助。此外，從教室觀察中亦發現任教於融合班的教師都能安排同儕間的合作及互助，亦即教師能體認到班上學生的個別差異，而願意給予學生間互動的機會，讓特殊生更能參與學習。

　　訪問曾任教於這個班的十位教師關於增進學生間互動的策略，其問題及結果如下：

問：請描述您在教室中觀察到普通生與特殊生社會互動的例子？

答：學生相處相當融洽，教室中普通生及特殊生打成一片的例子很多，例如排隊時普通生會帶特殊生排隊，午餐時互相幫忙盛飯，普通生會幫忙特殊生抄聯絡簿。

問：您認為是哪些原因導致普通及特殊生間關係的建立？

答：1. 了解彼此為同班同學。

2. 老師的引導。

3. 課程設計中有互動的活動。

4. 家長的配合。

5. 人性本善。

問：身為導師，您做了哪些努力使普通生及特殊生之間能建立起關係？請舉例說明，並舉出在哪些情境中做這些（例如示範同儕間的接納）？

答：1. 安排普通生協助特殊生。

2. 對普通生說明特殊生的特性。

3. 讚美幫助特殊生的學生。

4. 分配小組製造合作關係。

5. 導師時間設計互動課程。

問：在您使用的技巧或策略（舉例）中，您認為哪些是最有效的？

答：1. 主動安排特殊生及普通生間的互動最有效（安排普通生當小老師）。

2. 異質性分組，讓普通生習慣和特殊生一組。

問：任教於融合班有什麼印象最深刻的事情？

答：上體育課的時候，有一個學生沒有辦法跑步，只能用走的，因為他有肢體障礙，每次上體育課賽跑之後，他總是走最後一個，跟他同一組的學生，他們那一組一定是最後幾名，可是最後大家不管是哪一組的，一定都會一起幫他加油，原本落後很多，全部學生都跑完了，就只剩下他一個人還在走，學生就會……原本已經跑到終點了，就會跑到他還在走的地方，然後陪著他一步一步走，走到終點，然後幫他加油，這一幕讓人心裡很感動。

問：如何讓普通生協助特殊生？

答：當普通生知道要協助特殊生的時候，他們是很樂意的，但是他們有時候用錯方法，例如直接告訴特殊生答案，或是直接告訴他「你就這麼做」，所以其實特殊生這樣並沒有得到很好的學習。另外，有時候普通生會去排斥幫助特殊生，因為會覺得速度很慢，有時他們想要盡快完成一件工作，如果要讓特殊生來完成的時候，他們覺得會拖到時間，或是覺得做出來不夠漂亮，所以他們會排斥是因為這些原因。我會跟學生做些溝通，告訴他們老師希望看到的是每一個人都有做事情，不能剝奪同組其他同學學習的權利，每一個人都要做到事情才有學到，不能怕別人做不好就不給他機會，那他會愈沒有機會學習，這是我會跟學生做心理溝通的部分。另外，我會告訴普通生該怎麼幫特殊生，可以怎麼做？我會直接告訴他步驟，例如要問什麼問題，或是由他來做什麼，這是他會的。有時候普通生不了解特殊生已經會到什麼程度，老師就會告訴他特殊生會什麼，那個部分可以讓給他來做，他可做得很好。當學生知道方法，知道老師要求的，他就知道怎麼協助特殊生。

問：在教導社會互動上，如何讓普通生幫助特殊生？

答：有些情境，其實他們會很自然會玩在一起，教師只有在他們的互動方式不好、互動方式有問題的時候時才會介入。介入不是指責他們，而是藉由機會引導他們怎麼樣互動會比較好，尤其有些特殊生，就是善意地想要和大家玩，他們的用意其實是想要去打招呼，可是方式不對，趁這機會老師可以教他們如何表達自己想要但又不會讓對方生氣的方式，特殊生在這一方面比較需要老師的指導。而普通生比較需要的是如何引導他們同理這些特殊生的用心，就是去了解、看到他們背後的原因，他原來是要跟我玩，原來是想要跟我打招呼。就是教學生怎麼去了解這些特殊生，這是滿重要的。

另外，協助學生去了解每個人的不同特質，有時候可能說出透過討論去引導他們。其實學生很聰明，他們甚至都能說出可以用什麼方法去幫助特殊生，所以有狀況出來的時候，反而是教他們的最好時機。雖然有一些家長會很擔心他的孩子會不會跟同學互動出問題、會有挫折、會受委屈等，通常我會告訴家長其實學校就像一個小社會一樣，以後孩子長大出了社會，他一樣要面對這些問題。若在學校裡面就有這些狀況發生，我們反而有機會教育他，所

以如果能用一個比較正面的方式去看這件事情的話，應該說，狀況多的話，孩子反而學得會比較多。

問：特殊生在融合班有什麼好處？對普通生有什麼好處？

答：在融合班裡，特殊生比較有自信，因為他們學到互相尊重，這是最大的收穫，他們可以互相學習，學習彼此之間的優點，可以互相尊重，甚至可以互相欣賞彼此的優點。普通生除了以上的好處，他們還能學到領導的能力，去幫助其他需要幫助的人。

問：老師在中間有設計什麼活動，或是推動彼此的融合？

答：我想是日常生活中，平常的作息與上課的態度，和自然而然的影響。

問：有沒有設計一些活動、討論或宣導？

答：基本上沒有用宣導的方式，而是把很多東西運用在日常生活裡面，當你的觀念是這個樣子，你的行為自然會產生，自然而然對學生有種模範的效用，當我們對每個學生都是一樣相等地對待，自然他們就會觀察到老師對學生的那種方式。一個班級有三個老師，其實也不只三個老師，在融合班裡有很多活動、課程，他會認識接觸到很多的老師甚至是家長，在這樣的氣氛之下，自然而然會知道如何和特殊生相處。活動有很多，如班會、上課，班級經營上有很多活動，但是這些活動的出發點不會只針對特殊生，出發點是針對班上所有的學生，只是考慮到每個學生的特性還有需要。基本在自然的方式或環境，他們就學到，在合作學習中，我們是分組學習，普通生、特殊生，老師在中間會引導學生共同完成一件事情，他們在這中間就有機會去學習，不一定需要特別去設計活動學習融合。在融合班有一個慣例，融合班的學生要學習認識每一個小朋友是不一樣的，即使我們都是普通生，可是我跟你還是不一樣的，要幫助普通生認識特殊生，需要給他們一個觀念，假如特殊生能夠坐三分鐘已經是很棒的事情，若要他跟普通生一樣坐十分鐘才叫公平的話，其實對特殊生來說就是不公平，因為他就是這方面有困難。

教學上老師要製造一些情境讓特殊生去動，是在其他學生沒有察覺到的情況下讓特殊生有機會起來走動一下，例如剛好請特殊生幫忙拿東西或擦白板，就是看當時的情境讓特殊生有機會名正言順的起來走動，走動完再回去坐

下，可能老師也要隨時給他增強，例如今天好棒，坐了三分鐘都沒有起來，然後觀察他已經差不多又快不行的時候，趕快再製造一個機會讓他動一下，動一下回來至少又能夠安靜三分鐘，假如他的極限是三分鐘，然後他有意要和老師配合的話，他會很願意再坐三分鐘，那再加起來就六分鐘了，可是其實他中間起來動過一次，但那是老師製造給他的情境，他不覺得那是自己起來動，他會覺得那是老師叫他起來的，就會覺得自己很厲害，信心就會增強。如果老師的態度是用這種方式來對那個學生，其他學生就不會去跟特殊生計較公不公平。其實當學生可以跟老師一起去鼓勵特殊生時，整個班級的氣氛就不是那種對立的，就會覺得全班的學生都願意去幫助他，那個時候氣氛會比較好一點。

問：發現老師的融合理念是有教無類，設計多層次的課程，在課堂裡面達到各自不同的目標，在小組合作學習的模式下，自然而然的長時間慢慢去融合。還是有一個疑慮，雖然自然而然在小組活動中會有一些融合，但是會不會額外再設計一些活動、討論或宣導，對學生做些宣導？

答：在自然的方式或環境學生會學到在合作學習中是分組學習，老師在中間會引導他們共同完成一件事情，這樣就有機會去學習，不一定需要額外設計活動去學習融合。

問：老師在班上會運用什麼樣的活動去帶領學生？營造一個融合教育的特色，既然融合班和其他班不一樣，一定是有它的精神在，可能老師是用一些引導或者是活動，或者是什麼技巧？

答：好像沒有特別的什麼活動是為了體會融合的那種特色而帶的，應該說教師會把融合的精神用在日常生活的常規裡面，從早上一進教室，只要是他們在一起的時間，都有機會把這樣的精神帶給他們。在他們互動還有相處之中會出現一些問題，教師通常是抓住機會就機會教育，有時候上課上到一半出問題，課程就要停下來，稍微處理那個問題，就是馬上告訴學生剛剛是什麼狀況，然後解釋給他們聽，或是用說故事的方式讓他們去體會對方的心情。倒不會用特別某一個活動去讓學生感覺到融合的精神，而是把它融在日常生活裡面，像用餐時……。其實融合應該主要是互助，從中去了解每個人就是不一樣的，教學生怎麼觀察，有一個概念不是你把他們丟在一起，他們自然就

會融合，還是需要老師發現他們有這個問題，透過說故事或是用聊天開玩笑的方式把問題引出來，然後讓學生發現這是他們自己的問題，他們就會覺得好像是，他們自己覺得想要去改變，慢慢地大家就會覺得應該要互相幫忙，應該是在日常生活中去做。

問：低年級的學生似乎比較會排斥特殊生？

答：因為他們還不知道如何去跟他們相處，所以要引導。

問：幹部的安排上，會不會因為特殊生做特別的安排？

答：基本上還是讓學生主導，他們自己選幹部，他們會去推選，只是他們推舉出來的一些幹部，如果對某些學生有很大的負擔或是困難的時候，老師可以適時地介入，但並不是很刻意地去營造，可是不管是在獎懲、獎勵或是懲罰等等，我們要考慮到公平性，例如學期末的獎狀，會考慮到每個學生都有機會，這個機會以學生能力的起始點去評估，如果這學期學生的成長很大，我們會讓特殊生和普通生都有機會，而不是站在同樣評量點上。起始點是根據學生的能力去看，還有其整體的表現，我們對每個學生都有一個很公平的機會。

問：獎懲的公平，學生會不會有疑慮，例如上課時特殊生比較不容易遵守秩序，普通生會不會覺得不公平，或是對特殊生要求可能沒有這麼高，對普通生要求比較高一點？

答：事實上不會，有時會有些學生跟老師說某某同學是因為怎樣怎樣，他們彼此之間相處久了，學生之間的了解是很深的，老師有時候還反而看不到一些事情。學生會知道某某同學是因為什麼樣的情況，剛開始的時候，老師或是家長會跟學生溝通，現在誰有什麼行為可能是什麼樣的原因，可以跟他溝通，但是其實學生透過互動會觀察出來，會去了解其實特殊生可能有什麼樣的狀況，因為自己比特殊生還幸運，自己這樣的健康，應該要多關心特殊生，普通生實際上會有這樣包容的能力。

問：你是說會請家長來說明？

答：不是，是指一年級入學的時候，一般一年級入學都是家長會帶著孩子，如果有碰到什麼情況，學生覺得很好奇的時候，很自然地會跟他解釋，這不是刻

意去經營的，就好像今天發生什麼事情，教師看到了，然後發生什麼誤會的時候教師可以適時介入，並非刻意安排，在情境之中機會教育。

問：到了三年級，經過三年的相處，並不需要刻意去營造設計融合的活動，但是在一、二年級，是不是需要刻意規劃一些活動？

答：教師並沒有刻意去規劃一些活動。

問：學生下課的互動，像下課、午休、打掃的時候，會不會普通生還是跟普通生，特殊生還是跟特殊生在一起，只找自己同類或相近的學生一起玩？會不會有特殊生覺得還是滿孤立的？

答：會有幾個學生是這樣，可能和他特殊的障礙情形有關，例如自閉症的學生就是不喜歡跟別人一起玩，可能就是會做比較單獨的活動，但有時可看到普通生會主動找他玩，或是有特別的情況會保護他，他們會適時地關注，他不是說一直跟他玩，也不是永遠都是落單的，但是因為他的狀況，他們交集的機會是有，但他的密度或頻率，就看學生的狀況，有時候我們引導學生去跟特殊生玩的時候，老師甚至是家長會陪著一起玩球或玩盪鞦韆，讓他們有機會彼此接觸，接觸久了，有了一起玩的這種關係的時候，他們就會記得找特殊生一起出去玩，或者是特殊生主動去找普通生玩，不一定是普通生主動，也可以讓特殊生學會主動去找普通生一起玩。這種介入是量力而為，因為畢竟老師的時間很緊，下課時間要收拾準備下一堂課，根本沒有機會帶著學生一起玩，有時候是看時間量力而為的。

第 **10** 章

國中階段的融合教育

國中與國小教育階段有許多不同的地方，不同之處包括：

1. 國中多了很多複雜的學業及基礎學科的學習。

2. 國中學生透過講課、筆記、教科書獲得資訊，不像小學以探索及操作學習
   為主。

3. 國中上課時間增加，國中一節課 45 分鐘，國小只有 40 分鐘。

4. 國中紙筆作業增多。

5. 國中對學業要求較高，教師期望學生精熟課本內容及較強調標準化的考
   試。

6. 國中課程科目及內容繁複，可能無法符合特殊生個別化教育需求。

這些不同點也導致有些國中老師不歡迎班上有特殊需求的學生。

現在的國中普通班中包含一兩名特殊生已經很普遍，特殊生和普通生在同一個班級一起學習、一起生活，但特殊生多隨班上課，並未針對其需求調整課程，這裡所說的國中融合班屬於較特別的做法，每個班級的特殊生幾乎占了三分之一以上，因其能兼顧特殊生及普通生需求符合融合教育之指標而稱之為融合班。第一個例子為新竹市育賢國中融合班，於 2000 年成立，班上有四分之一的學生為身心障礙生，每個年級一班。第二個例子為財團法人福榮融合教育推廣基金會附設國中融合班，2004 年於竹大附小融合教育校區成立，每個年級一班，學籍屬

建功高中國中部，班上幾乎一半學生為特殊生。藉由國中融合班，提供特殊生和普通生彼此最大的社會互動的機會，普通生能學習關心和照顧特殊生，特殊生能在最少限制的環境中與普通生一起學習，融合班強調重視每個學生的優勢能力，以多層次教學（multi-level teaching）來因材施教，讓每個學生獲得自信心和成就感。

相較於一個班級只有一兩名特殊生融合的普通班，一個有著二分之一學生為特殊生的班級，教學難度自然難得多，不管一個班級有幾名特殊生、幾名普通生，必須要做到學業及社會性的融合才能稱之為融合班。社會性融合指的是把特殊生視為班上一份子，同儕間產生互動及友誼。對輕度障礙無行為問題的特殊生而言，要成為普通班的一份子，為同學及老師接納、達成社會性融合並不難，相對於社會性融合，學業性融合就不那麼容易了。

第一節　國中融合實驗班的基本理念與目標

融合教育的內涵就是「尊重個別差異」，不因能力不同而受歧視，融合式班級不只有助於學習遲緩者發揮潛能，對普通資質及資優者，更能提供一適才適所的學習空間，創造出普通及特殊生雙贏之成果。

一、基本理念

1. 以尊重人為原則，以學習者為主體，讓學生在學習環境中成長，以達因材施教、發揮潛能之效。
2. 尊重學生學習的意願，讓學生能主動學習、給予親身體驗及有表達思考的機會，並給學生犯錯的機會和成長的時間和空間，而不強迫學生學習。
3. 老師在教學過程中扮演著引導的角色，他們必須了解學生的發展及個別需求，隨時因學生的需要調整自己的教法。
4. 提供完整的學習內容，廣泛運用各類資源，除了教室中的學習，亦重視自然情境中的學習及生活教育。

二、融合班學生的學習

1. 多元智能，具備與一般學生不同的視野。
2. 與不同程度及能力的人相處。
3. 尊重個別差異。
4. 體驗平等的意義。
5. 與人合作。
6. 培養專注力、主動參與、自動自發、管理自己為自己負責。
7. 蒐集資料、將資料歸納分析並發表。
8. 將學業技巧運用在生活上。

第二節　課程與教學特色

1. 混齡及同齡教學：打破年級限制。
2. 提供品德教育之陶冶：秉持人性化教育，強調尊重每個個體，用最自然的方法教導學生該如何與人相處，尊重、包容、自信、負責、溝通、解決問題、獨立思考、自我管理。透過生活教育，傳達好的經驗和品行，使之內化成正確、值得成為信仰的價值觀，讓融合班的學生持有這份珍貴資產成長，成為未來匡正社會風氣的主力。
3. 提供活動式教學：普通生的學習不因有特殊生的存在而受到影響，相反地，透過仔細的跨領域活動設計，以普通生課程為基礎，將特殊生目標融入教學活動中，並多利用教材教具，使學生得到具體操作的經驗，進而培養其抽象思考能力。例子可見表 10-1 國文科教學計畫。
4. 學科及領域之統整：以主題或單元為核心，其他學科／領域依此核心設計課程，將不同領域課程內容合成一體或關聯起來，如此就可以拉開課程的廣度，減少科目的界線，增進學習的機會及不同程度學生學習的機會，讓學生就在較彈性的活動中發展學習及合作的技巧。領域統整計畫表如表 10-2。

表 10-1 「酸橘子」教學方案（單節教案）

教學科目	國文	教學班級	國中融合班八年級
教學單元	酸橘子	全案教學日期	102.11.11 ～ 102.11.14
教學者	A 老師	全章教學時間	共 4 節（共 180 分鐘）
教材分析	教材來源：國文課本與習作第三冊（八上）——酸橘子，南一書局。 1. 透過廣告〈我們比我們想像得更美麗〉（1 分 30 秒）引發學習動機，分組討論自己心目中理想的特質，並檢視自己是否也有吸引人的特質，讓學生學習欣賞、發掘他人的優點，也懂得欣賞自己的優點，以建立良好的人際關係。 2. 觀看《失落的一角遇到大圓滿》的繪本動畫（3 分 10 秒），讓學生思考人際交往會出現的突發狀況，培養解決問題、妥善處理自身情感的能力。 3. 透過課堂或回家作業的學習單，加深學生學習效果。 　學習單 1（譬喻修辭法）：愛就像是…… 　學習單 2（詞彙聯想）：訂做一個他（她）。 　學習單 3（作文）：《失落的一角遇到大圓滿》心得報告。		
教學聯繫	本課主題有關「兩性關係與倫理」，將另外挑選相關主題文章供學生閱讀。 1. 《失落的一角遇到大圓滿》的繪本故事，讓學生能更進一步地了解成熟的意義，請同學互相討論分享故事中所要探討的主題。 2. 席慕容的情詩〈一棵開花的樹〉，帶入課文情境——真愛不能強求，需要隨緣等待。 3. 《張老師月刊》文章〈優質的感情觀〉，悅納自己的性別角色，培養個人的價值觀。		
學生能力 與 經驗分析	本班為國中融合班八年級，班上有普通生七位及特殊生三位，教學未分組。 1. A 生：情緒障礙。 　偶有情緒衝動、語言衝動等方面的狀況。針對事情較有鑽牛角尖、執著爭辯的習慣特質。不喜歡的事情配合度很差。喜歡運動，籃球和游泳均擅長。對於自己的物品保管，會維持整齊清潔及珍惜！喜歡的事也較容易完成，如有興趣的娛樂，就會花時間研究精進。		

表 10-1 「酸橘子」教學方案（單節教案）（續）

教學科目	國文	教學班級	國中融合班八年級
教學單元	酸橘子	全案教學日期	102.11.11 ～ 102.11.14
教學者	A 老師	全章教學時間	共 4 節（共 180 分鐘）

學生能力與經驗分析	2. B生：輕度自閉症（妥瑞氏症）。 七年級上學期轉學進融合班，轉學原因是在原學校被霸凌。個性單純，不擅與人溝通，記憶力不佳，無法記住同學和老師的名字，必須靠圖像式記憶協助，要長時間一直反覆告訴他，才勉強能記住少數人的名字。愛提問題，常會問為什麼，遇到事情沒有自我解決的能力，會不知所措。 3. C生：亞斯伯格症。 七年級上學期轉學進融合班，在原來的學校被老師和同學聯合排擠。C生較不喜文科，如國文、英文等，上課時老師補充相關知識時也不愛動筆抄寫，態度較被動。在數理方面知識頗為豐富，懂得比同齡生多；也頗熱心助人。體育方面有手腳較不協調的情況。對於沒興趣的課程，會有注意力不集中的現象，無法分辨事情輕重緩急，自我主張強。對於有興趣的話題會一直講，甚至會打斷老師上課內容，這時老師要適度地提醒他。 4. 其餘普通生：七位。

【第一節課】

時間	活動名稱	材料	教學程序	教學目標	教學評量			
					普通生	A生	B生	C生
10分鐘	準備活動	課本、影片	（一）引起動機 1. 讓學生各自發表吃橘子或其他水果的經驗，外表什麼樣的是酸的？什麼樣的是甜的？吃到酸甜的反應又如何？導入本課主旨「強摘的果子不甜」。	• 能分享類似品嚐體驗（普、特）。				

表 10-1 「酸橘子」教學方案（單節教案）（續）

時間	活動名稱	材料	教學程序	教學目標	教學評量			
					普通生	A生	B生	C生
10分鐘	準備活動	課本、影片	2. 觀看廣告〈我們比我們想像得更美麗〉引發學習動機，分組討論自己心目中理想的人格特質，發掘自我與他人的優點。	• 能簡略分享觀後感（普）。 • 能說出心目中理想的人格特質（普）。 • 能說出自己的一個優點（B生）。				
15分鐘	發展活動	課本、學習單	(二)延伸教學 1. 發下動機學習單1（譬喻法）：愛就像是…… 學習單A面：各國學生對愛的有趣說法。 學習單B面：譬喻法練習（愛就像是……） 2. 譬喻法講解：修辭適用時機與四大型態—— (1) 明喻。 (2) 隱（暗）喻。 (3) 略喻。 (4) 借喻。	• 能挑選出學習單中喜愛的說法（普、特）。 • 能完成學習單B面全部題目（普、A生、C生）。 • 能完成學習單B面熱身題（B生）。 • 能分辨並舉例說明四大型態，且了解略喻與借喻之差別（普、特）。 • 能了解明喻與隱喻之差別（特）。				

表 10-1　「酸橘子」教學方案（單節教案）（續）

時間	活動名稱	材料	教學程序	教學目標	教學評量			
					普通生	A生	B生	C生
20分鐘	發展活動	課本	(三)課本教學 1. 解釋題目： 　指導學生從課文、課本插圖及註解探索題意。 2. 介紹作者： 　指導學生從「作者介紹」、「題解」中探索作者生平背景。 3. 朗誦全文。	• 能說出題意（普、特）。 • 能重述普通生說出的大意（B生）。 • 能參照課本說出作品背景（普）。 • 能知道簡略作者生平（特）。 • 能朗讀指定段落且字音正確（普）。 • 能閱讀指定段落（特）。				
10分鐘	綜合活動	課本	(四)指導學生「切割意義段」 1. 自然段：依文章形式自然分段。 2. 意義段：依文章意義所區分，可能會結合數個自然段而成（並無標準答案，依主觀認定只要合理）。 【第一節課結束】	• 能切割出適宜的意義段（普）。 • 能分辨自然段與意義段之差別（特）。				

表 10-2　國中七年級上學期領域統整計畫表

主題	單元名稱	語文探索	數學學習	科技學習		社會學習	
				生物	健教	歷史	地理
生命的起源	夏夜	• 描述及比較夏天和其他季節的不同 • 寫作及剪貼 • 閱讀和季節有關的書 • 海邊巡禮 • 參觀紅樹林	• 買賣遊戲 • 買菜 • 天氣預報 • 比較等高線（正負數）	• 地球儀 • 蒐集動植物圖片 • 做動植物筆記（生命）	認識健康的方法	參觀故宮（歷史的分期）	• 住的地方 • 理想中的學校 • 畫地圖 • 拼台灣地圖（位置與範圍）
	蟬與螢	• 閱讀蟬與螢的書 • 討論二者的共同點 • 夜訪螢火蟲 • 營火晚會	• 比較長短 • 量一量 • 看地圖（數線）	• 人體器官 • 顯微鏡觀察（細胞）	量身高體重（身體）	合作小組報告（史前時代文化、石器原住民）	• 蒐集風景海報及明信片 • 欣賞美麗之島錄影 • 蒐集岩石（地形、水及土壤）

5. 提供多元智能多層次教學：多元智能提供豐富且多元的學業及人文課程（藝術與人文、內省、語文、數學與邏輯、社會學習、體能……），多層次教學按學習者需求提供同領域之不同難度之學習目標，上課、作業及評量，普通生及特殊生各依自己的起點學習，不犧牲彼此的權益。多元智能多層次教學強調重視每個學生的優勢能力，讓每個學生獲得自信心和成就感，多層次教學結合多元智能更能達到因材施教的效果，配合主題之多元智能多層次教學計畫做法如下：

A. 主題：力與美（圖 10-1）。

B. 目的：

　　(1) 如何運用自己的力量找到學習的方法，達到良好的學習成效。

　　(2) 發揮課程中所學到的知識，提升自我的美感。

　　(3) 了解力與美所引申的意思，展現力與美的韻律。

C. 包含領域及重點：

　　(1) 國文──了解失敗和挫折帶來的正面意義，活出力與美。

　　　　珍惜年少時光，努力進德修業，期使自己身心日臻於成熟。

　　　　了解「態度」的重要性，進而培養自己應有的人生態度。

　　(2) 美術──運用自己力量，做出自己的藝術作品。

　　　　油畫創作、面具製作。

　　　　陶土創作、風車製作。

　　　　棉線編織、毛根創作。

　　(3) 英文──上網找尋學習的相關資訊並做出報告，增強學習興趣。

　　　　訪問同學或家人整理出學習英文的方法，改善自己的學習方式。

　　　　學習朗讀英文文章的方法。

　　(4) 數學──估測空間的大小，計算出房子大小的概數。

　　　　運用所學的數學概念，探討摩天輪的相關問題。

　　　　習得正負數的觀念，達到正確運算的程度。

　　(5) 自然──了解「熱」在生活中的作用與影響。

　　　　知道物質熱量溫度高流向溫度低。

　　　　能嘗試用不同的物質配置仙女棒，體驗煙火之美。

　　(6) 特教──認識日曆（中英）及了解時間的重要。

　　　　認識並學習如何欣賞物體的美。

　　　　了解食物的重要性。

D. 訂定多層次學習活動與目標：各科多層次學習活動及目標如表 10-3。

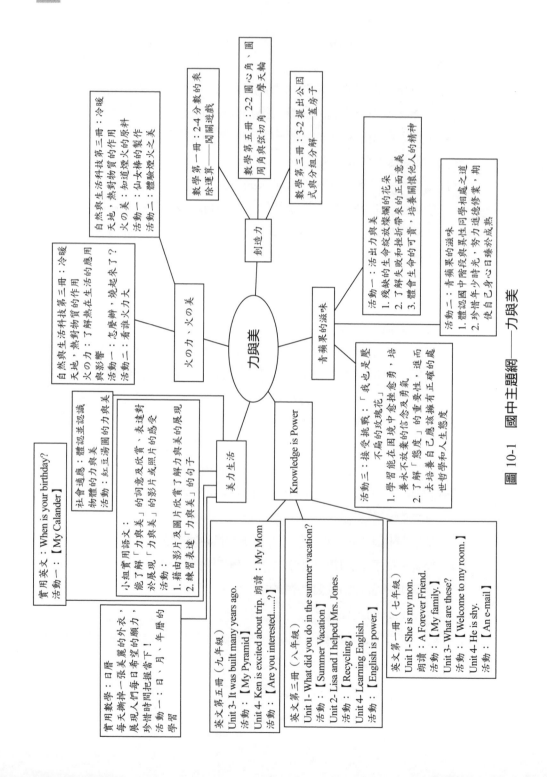

圖 10-1　國中主題網——力與美

表 10-3　各科多層次學習活動與目標

科目	活動	層次一目標（最高）	層次二目標	層次三目標
國文	綻放生命的光輝	能以同理心去想像自己如果也面臨艱困環境又該當如何。	能寫出 PPT 中印象最深刻的生命鬥士，且說明為何他讓你印象特別深刻。	能說出上課所看之 PPT 在講些什麼，並能簡短回答問題。
	新聞最前線	能確切說出青少年究竟適不適合談戀愛，原因為何。	藉由採訪父母親的戀愛史、婚姻狀況，讓自己更加了解愛情。	能了解課文中「強摘的果子不甜」是何道理。
	逆來順受	能寫出一篇相關主題之短文。	能了解並說出「態度」的重要性。	可以由老師提供的名言佳句中，找出一句最能激勵自己的話。
英文	My Pyramid.	用英文敘述創造出自己的金字塔。	運用填空的方式填寫金字塔表格。	運用圖畫的方式畫出金字塔。
	English is power.	上網查詢英文的相關資訊並做報告。	敘述自己學習英文的方法。	運用圖片及單字填寫自己的學習方法。
	Welcome to my room.	畫下自己房間的平面圖，並用英文句子敘述。	簡單畫出自己房間的平面圖，並用單字進行句子填空。	運用所提供的圖片，用單字敘述圖片內容。

表 10-3　各科多層次學習活動與目標（續）

科目	活動	層次一目標 （最高）	層次二目標	層次三目標
數學	闖關遊戲	能判別兩數加、減、乘、除的正負結果並算出其值。	能理解負數的特性並熟練正負數（含小數、分數）的四則運算。	能運用配對，找出相對應的正負數。
	蓋房子	能利用乘法公式和多項式的除法原理，理解因式、倍式與因式分解。	能用分組分解進行多項式的因式分解。	能用圖畫方式分組分解多項式。
	摩天輪	能了解圓心角、圓周角與弦切角的度數。	能了解圓線段的切割線性質。	能用圓畫出摩天輪。
自然	仙女棒的製作	能嘗試用不同的物質配置仙女棒。	知道仙女棒的材料是容易燃燒的元素。	能遵守教師規定，並安全動手製作。
	怎麼辦？燒起來了！	能說出燃燒的要素，並說出熱對生活的作用與影響。	知道燃燒所需要的要素。	能知道高熱會造成物體燃燒。

6. 在每個單元教學計畫中列出個別需求，找出每個單元特殊生學習的內容，確定特殊生能學習到每個單元的一部分，做法可參考表 10-4 國中國文科單元教學計畫。

表 10-4　七年級國文單元教學計畫

單元名稱	教學重點	活動	教學目標	個別需求	備註
夏夜	• 農村生活 • 夏天夜裡做些什麼？ • 路燈 • 動物回家了 • 太陽下山了 • 樹下乘涼 • 看月亮 • 山睡了 • 田野 • 南瓜 • 小河小橋 • 螢火蟲	• 蒐集資料 • 寫作 • 閱讀 • 拍錄影帶 • 描述夏夜的景象 • 露營 • 找螢火蟲 • 畫海報	• 使用語詞：銀幣、闔上、山巒、藤蔓、溜 • 句型：只有____還醒著 • 找出動詞 • 造詞造句 • 學習擬人化的語法 • 學習和單元相關的目標	• 認識功能性語詞 • 認識顏色 • 閱讀和夏天有關的圖書 • 剪貼 • 書寫簡單的文章	
蟬與螢	• 認識昆蟲 • 認識昆蟲的聲音（例如蟬鳴） • 了解每個人的長處和貢獻	• 蒐集昆蟲相關資料 • 成立合作小組報告昆蟲生態		認識昆蟲	和上一單元連結並和自然科做連結

第三節　如何兼顧國中普通及特殊生需求

　　在財團法人福榮融合教育推廣基金會附設的國中融合班，班上有二分之一學生為特殊生，因此，學習內容必須分層次同時兼顧不同程度者之需求，以普通生課程為基礎，將特殊生目標融入教學活動中。

　　在課程進行中插入特殊生目標，比較簡單的做法是先說一個和課本內容相關的故事，把學生帶進故事情境裡面，講完故事後可以先問普通生故事的含意，再找機會問特殊生一個適合其程度、其可以回答的問題，可是不能太刻意，如此特殊生就會覺得很有成就感而願意學習，也會覺得上課內容是有趣的，而不只是課

本上的一句話。

此外，上課多使用教具或用圖片去引導學生，例如在教到電壓的時候可以說電擊棒的故事，這樣就會比較具體，而不是那麼的抽象。如果問「電壓、電流跟電阻有什麼關係」，那不只特殊生，普通生也會不想上的，所以老師在上到一些概念時，要給學生一個很生活化的例子或是介紹一些跟課本相關的、很好玩的小故事給學生聽。在黑板上提供圖片，把重點或大家的回答寫在黑板上，不但可增進特殊生對課程的理解，也可製作多層次教學的機會。

假設班上有 21 個學生，其中 18 個是普通學生、3 個是學習障礙生，普通生與特殊生六比一的情況之下，教學時當然要針對那個六，而不是針對那個一，教學如果針對那個一的話，其他大多數的學生就會沒事做了。因此，上課時難易課程都要上，訣竅是在適合特殊生的簡單目標的前後插入普通生的教學目標，也就是每一課的教學目標同時有普通生及特殊生的目標，讓普通生及特殊生都可以學到東西。普通生的需求主要來自普通班教材，讓他們在教材中的學習很完整就可以了，特殊生的需求就要思考實用性，找出課程中適合其學習及實用的部分。至於設計課程最困難的部分是從課程當中去分出層次，就是分出適合普通生和特殊生層次的課程，在同一個時間內去分這些層次並不容易，高年級的課程量很多，無法分出層次，實施多層次教學時就要採取分組教學。目前基金會附設國中融合班的國三數學及自然採分組教學，就是因應多層次教學的一種措施。

融合班老師對學生觀念的引導也很重要，融合班需要學生之間彼此互相關照，學習和不同的學生合作。老師要引導學生不是只有自己做好，還要大家一起好。最常用的方式就是小組合作的方式，讓特殊生和普通生彼此互相合作，一起去做班上所有的事情。國中融合班的學生，在合作學習時比較可以學到一些解決問題的方法，解決和特殊生相處之類的問題，例如在與特殊生合作上遭遇困難時，普通生要學習自己解決問題及調適自己的心情，老師則扮演從旁協助的角色。除了學習合作，老師還要引導學生思考及解決一些生活上的事情，這樣的思考訓練不只對學習有幫助，也可增進學生的生活能力。

綜上所述，融合班課程的準備及困難度可能比一般普通班或特殊班高。欲了解國中融合班老師如何執行教學，可從表 10-5 至表 10-8 之國文科、數學科、英文及自然科老師的教學做法、特色及風格中得到答案。

表 10-5　國文科教學特色

填寫者：A 老師

項目	做法、特色及風格
作業批改評分標準	作業品質只是考量標準之一，更在乎學生接受教師的回饋後是否願意試圖改進，一次比一次好。
如何協助學生完成作業	依學生程度給予不同的作業難度與提示，例如對於背誦課文較吃力的學生會請他朗讀即可；同一道作文題目，任務也會分成「短文創作」、「試寫架構」或「改寫仿寫」等不同難度。
合作小組	當有分組需求時，如演戲、小隊搶答比賽等，會巧妙安排普通生與特殊生合作參與的機會，如演對手戲、你比我猜等等。
上課如何引起動機	發揮創意將授課主題與國中生流行文化結合，配合多媒體資源（影片、歌曲、動漫……）。
每一堂課如何結束	花三分鐘小結此堂重點。 （次堂課開始也會花三分鐘複習上堂重點→重複教學）
課程常用哪些教具	・實體書，如繪本。 ・電子書。 ・吉他（若授課主題適合用音韻詮釋）。
是否讓學生分組報告	視課程目標與內容發展性而定。
有特殊生時如何調整教學	給予特殊生較低難度的學習目標，如識字、抄寫、唸讀等。也會適時提出中難度問題讓特殊生挑戰看看，用引導的方式幫助他們答題，或是安排普通生幫忙，提升互助之情。
出學習單（一課幾張）	視學習重點多寡而定，一課平均約一至二張。
鼓勵學生找資料	每學期擬定適合主題請學生蒐集資料，並練習以報告撰寫與簡報的方式分享。
作業類型	課本習題、學習單、作文卷、個人日記札記。
如何給學生獎勵（獎懲標準為何）	盡量以鼓勵（賞）代替責難（罰），為維持公平性，普通生與特殊生賞罰標準一致，但作業難度有別。

表 10-5　國文科教學特色（續）

項目	做法、特色及風格
如何增進學生對不同學生之認同	以身作則，尊重每位學生。授課時若遇到相關人際議題，會藉機教育以澄清學生價值。
教學特色	認為「寫作與閱讀」才是語文課的核心，才是學生一輩子能帶著走的能力，不該如傳統教學般經常只是「外掛」於正課之外。 此外，單向批改作文，或每學期逼學生交出幾篇作文，反而可能是造成學生厭惡寫作的罪魁禍首。 自許在寫作的教學上扮演好「引導」的角色，善用同儕批閱與小組討論的方式，透過充分閱讀、分析、腦力激盪的歷程，希望能提升學生的語言表達能力。
讀書風氣之培養	提供好文章，與學生一同討論，並練習撰寫書摘與心得。

表 10-6　數學科教學特色

填寫者：B 老師

項目	做法、特色及風格
作業批改評分標準	作業以學習單、習作本為主，會看解題觀念、步驟、用心程度、正確度。
如何協助學生完成作業	回家作業以上課有演示的例題延伸，增加學生的熟練度。
合作小組	用小組合作的方式討論挑戰題型，試著透過思考與討論的方式得到更清楚的觀念。
上課如何引起動機	以故事、圖片導入課程，或用簡單的例題增強學生願意再學習的信心。
每一堂課如何結束	該堂上課重點、交代回家作業、挑戰題。
課程常用哪些教具	電子白板。
是否讓學生分組報告	視課程內容進行即時討論或書面報告。

表 10-6　數學科教學特色（續）

項目	做法、特色及風格
有特殊生時如何調整教學	根據特殊生的能力設定特定學習目標，在課堂上穿插適合特殊生回應的問題，以增進特殊生的信心與參與感。
出學習單（一課幾張）	視章節內容而定，通常一堂課一張學習單。
鼓勵學生找資料	視課程內容訂定資料蒐集的方向，例如數學家的故事、生活中的數學發現等，以需要認真蒐集、但不會造成太大負擔的難度為主。
作業類型	學習單、課本練習題、習作本。
如何給學生獎勵（獎懲標準為何）	盡量運用正向的肯定、讚揚、生活成績加分等予以增強，懲罰則以服務時數等讓學生付出的方式處理。
如何增進學生對不同學生之認同	班導師以身作則，不以差異的眼光看待任何一位學生，並適時給予正確的想法導引，透過這種潛移默化的方式增進彼此的認同感。
教學特色	• 好奇：透過故事或圖片的引導，引起學生的學習興趣。 • 發現：帶學生由有趣的故事中發現新的觀念。 • 思考：由不同方式去思考觀念的緣由。 • 重複：透過重複的練習熟練觀念，進而運用自如。 • 整理：整理每堂課程內容和重點，建立自己的學習架構。
你覺得能營造哪些班級特色	• 肯定：透過聯絡簿與學生做溫暖的紙筆交流，寫下每天觀察到學生美好的一面，希望這些溫暖可以留存在學生心中，了解自己確實是個獨特又美好的人。 • 合作：和學生一起合作、討論班上的活動，並適時地帶特殊生進入討論，攜手合作完成，提升每個人的參與感。 • 展現：讓每個學生都有機會可以「幫老師一個忙」，即便只是幫老師收作業這樣的小忙，在收到老師的讚美之後，也可以增強學生的信心。
讀書風氣之培養	在早自習時段建立安靜閱讀的氣氛，且班級圖書也可供自由借閱，並鼓勵學生閱讀課外書，鼓勵學生們獨立思考、主動閱讀的習慣。

表 10-7　英文科教學特色

填寫者：C 老師

項目	做法、特色及風格
作業批改評分標準	作業批改原則上以收件日算起三日內歸還。 <table><tr><td>Excellent</td><td>↑ 90</td></tr><tr><td>Good</td><td>↑ 80</td></tr><tr><td>Average</td><td>↑ 70</td></tr><tr><td>Below Average</td><td>↑ 60</td></tr></table> 以上為粗略評分標準，希望學生能盡力和努力完成作業，並在作業歸還後，從錯誤中學習並持續進步。
如何協助學生完成作業	依照學生程度不同，給予不同學習目標，對於程度較為優秀的學生，適當補充更為挑戰的單字及句型。 1. Three-fifteen 2. It's fifteen (minutes) past/after three. 3. It's a quarter past/after three. 1. Happy 2. Glad 3. Pleased 4. Cheerful 5. Contented
合作小組	在上課遊戲分組中會鼓勵學生彼此分享、溝通和討論上課主題。

表 10-7　英文科教學特色（續）

項目	做法、特色及風格
上課如何引起動機	以正向回饋的方式，鼓勵學生發表對於上課主題的想法，同時配合圖片或歌曲的使用。
每一堂課如何結束	回想本課主題／文法／單字。 指派作業。
課程常用哪些教具	電子白板／圖片／影片／字典。
是否讓學生分組報告	是，依照課文目標不同而定。
有特殊生時如何調整教學	依學生程度不同而訂定不同學習目標。 多以引導、仿說、仿寫、圖示為主。
出學習單 （一課幾張）	每課二至三張學習單。 （學習單內容以文法、單字、課文為主）。
鼓勵學生找資料	是，依照特定主題給予任務。
作業類型	學習單、背誦、抄寫、口語對話。
如何給學生獎勵 （獎懲標準如何）	口頭鼓勵同時給予平時成績加分。 學期總成績（考試成績＋作業成績＋平時成績）。
如何增進學生對不同學生之認同	透過與同儕施與受的關係建立班級歸屬感。

表 10-7　英文科教學特色（續）

項目	做法、特色及風格
教學特色	鼓勵鷹架教學（scaffolding instruction），在學習英文過程中，初由老師引導，當學生能力增加時，老師的引導將逐漸減少，如同建築物結構完成時，鷹架就拆走一樣。相信學習英文最重要的，不單單是語言本身，而是能慢慢培養學生「自我學習英文的好習慣」。
你覺得這個班能營造哪些特色以利存續	親師合作、支援教學。
讀書風氣之培養	身教重於言教，由老師樹立榜樣，多閱讀，激起學生好奇心，進而鼓勵學生的內在動機及閱讀興趣。

表 10-8　自然科教學特色

填寫者：D 老師

項目	做法、特色及風格
作業批改評分標準	會看作業內容完整性、用心程度、正確度。
如何協助學生完成作業	作業難易根據學生程度調整，並給予合理的完成作業時間。
合作小組	實驗和活動課的進行尤其需要小組的合作，因此重視各組工作分配與協調性。
上課如何引起動機	以日常生活中的事例讓學生知道所學內容的實用性，或是以設計活動的方式增加學生的參與性，並由活動中主動發掘問題。
每一堂課如何結束	該堂上課內容之重點。
課程常用哪些教具	投影片、各種實驗器材。
學生是否分組報告	視課程內容進行。
有特殊生時如何調整教學	根據特殊生之能力設定學習目標，穿插在一般教學目標中進行，如回答不同的問題。

表 10-8　自然科教學特色（續）

項目	做法、特色及風格
出學習單 （一課幾張）	視章節內容多寡而定，通常整合數個學習單元後，以綜合活動方式出學習單，一章至少會有一張。
鼓勵學生找資料	每學期會針對一至兩個特定主題請學生進行資料蒐集。只有一至兩次是希望能訓練學生自己找資料、分析資料以找出答案，但避免增加學生太多額外的負擔。
作業類型	課本習題、學習單。
如何給學生獎勵 （獎懲標準如何）	班級規則以公平、公開為原則，在正式宣布後即執行，避免產生不同的標準，但對於特殊生會給予合適的協助。如掃地區域的分配等。對於表現優異者，予以肯定、讚美或視項目給予成績上或服務時數上的鼓勵。
如何增進學生對不同學生之認同	以身作則，身教重於言教。尊重每位學生的需求，如專注傾聽、協助解決問題等，自然會逐漸影響班上風氣。對於學生間不適當的言語或行為也需要適時制止或提醒。
教學特色	不僅是教課，更是教學生如何讀書。包括： • 鳥瞰式眼光：正式進入章節內容前，會說明各章節間之關聯，收提綱挈領之效。 • 筆記整理：協助學生能將課程內容以圖表方式整理重點，培養學生的分析、彙整能力。 • 著重生活應用：各單元內容與生活實例結合，課堂所學的能在生活中實際應用。
你覺得能營造哪些班級特色	• 肯定每個人的價值：人人擔任班級幹部，讓每個學生都能對於班級有所貢獻，也學習對所管理的工作負責。 • 團隊合作經營的精神：每週班會時有幹部報告以及提案討論，教室布置也是共同參與，培養學生觀察並關心班級事務，並學習以民主合作方式共同經營。 • 和諧喜樂的班級氣氛：以積極鼓勵的模式與學生相處，並會輪流與每位學生有「午餐約會」，學習發掘並欣賞每個人的優點和特質，有愛的地方就有喜樂與和諧。
讀書風氣之培養	注重早自習時段的秩序，建立教室內安靜及專注閱讀的風氣，無論是學校課程或課外讀物都可培養獨立閱讀的能力。

第四節　國中融合教育實施現況

依據教育部融合教育實施現況調查表中鎖定的指標，福榮融合教育推廣基金會國中融合教育班實施現況如下：

一、學校師生接納與關懷

1. 在課堂中會依據上課內容提相關問題並舉例說明，讓學生討論思考，鼓勵特殊生回答問題，通常特殊生很願意和大家分享他們的回答。

2. 平常一到校時，學生會找班導分享昨天晚上去哪兒、做了哪些事，下課時，其他學生也會找老師聊天。

3. 班上特殊生如有適應不良或和同學有狀況發生，老師第一時間會去了解狀況並試圖解決，事後再告知家長。例如特殊生在美術課做手拉胚沒注意旁邊的同學，結果甩了泥巴水在同學衣服上，引起同學不滿告知班導。老師請雙方陳述剛剛發生的事，再告知特殊生其他同學的感受，請他向同學道歉；放學時再將此事告知家長。

4. 剛開學時，同學很不能接受特殊生的種種行為，回家會告知家長今天特殊生又做了什麼事，引起家長的不解。老師會和家長聯繫，告知家長特殊生的狀況以及校方的處理態度，並教導學生如何和特殊生相處，並接納他們。

5. 特殊生有時會忘記早自習時間，班上同學會提醒其讀書時間到了，該安靜讀書了；或是特殊生的動作較慢，同學也會提醒上課時間到了，該將書本拿出來。

6. 普通生和特殊生會一起做打掃工作、抬餐、收拾餐具等整理工作，美術課、多元課、音樂課也會一起分工。

7. 校外教學，到紙箱王做 DIY 時，特殊生的手腳較不靈活，動作較慢跟不上，學生做完自己的成品，就主動協助特殊生。

8. 學校的各項活動，如運動會的啦啦隊，普、特生一起練習，互相幫忙。主題月班上戲劇演出，大家一起製作道具，演出時有人忘詞，就會幫忙提醒

台詞。

二、學校課程與教學調整：以國文科為例

1. 上課時會到特殊生的座位附近查看他們是否跟上老師的進度，並根據特殊生的程度，讓他們懂基本必需的課程，並調整作業量。如特殊生的理解力較弱，寫作業較吃力，普通生作業量如為三頁，老師會將特殊生的作業量調至一至兩頁。

2. 有些特殊生是視覺型，上課時會多播放相關影片引起他們的學習動機。

3. 特殊生較不喜抄筆記，老師會到座位旁適度地提醒他們該抄在課本的哪個地方；其動作比較慢，有時會跟不上課程，老師也會放慢速度。

4. 上課時會盡量使用投影機、電子白板，也會上網找相關影片讓同學觀看。

5. 作業會視情形調整，如習作部分的字詞練習，因為是較簡易的作業，就會要求特殊生完成；如文意練習，因涉及理解力，就會斟酌減量。

6. 課堂時會盡量舉生活的例子或時事，讓特殊生能感同身受，融入其中。上到一個段落，會重複剛剛上課的重點，並點學生回答，加強他們的印象。

7. 老師會根據特殊生的需要，營造出適當的學習環境，讓他們和同學能一起進行互動；也會推派特殊生代表班上進行活動，如結業式當天的期末學習檔案發表，就請特殊生代表班上報告他的檔案，讓其有表現的機會。

8. 特殊生的書寫速度較慢，因此有提供考試延長時間的評量方式，讓他能順利將試題完成。

9. 七年級的學生剛進融合班，還不適應普通生、特殊生一起相處，因此偶有摩擦，每次遇到狀況，老師會先私下了解狀況，再利用課堂上適合的時機將發生的事情做討論，並告訴學生下次有類似情形發生應如何處理會較妥當，讓學生慢慢適應，增加他們的和諧度。

10. 特殊生有時只沉浸在自己的世界中，較缺乏同理心，對同學的感受較遲鈍；好幾次和同學的衝突就因此引起，老師會將同學的感受告知特殊生，請其多留意周遭的人事物，將有助於人際關係。特殊生看到同學在講話會很好奇地湊過去聽，有時會靠同學太近，讓同學嚇一跳，老師就會提醒。特殊生個性較愛爭辯，情緒控管較弱，有時出現鑽牛角尖時，老師會先讓

其冷靜一下，等情緒穩定再和特殊生談，通常效果不錯。特殊生有時說話會較誇大，同學會覺得他吹噓、說話不實在，而不喜歡跟他對話；這時老師就會跟特殊生提醒真實發生的事情才能說，要他分清楚想像和現實的不同，如能慢慢改進，相信同學會喜歡和他交談。

三、學校課程與教學調整：以英文科為例

課前：了解特殊生的學習狀況及對英文喜愛的程度，進行調整教學。對於各單元中的單字及文章先進行簡化，再製作每節課堂考進度表，降低單字背誦量。

課堂：1. 使用電子白板觀看每單元的動畫影片，引起特殊生的學習動機。

2. 常用對答式教學訓練特殊生口語表達的能力。

3. 使用字卡／圖卡進行單字或文法教學，提升特殊生專注力。

4. 利用紙筆書寫，訓練特殊生寫筆記的能力。

5. 課堂中引導特殊生完成習作練習，並口頭進行問答，給予特殊生多次練習。

6. 運用活動小遊戲進行單字和句型練習，增加特殊生學習成功的機會。

7. 指派同組同學擔任小老師進行同儕指導。

課後：設計適合的學習單，給予回家完成，每次上課都會有特殊生的作業。隔天上課時繳交作業，如有作業錯誤，會進行個別指導和訂正。

評量：依照已減量的單字表進行測驗，成績良好者，給予口頭鼓勵，成績較差者，會個別討論與家長對談，適度減量或進行內容調整。例如：

1. 聽力測驗，依照習作內容及特殊生程度，挑題進行測驗。

2. 文法和句型測驗，提供特殊生圖片，給予句子重組或是配對。

3. 閱讀測驗，給予較簡化的文章，先導讀，後測驗題目。

4. PPT 資料作業，找尋網路資料，適合製作主題的 PPT 以供學習。

第五節　教師訪談

問：請問如何準備教學？

答：教師會依據教學經驗視學生特質調整，多年教學經驗對於講義教材等編製能得心應手，並且依據學生的特性做適切的調整。大組小組的東西，開學的時候就做好了，一開始都是自己編，有些東西都要一直調整，我教書已經第六年了，有好幾年的經驗，我覺得學生這個地方特別不懂，變成自己的教材得心應手。學生上課有寫字，我認為學生上課不能只是聽我，可以留一些框框讓他們畫圖，一些空格進去練習題，就變成一個完整的東西。講義比較便宜，第二個是自己做的東西，買不到，他會比較珍惜，考試前他知道那個最重要，他有個依循。不然課本拿出來厚厚的一本不知道哪裡比較重要，他們也不知道，所以我覺得這方法還滿有效的，我覺得比較有用。（Int-中許1）

問：請問課程設計方式？

答：（一）在大組與小組間會有部分課程的調整

如課程難易度和具體或抽象程度等，以下以教導四川省為例：

大部分還是以課程內容為主，但會依據學生程度調整難易度及具體或抽象的程度，且盡量以活動方式進行教學，若無法進行活動則會改採較靜態的方式呈現。

以四川省為例，「特殊生」會選擇課本裡面四川省比較有趣的部分，像是四川省有熊貓的保護區。我就針對熊貓的生活習性、牠在四川的生活環境在哪裡，讓學生看圖片及找地圖。然後順便有一個活動是讓他們連連看，就是從一連到最後面會畫出熊貓的形狀。關於熊貓的活動，因為學生覺得熊貓很可愛，最後引導他們做討論：因為我們喜歡牠，就要去保護牠。就是引導到保育的概念。這是熊貓的部分。

四川省還有一個部分是介紹西半部比較高的地形，地名叫作「康定」。之前我就有問學生說：有沒有聽過「康定情歌」，他們說有。我就去把歌詞找出來，跟他們一起唱這首歌。然後我再跟他們從歌詞裡面去找：我們可不可以從歌詞裡面發現這地方是在什麼樣的地形上面？他們就可以從第一句「跑馬

溜溜的山上」知道，康定原來是在山上，就是比較高的地區。這一堂課主要就是朝這兩個地方去做，這是特殊生的部分。

大組則是大致以課本為主。我能夠呈現的是我另外準備的圖片或是當地的一些例子，補充一些有趣的東西，主要是以課本為主。其實像中國大陸那一部分，每一省就是一課，除非那一省有特別的活動，讓學生認識這個位置、特色是什麼，所以每一堂課就請同學畫地圖認識一些位置，辨別地圖的顏色代表的意義等。大概每一堂課一定會做到這個部分。活動的話視那一課的單元內容來增加或減少。

像四川省就沒有辦法有額外的學生活動，像之前福建省的時候，由於福建省有谷灣式海岸，谷灣海岸形成是有一個過程的，我就有設計了一個保麗龍的模型，可以慢慢地疊，就可以發現地形的改變，這個部分就可以請學生出來操作。所以不是每一課都有辦法有一些學生活動，有的會比較靜態，有的就只是發表而已，有的就可以操作，或者有的是看影片，不一定。（Int- 中林2）

（二）課程的設計以課本內容為主，但盡量貼近於學生生活經驗

我是盡量以學生生活經驗到的開始進入，因為他們的記憶力通常都不是很好，如果跟他們講一些名詞的話，他們其實記不了多久，而且沒什麼意義。所以先從生活周遭上面的東西來處理，其實地理課就是一個滿生活化的學科。（Int- 中林3）

（三）根據課本結合生活經驗並用具體描述相關原理原則

我們最主要的是，首先你要選什麼樣的單元。例如現在在上「電」，教師要從這裡面抽出什麼單元對學生來說是有必要的。例如教他如何使用電器，一樣一樣的電器逐一來介紹。就像簡單的遙控器，遙控器容易壞在哪裡，平常不用的時候，電池放在那裡面，放久了可能電池液就會漏出來，可能就會腐蝕，甚至直接漏電，遙控器整個就會損壞。類似這樣的小問題。我覺得他們比較會注意日常生活中的問題，所以我盡量不講抽象的原理，因為那些原理可能離他們十萬八千里，他們如果不繼續唸書下去，這些原理對他們而言是沒有用的。但是有時候我也會去推一些比較難的問題，因為這些有助於他們腦部的邏輯發展。那有些東西你也沒有辦法想像，我現在教有什麼用。我現在只能把我覺得他們可以學得會的，對他們而言可能還滿好玩的，然後我自

己的教具在這方面又準備得滿足夠，在上課的時候他們會覺得滿花枝招展，那這樣就可以選這個單元來上。（Int-中許2）

（四）運用資源

想到的都可以用，我可能會主要從書籍、網路、報紙上，我會把報紙上相關的內容剪下來用到教學上。（Int-中林3）

應用哪些資源，我覺得可應用網路、報章雜誌、教師錄影帶、百科全書等。最常使用的我覺得還是網路上，還有以前書本上蒐集的資料，我覺得比較完整且得心應手，隨便想一想就知道了。（Int-中許1）

教具、電腦。（Int-中許2）

我會很重視這種東西（教材教具），因為我覺得這才是一個老師應該做的東西，你應該是做你的、把你的資源擴充到很充足，讓每一個學生都很適合學習，這也才是你的資產，以後出去跟人家競爭，這才是你的東西。（Int-中潘2）

（五）課程設計的困難

1. 設計特殊生小組教材內容不太容易：

普通生應該差不多，沒有什麼困難。特殊生的困難，就是在課程設計上，就像我上次講的，就是到底適不適合學生，這個一直都不曉得，似乎一切都是會有一種無力的感覺！（Int-中林1）

2. 無法兼顧不同程度學生，以及兼顧課程設計與進度的壓力：

基本上，他們上課都比較靜，除了A生之外，那B生的問題是隱性的，除非我去發掘，老實說，我現在真的沒辦法好好照顧他們。因為我曾經提出我上課沒辦法照顧到他們，所以他們如果可以獨立出來上課，學習效果會比較好。而且我課又非常多，一下課就要趕著去準備下一堂課，所以根本就沒空，除非他們自己來找我，要不然我沒有辦法主動去幫他們。剛開學的時候我還會想說要去做，可是我發現下課的時候，我留下來只能去陪一兩個人，而大組特殊生有三個，而我陪完之後，下一堂課會耽誤到。所以……慢慢的……就覺得很累，使不上力。（Int-中林2）

只有在講每一課比較淺的地方，他們都還可以，到後來就不行了。我只是覺得他們很可憐就是了，好像也不能幫他們什麼。而且重點是，我確實沒有很多時間慢慢想，每天就像打陀螺這樣，轉轉轉，非常的累。回家就準

備教材，光是準備教材、設計講義，然後三不五時出個考卷，就差不多了。根本也沒辦法想那些大組特殊生要怎麼辦。（Int-中林2）

現在接了融合班，冒出一個問題就是我要去調整學生的學習……不同的差距，我要去調整我的教學、調整我的作業單、調整我的考試。仔細想一想，這個壓力還有它的工作量，確實是比之前增加兩倍以上，而時間還是一樣的。我想要盡力的話，因為心力分散在好幾個方面，就是一定會難免做得比較不好，這樣當然成就感就會相對低落，自己覺得很累，沒有什麼成就感。如果今天如果有一位老師，他是專門負責融合班，這樣也許會好一點吧！（Int-中林2）

因為現在的問題在於課程的設計，還有很多作業的調整、考試的調整，可是調整很花時間，而且每一年調整的方式都會不一樣，不像普通班老師他第一年調整好教學，就大概往後的模式都會差不多，可是現在我們如果要針對特殊生去調整的話，每一年進來的學生都不一樣，老師每一年的工作量、壓力都很大。像就我來講的話，我任教的班級又那麼多，確實就社會課來看，不管是地理、歷史、公民都一樣。像以國文科來看的話，因為他的每一個班級任教的節數比較多，所以他可能就不用接這麼多班級，就是說他可能只要接兩個年級，這樣工作量就會比較少一點。（Int-中林2）

因為現在沒有背後的支援者幫我們做一些課程調整，或是課程設計。像我覺得現在我的工作有點像我是出版社，我要負責出課本、出考卷，然後我又要親自上戰場去教書。現在的問題出在這吧！因為每一個環節都要付這麼大的心力的話，有一點不能負荷啦！（Int-中林2）

真的是很趕，現在的課程非常趕。因為內容很多，上不完。而且一年級最誇張，一個禮拜只有一堂課，我必須講很快，沒辦法講很多遍。其實這樣一堂課上下來，接觸很多新的東西，對普通人來講都很累了，更何況是特殊生呢？（Int-中林1）

設計的時候最困難的，我現在只能用想像的去設計，就像我剛剛說的，所以我不曉得我現在設計的對他們難度是否適中，就不曉得他們起點行為在哪裡。（Int-中林3）

之前我有一個很大的掙扎，因為明年就要接觸新教材，我很擔心沒有辦法面面俱到，因為，第一個，接觸新教材之後，我就一年級課程要重新去整

理；然後再來就是要面對特殊生，然後教材都要自己設計。所以在時間上面就會比較緊一點。（Int- 中林 3）

3. 貼近學生的需求引起學習的興趣：

特殊生部分，如何讓他們覺得有趣，因為有的時候我們覺得有趣，他們並不覺得有趣。你要讓他覺得有趣，就要懂得帶遊戲。所以有的時候因為我們沒有受過這樣的訓練，去學這樣的東西常常去看一些小遊戲。（Int- 中許 1）

問：如何兼顧到特殊生跟普通生的需求？

答：以課本教材為主，設計不同層次的課程。兼顧的部分，我還是盡量朝著課本發展出來，你說憑空的話這東西就變得沒有連貫性，所以還是以課本的教材為主。例如像現在即將要上有機，就上有機；即將要上電，就上電。只是把內容簡化可以設計遊戲出來這樣子。

我覺得理化比較占便宜，因為有在做實驗，我覺得同樣都是操作，那特殊生需要很確實的，你先操作一遍他再來模仿。大組的話，我不喜歡教他們，我喜歡讓他們自己看懂書上教的方式，再來做，做錯了也沒關係，我覺得大組會讓他們在錯誤中學習，他們比較會發展出主動的精神。小組的話，顧慮安全的問題，我現在只做一點，我教過學生會，學生自己來操作，但是基本上我覺得他們還是有共同性，就是動手做，因為我們這一科要動手然後才能動腦。

如果同時，因為我們現在大小組是完全分開，同時學到的東西就是剛才講的他們之間的東西，就是要有共同性，他們之間也比較有話題可以講，你學到這個我也學到這個。（Int- 中許 1）

問：教學策略有哪些？

答：（一）透過合作學習的教學策略

我在想，融合班讓他們在大組（人數比較多，有特殊生的組）上課，也許用意是讓他們可以經過合作學習去學一個東西。但是這樣子要有一個前提就是，就我這一科學習的內容就不要那麼多，因為學生討論需要時間。經過討論，那一堂課原本我可能一堂課可以上完，他們討論可能要花個兩堂到三堂，才能把那一個部分解決。所以這都有時間上的限制，我覺得，我的這一

個部分是這樣子。（Int-中林1）

就是說，第一個你分組，那分組有什麼異質分組，分組就是要分配工作，每個人都有工作。不同的工作、不同的事情，不同的東西。合作學習可以做的方式有很多種，他們其實很合作。這學期就開始來調，然後特殊生的話就是討論，然後比較受到關注，再來是用設計。那他們每個禮拜都要來一次，跟他們講學習單要怎麼設計。（Int-中潘1）

（二）額外提供個別指導的策略

如果大組的特殊生可以在小組（特殊生）裡面上現在課本的東西，可能效果會比較好。因為老師可以針對他們這樣個別的引導，個別指導會比較有效。在大班級裡面，要照顧的人太多了。只是說這樣子課就會多出一些部分，多開一些課，這樣當然是最好。對他們來說最好，要不然他們在大組裡面跟不上進度的時候，那時候他們就只好發呆了。（Int-中林1）

（三）利用多元智能的策略，依照不同程度提供適切的學習方式

其實因為每一個人對不同方式喜好程度都不一樣，就像是多元智能策略，就是你嘗試不同的方式，一定有人比較，每個人都有辦法找到他最合適的方式去學習。我覺得每一種都要，不要只限定某一種方式。要不然，可能接受的就只是那一些人。（Int-中林3）

（四）提供記憶策略以取代傳統死記的方式

學生沒有興趣，討厭背東西，你就要說故事給他們聽，他們討厭背你就要有些口訣，教他們背。因為背東西每個人都討厭，所以要準備一些口訣給他們背，雖然說這不是很正統，但他們會說，其實背東西還有別的方法，在他們腦袋裡會建立一些連結。（Int-中許1）

（五）利用圖片或圖解，讓內容具體化

例如我的教具非常多，我可能有很多圖片去刺激他們的視覺。上課的時候我會講小故事，把他們帶進那個故事裡面，然後他們會領悟原來是這個樣子。他們就會很容易覺得這個東西不是只是課本上的一句話。例如我在講變壓的時候，我會講電擊棒的故事，然後他們就會把電壓、電擊棒，聯想到電壓這個東西，會是比較具體的東西，就不是這麼抽象的。可是你如果說，電壓、電流跟電阻有什麼關係，他們就會很頭痛，他們就會不想上。所以就是說，這個東西你要給他們一個很生活化，或者可能是說日常生活中會碰到的，或

者介紹一些跟課本相關的很好玩的小故事給他們聽。他們就會覺得還滿能夠接受的。（Int-中許2）

問：如何做課程調整？

答：（一）透過教具、圖片或媒體使內容更具體化進而輔助學習

就是調整到一個適合他們理解的，就是讓他們比較能夠理解，然後適合他們學習的程度。還有輔助一些教具、媒體等。（Int-中林3）

通常都是給他們看圖片，或是用模型去演示過程，或是請學生上台去參與活動，或是看影片，就是讓抽象的東西比較具體，也會讓他們分組討論一下。（Int-中林3）

（二）透過抄筆記增加學生對課程的記憶能力，以及改變抄筆記的格式書寫方式

這個方式普通生我覺得適合，但現在比較大的問題就是如何在國中的架構套入特殊生的部分。講比較好聽就是說，比在啟智班他們比較可以接觸到不同的面向。可是講比較難聽就是，這些東西真的對他們有用嗎？今天問特殊生跟普通生的需求？上學期我們大組裡面生物科還有普通生的時候，因為我上課習慣，就是要他們寫筆記，那普通生請他自己抄板書。特殊生我可能就是印好，讓它變成填充式的填空格。（Int-中潘1）

問：如何出學習單及作業？

答：（一）上課時透過分組討論完成學習單

我讓學生討論的機會都是在上課的時候，講到某一個主題，我覺得這主題滿適合討論的時候，我就會讓他們討論一下。例如上次在講蓋水庫有什麼優缺點，就讓他們分組討論一下，然後再起來發表意見，最後我再整合在黑板上。倒是作業單方面比較沒有讓他們做分組的工作。（Int-中林1）

（二）依據課程設計學習單，並將作業放入學習單中

一開始先設計好學習單和設計的活動，這樣學生看到學習單也比較知道要做什麼，有個活動比較容易引起大家的興趣，後面那個作業就可以根據學習單去做延伸的題目。先做活動再發學習單，學習單要先準備，最後再一個作業單。因為我們是理化課，不是每次都有學習單，可是大部分都是因為有些是實驗，所以幾乎都讓他們直接操作，這節可操作完，下節課可能讓他們重複

再操作，讓他們確實熟悉每一個我要他們熟悉的動作。（Int-中許1）

（三）運用資源

只要可以用的我都會用，例如網路、報紙或是雜誌，就是身邊的東西。（Int-中林1）

網路資源，課本上的東西我會發展出來。因為基本上大小組的單元一樣，所以我還是從課本中出來。（Int-中許1）

（四）除了取自網路資料外，更會參考學生 IEP

大部分是利用網路找資料，我通常是自己想的比較多。

參考 IEP，會跟其他老師討論。結合就參考 IEP，然後設計減低難度。（Int-中潘1）

（五）特殊生學習單的調整

1. 簡化學習單：

如果是對特殊生，我會把這一份學習單簡化，讓他們可以學習。（Int-中潘2）

2. 依據課程設計學習單：

其實不會調整，因為我們現在的東西都是照課本，我先把我覺得可以做的挑出來，所以他們那時候作業做到那邊，這個部分就會有作業。這樣會不會很奇怪？（Int-中潘1）

主要就是說，作業內容要適合特殊生的程度。（Int-中許1）

3. 學習單設計的困難處：

(1) 不確定是否符合學生的需求：

我覺得問題好像都沒有困難，大組的部分就是我講過的東西會希望他們去整理出來，所以這比較沒有什麼問題。從學過的東西統整一下。小組的學習單我不曉得我教的東西有沒有符合他們的需求，要不然其實設計都沒什麼問題，你可以設計出各式各樣的學習單。（Int-中林1）

(2) 作業格式欄位問題：

常常因為我們是第一次設計，一開始的時候以我們大人的角度來看會覺得滿順暢，學生在寫的時候，有時候那個格子設計他會不知道頭在哪邊就開始寫了，所以橫式、直式的設計要特別注意一下。（Int-中

許1）

(3) 花費且占據了許多老師的個人時間，或無法兼顧兩者：

照理說應該要為他們特別設計學習單，可是我想現在還沒有辦法做。我現在教兩個年級，都要備課然後要設計小組學習單、大組學習單、要改作業等，又要準備一些資料，所以……，其實也沒時間。因為如果要再特別為大組特殊生設計學習單的話，就每一課都要，會比較花時間。（Int- 中林1）

我覺得花滿多時間的。我的生活，如果你問我家人，他們會說，我下班後還是一直抱著課本、出學習單，這確實是我今年的生活。以前，我只是想說第一年教書，真的會花很多時間在課程上，可是我完全沒有想到說回家好像完全沒有自己的時間可以做自己的事情。例如我以前可能想說可以看一下自己的書，因為我會覺得我的專業知識是停頓的，沒有前進，都在做一些課程調整，那其實對我的成長來說沒有什麼幫助，會覺得有點憂慮，因為沒有成長，其實久了我在面對學生，會沒有自信，因為我還是一直停留在那邊。（Int- 中林2）

(4) 學生程度差距大，要同時滿足不同障礙的學生學習比較困難：

那當然不一樣！程度差，差得非常多啊！難易程度差，內容上有差，圖案會多很多。（Int- 中許1）

（六）與特殊生的 IEP 結合

依據 IEP 選擇學生最有興趣的部分，除了學習單必須跟 IEP 結合，我認為作業的內容可以盡量再延伸出小朋友覺得有趣的部分，然後最後你如果覺得他們在這方面特別有興趣，而且學得特別好，當然趁這時候回頭可以再加強到 IEP 裡面去。（Int- 中許1）

問：如何評量學生？

答：（一）採用口頭、學習單、習作、課堂操作或實作、課堂問答、測驗、學生互評及老師評量方式

口頭上的還有學習單，就是習作的部分。還有我是下學期的時候試著讓他們做口頭報告，但可能是他們事情太多了，所以做得零零落落的。倒是上學期教授舉辦一個利用學期末做一個學期報告，我就讓學生去做，要不然我設計

的報告我看他們幾乎沒有時間完成。（Int-中林3）

一般來說，因為我們是理化課，所以主要是實際操作。實際操作還有問答題，我發覺用寫的學生困難度會比較高一點。最常使用的方法就是操作、問答。然後一對一的問答，或者是一對多的問答。讓他們搶答，有旁邊的同學在那邊提示，他們會比較不那麼緊張。（Int-中許1）

評量學生最常使用就是他們的互評，評量方式會用測驗卷，特殊生題目另外出就可以了。（Int-中潘1）

（二）針對特殊生的調整

1. 考試內容簡單化：

只有特殊生的考試內容是不一樣的，比普通生的考卷內容還要簡單一點。我自己去調整的。小組的考卷也是另外出的，就他們上課的學習單去出的。因為地理考卷幾乎都是我出的，普通生也是我出的，就是從裡面挑比較簡單的題目出來。（Int-中林3）

2. 以課程重要觀念為出題方向，多採取選擇題、連連看或看圖選答：

像大組特殊生的考卷，我上學期沒有調整，因為那時候可能還在適應，著重在小組的部分，小組的考試題目要特別出。這學期大組的考卷，我是盡量選那一課最重要的觀念，因為我怕他們記不起來，就是標題式的答案，都是選擇題、連連看、看圖選答。

3. 採用問答口試方式或實際操作的方式：

事實上普通生我也會用問答的方式，就以他們上課的問答方式來加分。針對特殊生，盡量不要以紙筆的方式，幾個特殊生一起上課（小組），因為上課人數比較少所以相對的每人分配的時間就比較多，所以你可以以一對一去看他的手動作的一些操作的東西，就順便問他一些原理。（Int-中許1）

4. 符合特殊生與普通生的需求：

學習單或考卷題目之間需要有明顯的分隔線：考卷跟學習單一樣要多一點點圖案的部分，設計的時候盡量是題跟題之間有個明顯的分隔線。（Int-中許1）

5. 與特殊生的IEP結合：

了解IEP後做題目內容延伸，並事前透過模擬題讓學生練習：

之前是會先做題目模擬，一個比較特別的是，如果可以的話，可能在學習單後面會出一些題目，可能考試就從這裡面考出來，所以他們平時都一定看過。然後因為學習單的內容是跟 IEP 結合，考試是由作業而來，所以也是結合。（Int- 中潘 1）

問：如何做班級經營？

答：1. 建立班規，增強及懲罰制度：請他們吃東西。第一個我覺得這個方法也不是很好，可是我覺得這是最實際的獎勵，因為比如嘉獎，他們要到學期末才看得到。（Int- 中潘 2）

2. 特殊狀況處理，處理困難處在於溝通問題：班級經營，真的是困難！有時候像特殊生，我們班有一次發生兩個特殊生吵架，兩個人在那邊好像就快打起來了！你之後要他們溝通，我覺得滿難的，因為有時候他們的情緒……有點障礙吧！反正他們比較不會聽彼此解釋。（Int- 中潘 1）

問：親師溝通輔導特殊生策略有哪些？

答：與家長溝通方式，包括電話訪談、面談等。因為很多家長都會來找我，常常面談也有，家長最常反映有關教學方式、課業內容或考試多寡等事項。小孩在班上的情緒問題、友誼問題、是否被排斥等，有些家長會很擔心自己的小孩受欺負，會被冷落。雖然家長希望學生自由發展、融合班要發展人性化，可是一旦月考成績出來，還是會非常非常在意。有時候一個星期好幾次，打電話一開始很多。何種效果比較好？我覺得面談比較好，因為有時候打電話這樣子講一講感覺不夠誠懇，我希望家長可以感覺到我的誠意。有時候這樣電話講，家長會誤會說是不是在講他的小孩子哪裡不好，那小孩子回去被罵，其實是我最不樂見的。希望可以面談，可以當面表達出我的誠意，有時候家長找上門來這邊面談，我覺得效果都不錯，覺得家長其實都有開通的一面，你如果跟他講，他都會理解。（Int- 中許 1）

第 11 章

融合式教學

　　對所有的學生而言，不管是能力好或能力不好，教學及執行課程的方法都是一樣的，原則是教學必須根據學生能力的不同，設計適合的課程以確保他們都能得到學習的成果。然而當同一班或同一組中學生能力不一樣時，要兼顧其需求就不容易了，在異質性高的班級，要做到符合不同能力學生的教學需求，是需要經過仔細規劃的。融合班中有普通生及各種類別的特殊生，無異屬異質性高之團體。和別的學校不同的是，在竹大附小的融合式班級裡，一班 22 名學生中，有三分之一是特殊生，特殊生指的是有著自閉症、智能不足、聽障、學障及肢體障礙的學生；普通生中也有幾位資賦優異的學生。當融合式班級的學生組合不同於一般班級時，教學策略也需有所調整，以因應學生間較大的個別差異。

　　融合班上課的科目和一般國小大致相同，和別的學校主要的不同的地方在於教學型態，教學的型態分為全班一起上、同班及跨年級分組等型態，分組時每一組由一個老師負責，期使教學可以更精緻、更活潑、更多元。

　　教師教學時必須掌握教學的原則，做好教學的準備，在開學時應確認要教的內容、內容涵蓋的概念、需要安排的作業，並安排適合所有科目學習所需的材料、遊戲及活動，除了教學生知識及訊息，還要教導學生如何使用他們學習的內容及應用所學的知識。

　　總括來說，教師的工作為分析課程主要概念、運用有效的教學策略、針對

學生的困難提供鷹架、連結不同課程及同一課程的主要概念，進而加深加廣、有計畫且經常性地協助學生複習和應用學過的概念、將新的學習內容和已學過的連結。融合的班級尤需改變教科書本位的教學，採取反映個別差異的教學，做到因應學生需求調整課程和教學及多元評量，要做到這些，教師在教學前要先了解學生的能力，才能使用合適的教學方式來呈現教學內容，例如學生具有理解的能力，就可講解課文內容讓學生了解課文的句子。同樣地，考試亦須先了解學生的程度，設計適合的考題，測試在課堂上教到的重要概念，而不是考一些枝節的問題。此外，針對學習困難的學生，可能需要改變考試的型態，例如將字體放大或是採用其他的方式。

第一節　異質性團體的優點

　　這個社會是多元的、異質性高的，因而異質性團體並不少，異質性團體亦有其優點，優點為：

1. 可以讓不同程度的學生一起學習，共同工作。
2. 可以讓學生建立雙向的關係，欣賞人與人之間之差異，發展合作的技巧。
   至於如何安排不同程度學生的學習經驗，使學生能一起學習並建立良好的互動關係，則有下列方法：
   (1) 安排座位：留下走道讓教師易於巡視學生、協助學生，並且讓願意助人的學生坐在較需協助的特殊生旁，以利協助。
   (2) 安排共享教材的機會，例如兩人共用一份作業單或教具。
   (3) 讓每位學生都覺得自己是有用的，對於一些特殊生應給予參與機會，分配工作時，每人都有工作。
   (4) 平衡學生間的互動：讓有破壞行為或注意力不集中的學生扮演風紀股長的角色。
   (5) 平衡教學機會：讓每個學生學習的機會是均等的，例如在一個小組中應有能力較好的，也有能力較差的，老師給予每位學生教學的機會應是均等。
   (6) 獎勵合作的行為。
   (7) 讓成員了解團體的規則及小組的運作，讓學生自我評鑑小組中每個人

的努力及進步。

(8) 蒐集學生的行為以作為教學的參考。

第二節　異質性團體中之教學過程

當教室中學生異質性增加時，必須使用更多的計畫及組織來設計課程，在設計教學活動時，教師必須分析學生的需要及興趣以符合班上所有學生的需求，融合班中特殊生和普通生的教學並不是分離的，而是將特殊生要學的內容融入一般的教學程序中，並將其學習目標融入教學活動中。當特殊生進入教室時，學習就開始了。教學過程強調下列幾個要素：

（一）教學地點

1. 主要教室。

2. 其他教室。

3. 校園其他地方，如圖書館。

4. 固定社區場所，如教堂。

5. 非固定社區場所，如超級市場、動物園。

6. 轉接點：到達一個場所中間經過的點。

（二）學習型態

按學生人數分為下列方式：(1) 一對一；(2) 小組；(3) 和好朋友一組；(4) 跨年級或年齡；(5) 團體。

（三）上課方式

1. 一般講述。

2. 活動操作：如拼圖。

3. 相關社區活動：如到超級市場買東西。

4. 單元活動：配合單元安排的活動。

（四）教學原則

在異質性高的團體，由於學生間的異質性差異非常大，學生間的合作學習（cooperative learning）及跨年齡、跨科目教學就成了重要的課題。異質性團體的教學原則如下：

1. 掌握教學的時機：學習必須建立在學生已有的知識上，才能促進其學習，此外教學的時機也非常重要，學生能真正學會一樣東西往往取決於是否能在適當的情境中應用，例如在吃飯時學習用餐禮儀，因而如能在適當的時機中教導技巧必收事半功倍之效。

2. 提供具挑戰性、無威脅、安全及真實的學習環境及豐富的學習經驗：真實情境讓學生能在真實情境學習統整及組織有意義的知識、想法及經驗，鼓勵學生主動建構知識，並與生活連結，讓學生主動地運作習得的學習經驗，例如參觀九族文化村了解原住民文化。

3. 鼓勵同儕教學：在融合班級裡，老師需要給表現落後的學生當領導者的機會；安排跨年級的學生充當小老師，指導有需要額外協助的學生。同年級教同年級，也可高年級教低年級，一星期一次，每次 30 分鐘，高年級陪低年級學生看書，低年級唸，高年級聽或記錄。通常在活動當中，會請普通生帶著特殊生操作或是寫字。上課的時候，會讓特殊生旁邊坐一個能力較強的普通生，讓他可以提醒特殊生，自己同時也可以學習。

4. 每個學生學習的量可以不同：透過效標參照測驗來決定每個學生學習的成果。例如讓學生從事一連串作業的不同部分或是給予不同的作業。

5. 獎勵每個學生在學業上和自己比較：學業的要求及通過的標準要讓學生知道，學生必須了解每堂課學習的目標，除了讓自己達到目標外，也要確定小組中的每個人都有機會達到其學習目標。

6. 重視個人及團體的成就：學生間應互相支持，並了解學生在彼此心中的看法，確定每個學生都認為每個人是勝任的，每個人對團體都有貢獻。

7. 公平對待每個成員：對於特殊生不需過分獎勵，以免其他同儕視之為異類。

8. 統整相同性質的活動：減少活動內容的差異，把性質相似的活動結合在一起，例如把和剪相關的活動（例如畫畫、剪及貼）放在一起，才能同時進

行不同層次的教學。

第三節　異質性團體教學常用的策略

在異質性高的團體，由於學生間的差異非常大，教師除了善盡教學職責外，還需使用一些教學策略以增進學生的主動參與，以下將介紹一些常在融合式班級使用的教學策略。

（一）合作學習

在異質性高的教室中，學生間之合作學習是非常重要的，除了學業的目標外，還必須從他人身上學習，成績的決定可將每個人進步的分數加起來再用小組人數平均，亦可將與人合作訂為個人學習目標或是用其他合作方式來決定每個人成績。學生間的學習是相關的，每個學生的學習都是別的學生學習的經驗。教學策略可先採全班講述後分組的方式，分組時採用異質性團體分組，讓特殊生與普通生在同組中互相合作、互相學習。學習過程強調異質性小組的合作學習，讓能力強的學生和能力弱的學生同一組，共同完成一項任務，任務應依學生能力、興趣和生活經驗做調整。在融合班，教師常安排學生間合作學習，讓幾個學生一組共同完成一項作業，例如上五年級國語課「感恩與惜福」時，老師要四個學生合成一組去訪問一個機構，同組的一位特殊生堅持一定要和課本內容一樣訪問某個機構，與他同組的學生尊重他的意見，合作完成了此項作業。這樣的分組是一種均質的分配，在未深入探討時，可能認為特殊生會拖累普通生，但在深入了解後發覺普通生不但不會因此被拖累，反而在社會性方面因其能幫助特殊生而獲得更高層次的心理滿足及成就感。

（二）分組教學

在竹大附小融合班的教室中，小組教學是一主要的教學型態，融合班一班22名學生其中三分之一的學生為特殊生，異質性非常大，兼顧普通生及特殊生需求的不二法門為分組教學。有些課例如國語及數學分成兩組上課，低年級採平均分組，學生平均分成兩組時，每組有 7 至 8 名普通生及 3 至 4 名特殊生；中高年級則分成一個大組一個小組，大組有 15 名普通生及 3 至 4 名特殊生，小組只

有 3 至 4 名特殊生,特殊生視程度分在大小組,中高年級的國語及數學課程量很多,無法平均分組,所以採取能力分組,讓學生間的個別差異減少,教師較易執行教學。教學前教師必須為所有學生設定合宜的教學目標,先行了解特殊生可能在教學中學到什麼。為了教學的方便,教師在準備小組教學課程時,可為每位學生準備相同或領域相近的材料。例如教學的主題為「台灣的由來」時,由於每個學生具備的能力不同,就不是每個人都能達到說出「台灣早期的歷史」的目標,對於未具備「台灣歷史概念」的學生,則須從簡單的台灣介紹開始,訓練其畫出台灣地圖,或是用著色、貼地方名稱的方式,以達到個別化教學之目的,因此小組教學時,每位特殊生所學的內容是視其能力起點而定。

(三)多重媒介教學(multi-modality teaching)或多重表徵方法

任何學習內容或訊息都可以用不同方式呈現。教學除了口頭講述外,亦可用視覺或其他方式來呈現教學內容,例如可以提供大綱、引導重點或是有聲檔案讓學生課後可以學習以達主動學習的效果,也可以提供許多閱讀程度不同的書籍或網站以呈現相同的主題。

(四)學科及領域之統整

以主題或單元為核心,其他學科/領域依此核心設計課程,將不同領域課程內容合成一體或關聯起來,統整的內涵包括整合分割的學習經驗,課程內容中的認知、情意和技能統整、同一和不同學科或領域的知識(知識的統整)、新舊經驗的連結(經驗的統整)、課程內容與學生產生連結(功能性課程)、課程內容與學生所處生態環境連結(社會的統整),以增加學習的意義性、應用度。例如,當用布偶來呈現一個故事時,也可包含寫、閱讀、唱、剪、說、舞蹈扮演等活動。這個活動亦可和其他學科或活動做連結,例如當教學主題是「月亮」,教學重點著重在月亮及天文時,內容雖以自然課為主,也可以在國語課時談到描述月亮的詩及故事,社會課時討論不同國家的人如何過中秋節及慶祝中秋節的習俗,數學課時討論形狀及分數,如此就可以拉開課程的廣度,減少科目的界線,增進不同程度學生學習的機會,讓學生在較彈性的活動中發展學習及合作的技巧。

（五）以學生為本位

融合班的教學活動是以學生為本位的，而非以教師為中心。透過師生對話，讓學生在校習得的學習經驗能與家庭和社區生活連結，在其中，教師需扮演引導的角色，提供探索的機會，引導學生學習，圖 11-1 闡釋融合班教師引導學生學習的過程。

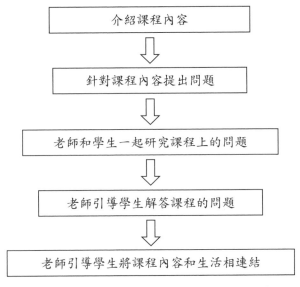

圖 11-1　融合班教師引導學生學習的過程

（六）盡可能在團體中考量個別的需求

在大團體中達到個別的目標，而不是透過一對一教學的方式。大目標相同，小目標不同，例如問問題時，問特殊生簡單的問題，作文課時普通生寫作文，特殊生則用剪報的方式來完成同一指定主題。

（七）提供經驗學習

提供實際操作、參觀等方式，讓學生親自體驗教學的內容，例如教到風箏時，實際讓學生放風箏，體驗風箏的形狀及放風箏的感覺，以加深對風箏的認識。

（八）強調主動學習

在融合班的教學架構中，主動學習被視為教師教學能力一項重要的指標，當教學完全由老師講授，未給學生操作及體驗時，或流於單向傳授或填鴨時，就達不到主動學習的目標；換言之，當教學愈活潑師生互動愈多時，特殊生的目標就愈容易插入教學流程，如果上課時老師照著書本唸，特殊生的目標就不容易插入。做法為提供那些需要有規則可循的學生一份個別化的學習清單、結構化學習的內容，讓學生在主動學習時，有時間在不同的小組中移動和分享；或是允許特殊生在老師課堂或全班進行討論時，在教室後面來回地走動。以下是能增進學生主動學習的原則：

1. 上課提供學生合作學習的機會。
2. 活動的內容或提供的教材都適合其生理年齡。
3. 學生能正向地學習，視教育經驗是有價值及有意義的。
4. 課堂上不僅要帶給學生知識，也要鼓勵他們參與課程。例如主動發問、讓學生主動參與，而不是被動傾聽。
5. 培養獨立、互助的能力，以減少不必要的協助。
6. 改變概念的抽象程度，或是提升內容複雜度，使其進入下一個階段。
7. 將 IEP 目標融入教學流程中。
8. 與學生現在的知識與經驗結合，讓學習與現在和未來的生活息息相關。教師的教學風格和學生個別的學習能力契合。
9. 允許不同的參與方式，依照學生的興趣及能力提供練習機會，可以給予每個學生適度的挑戰，在學生學習新技能時提供適度的支持。有些學生需要寫下來，有的需要一再講解概念，而有的需要以肢體動作來表現他們所學。提供許多學習的方式及機會，讓學生實際學習教師呈現的教材。

（九）採用互動式教學以增進學生間及師生間的互動

所謂互動教學（reciprocal teaching），指的是一種透過師生及同儕間互動以增進學生學習的方法。教師先引導整個對話的進行，並引導學生思考，再讓學生慢慢主導整個對話的進行。其過程如下：

老師：這一課在談些什麼？

A生：在講火車。

老師：這一段在說些什麼？最主要的概念是什麼？

B生：坐火車。我有兩個問題：什麼是蒸氣火車？蒸氣火車和現在的火車有
　　　何不同？

老師：你要不要看看課本寫了什麼？說不定可找到你要的答案。

老師：課本是否已回答了你的問題？

B生：課本只回答了一部分，只說了現在的火車。

老師：課本其實已講得很清楚，例如第一段中的句子。

(十) 讓學生能主動參與

教師除了採互動式教學外，還要讓學生在學習中願意參與。增進學生參與的方法有下列幾點：

1. 每講完一段約 10 至 15 分鐘，停下來問學生聽懂多少。
2. 用問問題的方式，了解學生理解的情形。
3. 用寫的方式，或停在關鍵點，讓學生完成句子。
4. 讓學生將問題的答案寫下來，或想出更好的答案。
5. 分享與討論每個人的答案。
6. 將上課重點做成圖或表。
7. 講解課程時提供示範，示範對中間程度的學生通常是最有效的。

(十一) 透過問問題，讓學生思考

問問題後，給予學生思考時間，鼓勵學生討論、合作回答問題，即使學生回答不夠完整和正確，教師要稱讚並回應正確的部分，對不正確的地方要釐清想法，學生不理解問題時，教師可改述問題，或是從別種觀點發問。若學生不會回答，教師可給予漸進的提示，引導他們想出答案，若學生還是無法想出答案，教師可公布答案，而後請學生用自己的意思來表達。

（十二）安排重疊式的課程目標（overlapping curriculum goals）

指的是跨領域的教學，在活動中包含不同領域的目標。把特殊生的目標盡量融入普通教育課程中，將教學內容重組，過程生動化。例如上數學課時，老師在黑板上出了一題「小明摺了兩架紙飛機，再摺三架，共有幾架？」的應用題，普通生就照一般的方式來學習，至於特殊生，老師會實際拿出兩架摺好的紙飛機給學生看，問特殊生：「這是什麼？」亦即在教學內容中加入「認識什麼是紙飛機」的目標，或讓其實際地數一數共有幾架飛機。教學情境如果少了紙飛機，特殊生就可能無法參與。上課問學生問題時也可問不同的問題，或是要求學生做不同的事，例如上數學課「圓與球」這個單元時，老師會讓學生用黏土捏出球及圓形，在捏黏土的活動中，特殊生的目標是訓練其手眼之協調，而不是認識圓與球的區別及如何計算其面積，如此特殊生就可在捏的過程中學會什麼是球，也可捏出不同的形狀，訓練其抓握的技巧。

（十三）訂定不同層次目標的多層次教學

當普通班級中有特殊生時，普通生及特殊生一起學習，學生學習的速度及吸收的程度不一，能達到的目標就不同，因此普通生及特殊生教學的目標必須是不同的，作業及考試的內容亦因學生程度不同而有不同的設計，例如上國語課時有人在寫字，不會寫的則將字貼在本子上。讓普通生及特殊生學習相同材料、但是不同難度層次的目標，我們稱這樣的目標為多層次的目標，例如打電話時讓有些學生照著唸的號碼撥，有些則撥自己家的電話，表面上大家都在撥電話，但每人撥的內容不同，至於普通生及特殊生必須共同學習的社會性目標則為合作、接納彼此的優缺點，善用彼此的長處，共同來完成老師指定的工作，如此班上每個學生才能經歷到成功及成就感。

（十四）融合的策略

融合的策略包括將特殊生需求融入普通班教學中，在每一段作息訂出學習目標，讓教學型態多元化，讓教學活動化、精緻化，給予操作的機會，多使用教具、玩具及減少口頭講述的時間。

（十五）老師須精通於教材調整、課程編排、教學安排、課程目標設計（Udvari-Solner, 1996），**且能同時滿足學生的學習需求與社會性需求**

　　善用教學策略，雖有助於教學的執行，然融合班學生異質性高，不易兼顧普通生及特殊生的需要，因此教師除了調整教學技巧外，還要調整態度及理念，學生才能適性發展發揮其潛能。經多年試驗，教學內容盡量遊戲化、以活動方式進行，再將普通生及特殊生的目標同時融入活動流程中，當活動愈有趣時，特殊生及普通生的學習目標就愈能融合在一起，也兼顧了特殊生及普通生的教學需求。

第四節　融合式教學法

　　融合式教學法並不是一種新的教學法，也不是專為特殊生設計的教學法，是一種對普通、資優及特殊生都有益的教學方法，在教學方法上多元創新，並且不斷為學生改變課程形式、教學材料、分組方式、教學策略與個別化支持的方式等，以符合學生需求（黃蕙姿、林銘泉譯，2003）。依據上述異質團體常用的策略，融合班訂定了適合融合班情境的教學策略，內容如下：

1. 上課給特殊生機會（如叫特殊生回答）。
2. 上課能將特殊生的目標插入教學流程中。
3. 能事先準備特殊生學習的內容（如事先準備好字卡）。
4. 上課能多準備不同的材料（真的植物、塑膠植物模型、百科全書、互動式軟體等）來教導學生。
5. 能在準備一個單元時，思考特殊生能在這個單元學到什麼。
6. 能將課本主題拉開拉廣，不受限於課本內容。
7. 能以活動或實際操作方式進行教學。
8. 能給特殊生適合其程度的回家作業。
9. 能給特殊生適合其程度的考卷。
10. 能給特殊生適合其程度的課程教材或作業單。
11. 能給特殊生適合其程度的寒暑假作業。
12. 教學能為特殊生抽取較具功能性或實用性的內容（教學內容與生活經驗結

合）。

13. 能將特殊生之上課內容和回家作業連結，實際示範如何完成指定作業，並提供文字提示。

14. 能將特殊生之上課內容和考試內容連結。

15. 能檢視教學是否兼顧普通及特殊生之需求。

16. 允許一些學生用站或坐在地板上的方式參與整個課程。

17. 課堂上能安排合作小組之活動（普通生與特殊生待在同一組），並能給予學生有所發揮的角色。

18. 在課堂上能安排普通生協助特殊生，讓學生彼此互相幫助與教導。

19. 在下課時能安排普通生協助特殊生。

20. 考試前會安排普通生協助特殊生。

21. 能做跨領域或跨科目的教學（如上國語時帶入數學）。

22. 能與教同樣及相關課程的老師合作（例如國語老師與自然老師合作）。

23. 能按照學生的興趣與經驗設計課程。

24. 能有系統地準備課程，而不是上一節準備一節。

25. 課堂上能給予學生充分表達的機會。

26. 能做教學情境布置。

27. 能做獎勵卡並執行。

28. 每一節課教學能包含引起動機、發展及綜合部分。

29. 能引導學生思考而不是直接給答案。

30. 能平等對待班上每一位學生。

31. 允許學生用不同方式，表達他們對課文的了解（例如紙筆測驗、畫畫、口頭表達）。

32. 當老師在設計分組教學時，先了解學生的情況再做分組安排。

第五節　教師訪談

問：教學上如何兼顧到教學方法？

答：在教學流程裡面，如何把每一個特殊生目標帶進來，要看這幾個特殊生的特質，哪種方式比較容易參與團體，就用哪種教學方法。有的學生用誇獎的方

式就很願意接受，有的學生大概不信這一套，教師就要去摸索他的想法，像自閉症的學生會有一些特定的固執行為，情緒起伏很大，這時教師就要去觀察學生什麼情況下比較會有情緒的變化，盡量在課堂避免這些因素的產生，像噪音或其他。有的學生不會怕這些因素，可能就是你帶他玩遊戲他就會很高興，所以沒有固定教學策略標準。

問：跟上課內容怎麼連結？

答：整個流程會先跑一次，在中間插入特殊生目標的時候，就能抓到在這個地方可以設計一張例如什麼語詞的學習單，或是讓學生選詞填寫，若是學習比較弱的特殊生，可能就是連連看，利用各種不同的形式，在插入目標的同時，教師也會順便想到這時候學生可以做一張什麼樣的練習、做什麼樣的學習單，然後再去設計，設計完了之後，通常大概是平均每課幾張學習單，因為也不能今天設計很多、明天設計很少，一堂課大概一天一張學習單左右，不要造成學生很大的負擔。所以大概會在量上面大概抓一下。內容的話，就是在設計流程的過程中，就可以順便設計出來。

問：有什麼方法可以兼顧特殊生和普通生上課時的需求？會運用哪些策略？

答：班上一定會分小組，目的就是合作學習。教師會用到這個方法，再分組討論，分組要完成的活動會讓學生去合作，合作時就會有同儕的協助。教具方面用得比較少，提示是一定會用到的，會給特殊生較多的提示、示範，或是請普通生帶領他們。因為學生已經習慣這種方式，所以兩者都能專心學習。因為學習的需要，特殊生會用到比較多的教具，例如字卡、白板，上課可以隨時提醒他們可以寫字卡。如果用課文海報的話，需要學生來指字，通常會請特殊生上台，讓其能夠更專心地指著字，也讓普通生可以坐在下面更專心學習。合作、分小組時，給特殊生、普通生不同的目標，在同一個活動裡面，普通生自己要理解了才能教特殊生，教師會給普通生一個指導同學的方法。另外就是示範，特殊生模仿，模仿別人的方式，例如：再說一遍、問一個相關的問題。給普通生是一個是比較深入的問題，給特殊生的就是比較簡單的問題，不那麼深入了。

問：最常用和最少用的方法？

答：提示的方式會用在一對一，若是小組就會用合作學習還有同儕協助。最少用的方式是教具。像大組的國語，一些學生到高年級的突破點是抽象的思考，具體的操作能力都具備了，要突破的是抽象思考，所以這方面比較沒有用到教具。

問：如何讓學生主動學習？

答：上課讓學生一起學習有關語文的東西，先寫然後分享，也常唸給他們聽，若學生寫的作文很棒，可以把它整理起來，畢業的時候就可以編成一個文集，每個單元的寫作編成文集，讓他們自己畫畫，然後送給他們，我喜歡帶給他們這種觀念。我也會注意學生是否專心，但是不會很要求是不是坐得很正，會比較注重給學生一種觀念，就是如何去學東西的觀念，你認識這個東西，當你很想要發表自己的心得、想法給別人聽，講你知道的東西給別人聽，應該讓他們自己去準備，讓他們互相交流，或者去思考。我會給學生一個觀念，語詞和生字老師不會教，因為那是自己可以學的東西，每個人都可以自己學，而且每個人認得的生字和語詞都不太一樣，有些人讀得多他已經懂了，就不用去查，有些人不懂，就要去查，當作作業自己學。我只要從他們作業去觀察，就知道他們有沒做到。

問：特殊生專注時間比較短，但是一節課還是 40 分鐘，當他無法專心的時候怎麼處理？沒有辦法專注這麼長的時間，其他的時間如何做安排呢？

答：通常一節課教師會安排比較多不同類型的活動，這些活動特殊生是可以參與的，還可以讓他的注意力轉移，若這個沒興趣了，就再換一些不同的，讓他覺得每一樣東西是新的，就會有興趣再做下去，教師允許特殊生失去注意力的時候去做一些其他的事情，其實給特殊生的目標有很多種，光是坐在椅子上 20 分鐘就是一種目標，不一定純粹是學科方面，有很多是生活上情境上的目標，可以在這堂課裡達到。

問：因為是和普通生一起上課，普通生的課程對特殊生而言，會不會比較沒有吸引力，動機比較薄弱？例如五年級下學期生物的分類，學這些對特殊生有用嗎？

答：特殊生絕對有他的目標可以學習的，我們可以不用學習分類生物，但我們可

以去認識一些生物和認識它的特徵，或是這堂課裡特殊生可以學習和同儕一起蒐集資料，教師不會去想他們學這些有沒有用，想這麼多是限制他們，沒有人知道什麼東西是對他們而言是真正很有用的，因為我們的認知會和實際上有很大的差距，如果事前就想很多關於什麼是對他們有用或沒有用的，最後就會發現那他們到底要學什麼呢？其實先不要去設限，而是從另外一個角度去想，他可以學到什麼，除了那些我們知道他可以學到的東西，再加上一些我們事先不知道的，這樣無形之中他就會學到很多東西。整個加起來，整個學期特殊生會學到非常多東西。

問：若課程中學生沒有興趣或無法吸引其注意力，會如何處理？

答：這時教師會和學生談談，讓他們自己看自己。教師會把課程寫出來和他們談他們無法注意的原因是什麼？是課程沒有順序？還是生理狀況？例如太熱了，或是心情浮躁，例如剛剛下課去打球回來心情很浮躁，或是教室干擾太大，還是自己情緒或是心情不是很好。教師會做一個了解，也讓學生學習自己看自己，知道影響自己學習的因素是什麼？就會比較專心一點。秩序部分，通常是太有興趣了，秩序就會很亂，就會要求學生遵守秩序。基本上，如果沒有辦法吸引注意時，就會讓學生做活動，請學生上台回答，看到其他學生上台，就會比較專注。

問：在教學上，如果學生上課不能集中注意力或沒有興趣，老師該如何做調整？

答：這個其實是對老師最大的挑戰，如果不能引起學生的興趣，當然是要先反省自己的教學是不是出問題，可能是設計得不夠活潑，或是剛好不適合學生的學習方式，就要用什麼方式會讓他們注意力更集中。但是有一些學生有這樣特質的問題，例如精神不能集中或是坐不住，如果不是教學上的問題，老師可能就會考慮使用一些行為改變技術，然後讓學生自我控制能力可以愈來愈好。

如果學生沒有興趣，沒有辦法吸引他們的注意力的時候，通常教師會改變教學方法，例如帶活動，或適度提醒學生，或是講故事讓學生聽，讓他們更有興趣。比較容易分心的學生，會把他的位子調前面一點，也會找機會讓他能夠上台操作。

第 12 章

課程與教學調整

　　綜合普通教育及特殊教育的趨勢，教學環境愈常態化，正常化時，學生間的個別差異就愈大，教學的難度自然也愈高，教師能否在這樣一個異質性團體中做到因材施教是關係融合教育能否落實的重要關鍵。具體而言，當班上有很聰明的學生、普通的學生及智力較低的學生共處一堂時，在教學上若只能兼顧某一類學生的需求，而忽略其他學生的需求時，這個班級就無法經營下去，因此教師需要根據學生需求調整課程，而不是將聰明、普通及智能不足學生分成三組，名為一班，實為三個班。目前國外流行異質性團體分組，將不同程度的學生放在同一小組，而要求教師能在同一時間，做出不同難度的教學，就是實施教學調整的方法。

第一節　何謂課程與教學的調整

　　課程與教學調整指的是因應學生的個別差異和需求而有不同的課程與教學設計。課程與教學調整常是互為表裡，互相影響，以下將分別介紹課程與教學調整。

一、課程調整

一般而言，課程調整（adaptations）指的是調整課程目標、內容、組織與過程及對學生學習表現的期待（包括學習成果、作業及教學目標），可細分為課程調適（accommodations）及與課程改變（modifications）。課程調適指的是給予輔助工具和支持，以協助學生達到與班上大多數同學相同的成果。課程調適會改變學生學習的路徑或是展現學習結果的方式，但是不會變更學習目標或學習結果，例如透過口述試題、學生口述而他人代謄答案、用電腦軟體報讀、教材轉換成點字或提供擴音器等。課程改變則是指變更學生應該學習的目標、內容或對學習結果的期望，例如減少學生應精熟的生字量、容許學生寫出重點大綱而非寫出全文。

課程調整包含：

1. 補充式課程：增加部分內容，例如學習策略、社會技能等。
2. 精簡式課程：改變課程內容的難度，或減少部分課程的內容。
3. 替代式課程或活動：更換課程內容，針對學生個別需要設計的課程以提供更具功能性和實用性的教材。
4. 特殊化課程：功能性課程、學習策略課程、自我管理、自我決定、社會技能和問題解決課程等。

二、教學調整

教學調整指的是調整教學方法、語言、地點、空間、教學時間、教學人員和分組（調整團體大小）、策略、物理環境（例如座位安排）、心理環境及行為管理。可依下列四大向度進行調整：學習歷程、教學策略、行為調整、支持結構。學習歷程調整指的是依特殊生的需要，提供各種能引發其學習潛能之學習策略，並適度提供各種線索及提示，教學策略包括提供插圖、提示重點增進對課文的印象、使用具體的實例、明確陳述因果關係。學生行為調整（內在調整）包括教導學習、記憶、閱讀的策略。調整支持結構，指的是提供個別協助，增加或減少班級中教師、教師助理員、義工或同儕支持的數量。綜合來說，教學調整可分

為五個要素：環境、學習程序（教學時間、速度與數量）、作業及評量、教材教法（教學內容的呈現及材料）及結構與支持（教室中行為的管理）。教師調整教學時從上述幾個要素著手再根據數量、時間、難度及參與度來調整。以作業及評量安排為例，須思考哪些作業及評量是所有學生都應學習的，哪些是特殊生能做的，而後再從下列八方面進行調整：

1. 數量（學習或完成之作業數量）：縮短作業的長度。
2. 時間（完成作業或評量時間）：延長完成作業的時間。
3. 輸入：改變教學內容的呈現形式或複雜度。
4. 輸出：改變學習反應的形式或複雜度。
5. 難度（作業及評量的難度）：改變內容難易度，例如使用簡單概念、能引起學生高度興趣，且容易閱讀的文章以降低難度。
6. 支持：增加或減少班級中教師或同儕支持的分量。
7. 期待：改變對學生學習結果的期待。
8. 參與度（學生參與學習活動的程度）。

教學調整又可分為：

1. 教學刺激（輸入）的調整：改變教學刺激及材料的難易度和分量、呈現形式及格式。透過教學方法及教學材料改變課程內容的呈現形式或複雜度。
2. 學生反應（輸出）的調整：改變反應形式、作業格式及材料三方面。

針對課程、教學所做的調整，又可分為一般的調整和特定的調整兩種：

1. 一般的調整：又稱典型或例行的調整，是針對可預期的活動或例行作息所設計的調整，較能在一段長的時間中被執行。
2. 特定的調整：針對特定課程單元、活動來進行調整，會隨單元或活動而改變。

總之，透過課程與教學調整可以讓學生達到社會化、獲得學習的支持及參與教學的目的。

第二節　課程與教學調整的必要性

執行教學的原則對所有的班級都是一樣的，不管這個班級全是普通生，或全是有特殊需求的學生，或是班上有普通生及特殊生齊聚一堂的融合式班級，任教

的教師都必須體認任何班級都有個別差異的存在，教師必須願意依據班上學生的學習需求來調整課程，如此能力不同的學生也能在學校學到一些符合其需要的教學內容，而不是受限教師教學的能力，而將一些原本可和普通生一起學習的學生推到特殊班，視正常化為一不可及的目標。

由於目前國內現行課程廣度及範圍無法適合各種程度的學生，讓學生能參與教學及有成就感，因此最需突破的瓶頸應為教學上的調整。最主要的原因是有些學生無法了解老師上課的內容，例如當老師講述一段課文，要求學生回答課文中的問題時，可能就有學生完全聽不懂講述的內容而無法回答的情形發生，這個情況常發生在一般的普通班級，年級愈高，發生的機率可能愈大。如果班上再融入特殊生，要同時兼顧普通生及特殊生的學習就更不容易了。特殊生學習速度慢，記憶力差，如沒有課程調整，學習的情況將每況愈下，雖待在普通班卻如同鴨子聽雷般，無法參與課堂上的教學，不但產生挫折感，也將上學視為異途，因此課程的調整就顯得格外重要。

在教學過程中，教師要不斷思考及觀察自己的教學方式及學生的學習，如此才能知道是否需要調整自己的教學。為了讓教師檢核自己的教學決定及設計的課程是否須進一步調整，提供下列教學決定及課程調整的建議。

一、教學決定

1. 能提供所需要的課程與教學，以促進普通生與特殊生的融合。
2. 準備的教材、活動內容及提供的技巧，不會使學生覺得受羞辱。
3. 活動時間的分配須配合學生獨特的學習需求。在課程中須設計不同的活動，使學生能融入課程又有收穫。
4. 所提供的協助，不須將學生從班級中特別抽出。
5. 除了要在課堂上給予學生練習外，也要讓學生在實際生活情境中練習所教的技巧，以增進技巧的類化。
6. 一旦決定須訓練的技能，就要提供學生足夠的機會練習，以使其真正習得該項技能。

二、課程調整

1. 能提供學生間互動的機會。
2. 能增加學生參與課程的機會及程度。
3. 降低抽象概念的程度。
4. 培養學生獨立自主的能力（減少需要付費的協助）。
5. 課程內容能切合學生現在和未來的生活。
6. 教學能配合學生的學習風格。

如無法做到，則教師需改變教學策略、調整策略或改變部分的活動。

課程調整最好是由教師與父母一起討論，或是教師間互相探就彼此的教學調整技巧，下面的問題可協助教師檢視自己的教學，以確保課程調整符合所有學生的需求：

1. 學生能否不需協助就能主動地參與課程，而達到主要的課程目標？
   (1) 若是，則將課程調整放在其他科目。
   (2) 若否，簡述希望達到的教學效果，並考量使用不同的調整方式。
2. 改變教學型態後，學生的參與度是否提高？教學型態包括下列幾項：
   (1) 合作學習團體。
   (2) 小組／分組教學。
   (3) 同儕學習夥伴。
   (4) 同齡或不同年級的小老師。
3. 改變課程呈現的方式後，學生的參與度是否提高？課程呈現的方式為：
   (1) 跨學科課程／主題單元。
   (2) 活動式課程、遊戲、模仿、角色扮演。
   (3) 小組探究或探索式學習。
   (4) 經驗式課程。
   (5) 社區本位課程。
4. 教師改變教學方式後，是否能提升學生參與度和理解度？教學方式指的是：
   (1) 修正教學順序。

(2) 重複重點／提示。

(3) 定時檢查表現。

(4) 提供肢體的提示／協助。

(5) 用其他方式來輔助口頭教學。

課程調整能增進學生的學習，至於課程調整是否合宜與有效、是否符合學生的需求，其指標為：

1. 特殊生經課程調整後，能獲得及使用重要的或具功能性的技巧，學生在處理問題、操作物品等情境時，能運用合宜的技巧。

2. 上課時能參與老師的教學，例如減少不專心的行為，並對課程內容有反應，例如能依指示操作或回答。

3. 父母對子女的教學及學習覺得滿意。

4. 直接觀察學生課堂上的學習，如未參與，即可藉此判斷課程須調整。

5. 觀察其他老師的反應。

第三節　課程調整的原則

課程調整前應先評估特殊生之身心特質與學習需求，了解學生的起點行為和先備能力；再分析課程目標與學生需求及能力之適配性。依學生個別能力與普通課程之差異，決定課程調整原則及做法。在融合式的班級中，課程內容的調整大抵不出調整目標、調整活動及調整材料這些範圍，當學生殘障程度愈嚴重，調整的質與量就愈多，甚至調整到幾乎看不出和普通生的課程有何關聯，前提是無論課程如何調整，要能增進特殊生的學習，還能促進普通生及特殊生間的融合。課程調整原則如下：

1. 課程調整是漸進的，從最少量的調整開始，再觀察是否需要更多的調整。表12-1介紹五種漸進式課程調整的方式，從沒有調整到調整最多的方式。

2. 並非所有學生同樣的時間都需要做同樣的事。

3. 對特殊生而言，參與教學的程度及參與的方式可以和普通生不同，且這種不同的參與方式是合宜的。

4. 學校安排的課程及活動，應視學生的需要調整，特殊生的學習成功與否，依賴教學環境中能否提供符合其需要的教學目標。

表 12-1 課程調整程度一覽表

調整程度及方式＼科目	無	1 同樣活動 同樣目標 同樣材料	2 同樣活動 簡單目標 同樣材料	3 同樣活動 不同目標 不同材料	4 同樣主題 不同活動 不同目標	5 不同主題 不同目標
自然	主題：認識爬蟲類 1. 選擇相關的書 2. 閱讀 3. 畫畫 4. 認識身體的部位 5. 認識爬蟲特徵 6. 報告	1. 選擇簡單的書 2. 給予較多的指示			1. 同學讀給他聽 2. 用黏土做出蛇的身體（精細、工作完成） 3. 同學報告時用打鼓樣仿鱷魚的心跳 活動：著色課文的插圖	活動：著色水果
語文	活動： 1. 字的組合遊戲 2. 字的賓果遊戲 目標： 1. 認得字並能玩字的組合遊戲		目標：在提示下讀出字卡	1. 當老師讀出字時，做字與圖配對（圖在溝通板上） 2. 坐在旁邊的普通生在他做對時給予貼紙		聽錄音帶
數學	活動：買賣遊戲 1. 買賣遊戲 2. 看著圖卡買東西 3. 找錢 目標： 1. 知道幣值 2. 能買賣	給予較少的數學題目	1. 錢幣配對 2. 指認圖卡上的數字			

5. 每個學生都是獨特的，依據每個學生的特質做課程的調整。

6. 和教室的要求或規則一致。

7. 合理可行。

8. 能增進學生的學習而非差辱。

9. 由學生來驗證可行性。

10. 調整往往有益於許多學生，對班上學生的學習是正向的，讓全班知道適合全班和特殊生的所有調整。

Schumm、Vaughn 和 Leavell（1994）為因應學生個別差異，提供教師一個教學模式，簡稱「計畫金字塔模式」（the planning pyramid），計畫金字塔模式適用學前到小學六年級，可為特殊生調整課程內容，使其能在普通班課程中學習，符合其個別需求。「計畫金字塔模式」建議教師在課程設計時，須將以下四項因素考慮進去：教學主題、學生、教師及教學策略。教師在設計課程前，要思考「所有」學生的學習目標為何？「大部分」學生學習目標為何？「少部分」學生的學習目標為何？表 12-2 以主題「時間」為例，列出普通生學習目標以及特殊生個別需求目標。

Downing 和 Eichinger（2003）認為在實施課程調整時，須考量如何將特殊生需求融入普通課程的單元中，表 12-3 將介紹如何進行單元課程調整。

課程調整並非只是上課給特殊生一些物品讓他不吵就好，而是要做到特殊生和普通生一起上課時也能學到適合他學習的內容，下列呈現 10 種較差的課程調整例子，教師在進行課程調整時應盡量避免。

1. 在一國中數學課，全班在練習數學，但是其中一位學生卻用芝麻街的積木數數。

2. 班上同學在看影片，但是有位盲生被帶到教室外，只是因為他看不到。

3. 教室座位的安排是五張桌子併為一組，但是有一組只有兩張桌子，一個是特殊生的位子，另一個則是協助他的普通生。

4. 高中某班正在做有關「營養」的報告，其中一個學生卻只能對著一盆米和豆子「自行探索」。

5. 四年級的學生正練習在句子中加上形容詞，但是有一位學生沒有參與課程，只是因為語言治療師還沒有把形容詞放在她的溝通板上。

表 12-2 「時間」主題教學重點、普通及特殊生目標

主題「時間」	教學重點及活動	普通生教學目標	特殊生個別需求
時間是什麼	能體會與表達時間快慢對每個人的感受不同。 1. 聆聽詩歌內容，用動作表達節奏。 2. 課文結構圖：找出重點句。 3. 接句練習：時間像……。 4. 惜時小語創作。	1. 能用本課句型練習照樣寫短語。 2. 能欣賞並朗讀作品，感受詩歌的美及節奏。 3. 能欣賞其他同學惜時小語作品，欣賞他人的創意。 4. 能了解時間的特性，表達自身對時間的感受。 5. 小組討論完成「課文結構圖」。	1. 能依樂器節奏快慢不同，做出快慢不同的肢體動作。 2. 能配對快與慢的形容語詞和動作。 3. 能書寫／配對正確的目標生字。
神奇鐘錶店	能理解珍惜時光的重要。 1. 生病與時間相關的影片賞析。 2. 時間的詩。 3. 修辭賞析。	1. 能主動參與溝通，聆聽同學的說明和分享。 2. 能依主題表達意見並思考說話者所表達的目的。 3. 能對同學的發言表達意見。 4. 了解課文中句型結構——承接複句、假設問句。 5. 在看完影片後，能寫下自己的想法。	1. 在引導下能分享時間不夠的經驗。 2. 能做完成句子的活動。 3. 能理解影片所表達的涵義。

6. 在默唸時，物理治療師把一名學生帶到教室後面，練習粗大動作。

7. 因為學生的 IEP 中有穿鞋的目標，所以在學生已經準備要上體育課時，還要求她穿脫鞋子兩次。

8. 因為學生還不會讀，因此就在老師要學生唸課文時，讓她聽音樂。

9. 12 歲大的學生與二年級一起上自然課，只因為她的粗大動作發展為二年級的水準。

10. 只在上說話課時，提供特殊學生需要的溝通輔具。

表 12-3　中重度障礙學生在普通教育環境下課程調整計畫

普通課程單元分析	特殊生需求考量的因素	特殊生需求融入普通課程單元
1. 本課程包含哪些目標？ • 單元的學習目的為何？ • 我想要學生達到哪些技能？ 2. 學生完成哪些步驟才能完成單元的學習？ • 此課程包含哪些活動內容（列出細目）？ • 這些活動是否與單元目標有關？ 3. 單元活動是屬於個別性或團體性的？ • 合作學習團體。 • 個人學習。 • 團體活動。 • 個別與團體活動並行。 4. 除了主目標，還需要學習哪些技能？ • 口頭報告。 • 寫作。 • 測驗。 • 電腦問答。 • 能以表格或圖表表現。 5. 完成此單元活動需要多少時間？ 6. 此課程單元需要哪些教材及設備？ 7. 如何評量學生是否通過此學習單元？ • 課程後評量。 • 表演或個人評論。	1. 符合融合學生的 IEP 目標有哪些？ 2. IEP 的主要學習領域有哪些課程可以實施於課程單元中？ 3. 針對學生的不同特質是否需要做調整？必須考慮其他必備技巧： • 認知技能。 • 動作技能。 • 溝通技能。 • 社會技能。 4. 哪些現行課程層式的調整對於特殊生是最適當的，並能安排在單元課程之不同內容？ 5. 可以實施哪些課程調整方式？ • 教材內容的改編。 • 給予不同的時間規定。 • 給予不同的作業期望。	1. 以單元的內容為基礎，分析 IEP 在現行的課程中有哪些目標可以被執行？ 2. 在這些預定執行目標中，需要做哪些調整或改變？ 3. 若要成功達成活動目標，還需要哪些支援？ • 教學協助。 • 適當的設備。 • 科技輔具的支援。 • 與其他教師合作教學。 4. 特殊生的 IEP 目標在活動單元中是否有安排有意義的方式來達成學習？ 5. 教師如何透過學習單元互相交流關於特殊生課程的進行？ • 非正式的討論。 • 每週固定會議。 • 每月固定溝通。 6. 如何確定特殊生的進步已達到 IEP 中的目標？ • 課程後評量。 • 觀察。

第四節　教學調整的方式

當教室裡有特殊生，由於學生的特殊需求，教學方式就必須做一些改變。特殊生學習的方式及速率是不同的，有些需要較多教學的調整，有些則否。一般而言，教學調整時須注意下列幾點：

1. 教學調整應該從最少量的調整開始，再觀察是否需要更多的調整。
2. 教學時，針對不同的對象提供不同的指示及步驟。
3. 改變呈現材料的方式，例如針對程度較差的學生使用實物作為教學材料。
4. 改變學生表現的方式，例如對特殊生要求口頭回答，而要求普通生用書寫的方式表達。
5. 改變通過的標準，例如特殊生只要求做到工作的 50%，而普通生必須 100% 做對。
6. 鼓勵特殊生多操作。
7. 給予特殊生主動學習及參與的機會：各種教學活動的設計應有特殊生可以參與的部分。
8. 提供輔助設備，以使特殊生能獲得學習的機會。
9. 提供協助，當特殊生無法獨立完成一件工作時，應給予協助，使其能參與教學。
10. 安排與同儕合作的機會：特殊生如能參與普通同伴的工作，將比在隔離的環境中學會一些非功能性的工作來得有意義。

當一個課程計畫出來時，老師的工作是使教學內容符合教學對象的需要，因此調整教學內容應從哪些方面來調整，及應如何執行，須在教學前仔細規劃，成為教學計畫的一環。教學內容包括教學目標、教學材料及教學活動，在融合班不管如何調整，都要和普通班的教學內容能契合在一起，形成一個整體。老師可能須調整教學目標的要求，讓教學目標有多種層次（涵蓋多種領域或難易程度），或是改編教學材料本身，甚至視需要給予協助，或是增加其他的內容，並和其他的活動銜接，以使特殊生能參與。綜上所述，教師在計畫及設計教學內容欲達成課程調整目的時，大抵不脫下列方法：

一、改變教學呈現的方式

　　盡量使用各種活動，用遊戲動作、角色扮演、社區或經驗、班級地點、社會／物理環境來引導學生學習，例如安排角落及小組活動。

二、改變環境

　　改變座位、空間安排及作息時間，提供學習區及安靜的角落，讓教室井然有序，並改變班級的規則及陳設，讓學生有合適的空間。

三、改變支持的結構

　　改變人力支援的結構，盡量利用聯絡簿增進學校與家庭的聯繫，透過聯絡簿與父母溝通孩子在家學習的情形，或是透過作業單上的家長意見欄與家長溝通教學是否需要調整，並視需要增加人力資源提供給教師或有需要的學生。

四、改變評量的方式

　　在給學生作業、考試或要求學生回應時，視學生需要提供評量時間（如延長、分段實施等）、地點與方式（如口試、指認、使用科技輔具或專人協助等）等形式調整，或進行內容、題項與題數增刪等評量內容的調整，以符合特殊生的學習需要。

五、改變教學之策略

　　教學時運用靈活的策略，以增進特殊生之參與，計有下列幾種常用的策略：
　　1. 多使用具體的方式替代抽象的表達。
　　2. 教導特殊生學習技巧，例如記憶、覆誦的技巧。
　　3. 多問問題。

4. 讓學生重複老師的要求。

5. 使用教具給予學生操作。

6. 讓學生有分享及發表的機會。

7. 給予示範及指導。

8. 多給予範例。

9. 給予清楚及簡單的口頭說明。

六、改變教學的目標

　　特殊生的教學目標通常和普通生在質與量上有所不同，透過目標的調整，特殊生才能參與學習。因此當特殊生和普通生一起學習時，調整特殊生的學習目標，選取合適的目標，就成了調整教學首先要做的工作。一般而言，教學目標的調整可透過下列四個途徑：

1. 從普通課程著手：由普通課程做架構，當特殊生參與普通班課程時，教學目標就直接取自同年級的普通生的課程目標。老師再針對特殊生的需求來調整特殊生的課程，這個調整是隨著科目的性質而異，例如一個三年級的特殊生，其社會科的教學目標部分和班上的普通生相同，但是某些部分課程會做較多調整，例如使用較多的圖片以代替文字的閱讀，也可使用錄音機將課文的內容錄下，或使用合作學習方式，由普通同儕協助特殊生學習，將課文的摘要讀給特殊生聽。

2. 課程重點著重在學生的參與：學生和同儕一起參與很多活動，活動的目標並不在於學會科目中的基本技巧，而是透過這些活動培養學生的社會、動作及溝通的技巧。因而當特殊生參與普通班級的社會課時，最主要的目標是增進特殊生和同儕的互動能力，進而使用正確的社會技巧。當一個班級的一個小組在上「台灣的介紹」時，特殊生的工作是在協助下幫忙剪圖片、蒐集材料，並且將圖片貼在剪貼簿上。特殊生並不被期望和其他同儕一樣學會「台灣的由來」，而是經由參與小組或團體的活動中個別地去學習社會及溝通的技巧。

3. 功能性的課程：特殊生教學的目標不是取之於普通課程，而是來自其日常生活中最需具備的技巧。例如如何使用金錢去購物、如何看時間及遵守作

息，這些對特殊生而言都是很重要的功能性技巧。

4. 將功能性課程或社區本位課程自然融入普通課程中：例如將圖畫式的作息貼在教室。

總之，不管教育目標如何調整，都應盡量符合特殊生及普通生的需求。在調整教學時，最常使用的技巧就是工作分析。工作分析指的是將複雜的技巧分成小的步驟，這些小的步驟可以在日常作息中教，亦可以利用小組、個別或大團體的時段教。這些小步驟的達成，可以讓特殊生達到 IEP 的目標。工作分析範例，例如著色的技巧可分為握筆、塗鴉、線外著色、線內著色，特殊生只需完成簡單的步驟即可。

以下介紹幾個調整教學目標的例子：

1. 自然課：表面上所有學生都上自然課，但每個學生目標可能是不同的，例如溫度計這個單元，普通生及特殊生的目標就是不同的。其目標分別為：

   (1) 普通生：使用溫度計，並依物品冷熱讀出溫度計的度數。

   (2) 特殊生 A：分辨冷及熱的物品。

   (3) 特殊生 B：說出溫度計度數是上升或下降。

2. 數學課：上數學課時，普通生及特殊生同在一組，教學單元為「二位數和二位數的加減」，普通生和特殊生因能力不同，為其設定的目標亦不同，其目標分別為：

   (1) 普通生：能做二位數加二位數的橫式加法。

   (2) 特殊生：

       • 能指認教師寫在黑板上橫式加法中的數字。

       • 能數數。

       • 在老師出問題時，能說出老師共出了幾題。

從上述自然及數學課的例子可看出在進行教學活動時，學生可以有不同的學習目標，教師可依學生的能力設定學生的學習目標。教師在上課時，應想一想特殊生能從這堂課中學到什麼，例如上國語課時，老師在教「具」這個字時，特殊生能做些什麼？學到什麼？例如教師可先把「具」這個字寫在特殊生的作業本上，讓他把「具」貼在寫有「具」的那一行中。

七、改變教學的材料

指的是調整材料的種類、數量大小、內容及材質,例如將材料放大,或者使用圖片及視聽媒體。此外在選擇材料時應先了解課程的內容,再行選擇適當的教材或教具。選擇教材前要注意到:(1) 學生是否已具備使用此教材或教具的能力;(2) 教材教具所具備的功能是否與課程目標契合;(3) 教學材料本身的價錢及品質;(4) 是否可以改編以符合特殊生的需要。當班上有特殊生和普通生一起學習時,並不需要準備很多特殊的教學材料,大多數的教學材料都可同時適用普通生及特殊生,只要教師具備巧思與巧手,就可將現有材料改編以符合特殊生的需求。在一般的教學情境,每個學生學習的方式及速率都不一樣,因此欲成為一名教師,必須具備改編教材的能力;當學生程度好時,教學材料就要難些、多些,當學生程度差時,就要準備簡單一些的材料;當學生間的程度差異很大時,準備的材料就要多樣化,有難、有簡單的材料,給予學生較多的選擇。

八、改變活動的難度

透過遊戲的方式或具體呈現的方式,降低活動的難度,例如講解課文時,用圖片呈現或是放大圖片。

透過教學目標的調整、教學材料的改編及活動的改編等方式,讓教學內容得到調整以符合特殊生需求的做法,是維持融合班生存的不二法門,唯有特殊生及普通生都能從上課獲益時,融合班才能稱為真正的融合,而不只做到社交上的融合。

第五節　課堂課程調整實例

依據上列課程調整方法,課程與教學調整實例如下:

一、六年級

1. 一個新單元的開始會講一個故事,或播一段影片引起動機。(數學、英語與社會課)

2. 舉生活中的例子,建構學習議題。例如特殊生喜歡汽車,所以學習單設計有數汽車的停車場管理員、賣汽車等。(數學課)

3. 課程進行中一直留意特殊生專注的情形,若有分心,則會口頭提醒,喚起注意。(數學與社會課)

4. 設立記分板鼓勵答題並提升答題正確率。

5. 全班一起上課時,針對特殊生設計題目,讓特殊生有表現的機會,也增加其參與度。(社會與英語課)

6. 由老師營造普通生與特殊生一同遊戲的情境,並進行互動。普通生學習協助、指導特殊生;特殊生學習遊戲規則、輪流、等待、有禮貌與不發脾氣。(下課時間或角落課)

7. 合組上課時,請普通生幫助特殊生,特別是在活動或遊戲中增加其學習成功機會。(社會與英語課)

8. 上課如遇畫重點與抄寫筆記,老師會請普通生幫忙特殊生。老師會到座位巡視,視情況放慢速度並留意是否跟上。

9. 簡化作業難度,減少作業量。多用字卡、圖卡,反覆地加深記憶。

10. 利用紙筆書寫,仿寫以至於默寫。(26 個英文字母的認讀)

11. 評量採多層次:(1) 能口語直述某物;(2) 能聽辨指認某物;(3) 能跟述。(英語評量)

12. 統整活動中將課程設計成令學生感興趣的遊戲、闖關或買賣活動。(數學)。英語課中則合作烹飪。

13. 與家長保持聯絡,關心其回家作業繳交及完成情形。視狀況隨時調整。(數學與英語課)

二、二年級

1. 於課堂的進行間隨時觀察特殊生的學習狀況，並在課堂進行中給予適合的學習內容，並搭配適合的學習單作為課後複習。例如特殊生的握筆較不穩，有書寫上的困難，老師會將原本需要書寫的作業，改成用貼紙黏貼的方式完成。特殊生有理解上的困難，當普通生寫到比較需要創意的學習單時，老師會將作業改成填空或連連看的方式幫助理解。

2. 特殊生容易在上課的時候注意力不集中，因此會適時地在課堂中問問題，以提高課程的參與度。

3. 課堂進行的遊戲會先請較穩的普通生進行示範，讓特殊生先觀察同儕遊戲進行的模式，再讓特殊生上台參與遊戲。

4. 低年級需要較多的視覺提示作為輔助，因此上課時除了搭配課程目標之外，有時也會播放課程相關影片與圖片增進理解。

5. 根據特殊生之能力程度，在小組討論中給予適合的工作，讓班上的每個孩子都是有事情做的。

6. 課程的內容盡可能與學生的生活做連結，讓學生更能夠吸收課堂知識。

7. 特殊生在學習上的表現沒有問題，卻容易因為考試或玩遊戲時得失心過重，導致情緒上有劇烈的反應，例如開口罵人、生氣、哭，這時候老師會讓特殊生先自己冷靜下來，並告訴其行為讓老師以及同學感到不舒服，希望他能夠好好處理自己的情緒。

三、其他年級

表 12-4　其他年級課程調整實例

項目	例子
教師會依身心障礙學生學習需求調整課程內容	• 依其能力及學習優弱勢，安排功能性、實用性的個別化課程。 • 降低課程要求難度，為特殊生準備個別操作性教具。教導特殊生指認圖片、圈出標出重點，學習基礎生活知能。 • 找到學生起點能力，並決定課程可參與的部分設計課程。
教師會依身心障礙學生狀況調整課堂教學策略	• 找出課程可操作的部分，讓每個學生可以操作參與，如測量教室長度、體育館面積。 • 為特殊生準備個別操作性教具。教導特殊生指認圖片、圈出標出重點，學習基礎生活知能。 • 小組合作學習，鼓勵普通生、特殊生間的相互協助與提醒，強調教學相長對彼此的學習益處。 • 設計活動式學習，如問卷調查或主題海報，讓每個學生分工合作。
教師會依身心障礙學生需求實施彈性上課方式（如個別指導或分組教學）	• 依照課程及活動設計，安排小老師、個別指導、同儕指導。 • 身心障礙學生須個別調整的地方、特殊生須個別指導的，教師會另外協助。 • 國語、數學課皆有分大小組上課的安排，符合學生最大的需求度。
教師會用各種教學媒材協助身心障礙學生學習	• 利用平板電腦、桌遊、電腦軟體、教具來配合教學，達到教學目標。 • 依照學生吸收的狀況，隨時評量，調整教學。
教師會依身心障礙學生學習狀況適度調整作業難度與份量	• 平日即會調整作業難度。 • 考卷皆經過調整，一個班級同科有四份以上不同考卷是常見的事。 • 降低難度，加入圖片和說明，必要時，以選出、貼出、連出相關答案，替代文字書寫，並請家長協助學習。

表 12-4　其他年級課程調整實例（續）

項目	例子
教師會依身心障礙學生狀況教導其學習策略	• 對缺乏組織力的，指導其組織的方式。 • 手指指讀，避免跳字落行。 • 圈重點，唸重點，了解主要內容。 • 以紙條視覺提醒事情的操作順序。 • 放聲思考，讓學生或同儕分享做好一件事的方式。
教師會依身心障礙學生需求調整教學情境	• 調整座位，並每個月換一次，讓每個同儕都有接觸互動的機會。
教師會採用適合學生身心障礙狀況的多元評量方式	• 降低試卷難度，紙筆評量會減少題數。 • 減少選項，加入圖片提示，加入引導詞句，填充題加入選填項目提示，增加連連看、貼一貼或二選一題型，或請助理教師予以必要指導。 • 操作評量常與小組合作評量結合，請普通生給予特殊生提示或引導。
教師能營造身心障礙學生與一般學生融洽相處班級氣氛	• 小組每天輪寫聊天本，分享話題與想法。 • 每人提供一本班書，全班每週輪讀一本並寫下心得分享。 • 每週五晨光時間，每人進行對他人的感謝／表揚，並提供小點心分享。 • 設計身心障礙體驗活動，讓學生間更能同理互助。 • 教師身體力行，友善公平地對待特殊生。
教師能針對身心障礙學生之問題行為採取適當介入方法	• 了解學生特質，適性提供介入方式。 • 分析行為背後原因（A-B-C），並了解行為背後動機加以處理。

第六節　家長對教學調整之看法

　　教學調整指的是教師因應特殊生的能力，在上課方式（在上課流程中有技巧地插入特殊生的學習目標）、作業內容及考試方式三方面做調整，教學調整是成為融合班與否的重要指標，也是教師必備的技巧，然家長常希望自己的孩子跟得

上學校的進度，而要求教師給予孩子和普通生一樣的教學內容，為了了解家長對教學調整的看法，特請家長在學期開始針對孩子的能力勾選調整教學的方式，以利老師教學調整參考。填答結果如表 12-5。

表 12-5　教學調整問卷整理

科目	上課安排		作業安排		考試內容		其他調整	
國語	與普通生相同	12	與普通生相同	8	與普通生相同	8	多使用圖片	13
	上課給予機會	㉒	減少份量或長度	⑳	降低難度	12	放大	6
	在上課流程中插入特殊的學習目標	20	允許用口頭或其他方式	14	減少份量或長度	13	教導學習技巧	㉓
	其他	3	改編成另一種作業（另外出）	18	給予較多協助	⑰	讓學生重複老師的要求	17
			允許較長的繳交期限	12	允許用口頭或其他方式（如電腦）	10	使用教具給予學生操作	18
			其他	6	改編成另一種作業（另外出）	16	讓學生有分享及發表的機會	19
					允許較多犯錯或拼錯字	2		
					允許較長的作答時間	12		
					內容一樣，改變反應題型，例如用選擇題或簡答題	13		
					其他	4		

表 12-5　教學調整問卷整理（續）

科目	上課安排		作業安排		考試內容		其他調整	
數學	與普通生相同	7	與普通生相同	7	與普通生相同	7	多使用圖片	10
	上課給予機會	⑳	減少份量或長度	13	降低難度	17	放大	7
	在上課流程中插入特殊的學習目標	⑳	允許用口頭或其他方式	10	減少份量或長度	13	教導學習技巧	㉒
	其他	3	改編成另一種作業（另外出）	⑲	給予較多協助	⑱	讓學生重複老師的要求	15
			允許較長的繳交期限	8	允許用口頭或其他方式（如電腦）	9	使用教具給予學生操作	20
			其他	4	改編成另一種作業（另外出）	13	讓學生有分享及發表的機會	14
					允許較多犯錯或拼錯字	1		
					允許較長的作答時間	10		
					內容一樣，改變反應題型，例如用選擇題或簡答題	6		
					其他	2		

表 12-5　教學調整問卷整理（續）

科目	上課安排		作業安排		考試內容		其他調整	
自然（生活）	與普通生相同	⑫	與普通生相同	10	與普通生相同	6	多使用圖片	12
	上課給予機會	11	減少份量或長度	6	降低難度	9	放大	3
	在上課流程中插入特殊的學習目標	⑫	允許用口頭或其他方式	10	減少份量或長度	6	教導學習技巧	⑭
	其他	1	改編成另一種作業（另外出）	⑫	給予較多協助	⑯	讓學生重複老師的要求	12
			允許較長的繳交期限	4	允許用口頭或其他方式（如電腦）	8	使用教具給予學生操作	⑭
			其他	1	改編成另一種作業（另外出）	9	讓學生有分享及發表的機會	12
					允許較多犯錯或拼錯字	2		
					允許較長的作答時間	6		
					內容一樣，改變反應題型，例如用選擇題或簡答題	6		
					其他			

表 12-5　教學調整問卷整理（續）

科目	上課安排		作業安排		考試內容		其他調整	
社會	與普通生相同	⑭	與普通生相同	9	與普通生相同	8	多使用圖片	10
	上課給予機會	9	減少份量或長度	7	降低難度	9	放大	4
	在上課流程中插入特殊的學習目標	11	允許用口頭或其他方式	⑪	減少份量或長度	5	教導學習技巧	11
	其他		改編成另一種作業（另外出）	9	給予較多協助	⑪	讓學生重複老師的要求	⑫
			允許較長的繳交期限	3	允許用口頭或其他方式（如電腦）	2	使用教具給予學生操作	10
			其他		改編成另一種作業（另外出）	9	讓學生有分享及發表的機會	13
					允許較多犯錯或拼錯字	2		
					允許較長的作答時間	6		
					內容一樣，改變反應題型，例如用選擇題或簡答題	7		
					其他			

備註：數字圈起來表示該項調整是該科次數最高。

第七節　中重度障礙學生課程與教學的調整

　　真正的融合教室會讓每位學生都有貢獻，每個人都可從別人的身上學習。如果教室有中重度障礙學生，教師不但要針對學生做課程的調整，更要讓特殊生不錯失和同儕學習的機會，應給予學生不同層次的協助，並藉由同儕來學習，教室裡的每位成員（不論任何年紀）都是融合的目標之一，教師應確認教學是支持而不是阻礙學生的學習。課堂上老師可以準備範例以具體化抽象的概念，提供學生視覺的協助及示範，這樣特殊生就可以透過調整後的課程參與課程，接收到老師傳遞的訊息，而不需被隔離於主要課程之外。將中重度障礙學生融入普通班須做到五個步驟：

1. 決定優先課程：課程內容必須是特殊生現在或未來需要的。

2. 決定對特殊生有利的教學模式：活動式教學（例如直接教學法就不適合聽障和視障學生）。

3. 調整教材：教材須符合課程主題與 IEP 目標。

4. 允許不同程度及目標的學生，在相同活動中，用各種方法獲得必要知識：當普通生和特殊生目標不同時，並不需分開來教，而可透過同一活動來進行，例如在丟骰子的活動中，普通生記錄每次丟到的數字，並按數字決定跳幾格，特殊生則是練習丟就好，因而在這樣一個活動中可自然地達到普通生及特殊生的需要。這個原則同樣可適用在普通生及中重度障礙學生一起學習的教學情境。

5. 提供有意義的教學：普通班課程對特殊生而言常是又困難、又太抽象深奧，所以除了核心課程外，老師必須決定中重度障礙學生最需要哪些方面的課程，並使用舊經驗學習新知識，當老師了解學生的興趣、經驗及優勢，就可以設計出對學生最有意義的教學。例如讓學生試著寫／說簡單的句子，將句子加上圖示，配合實際操作，閱讀簡單的資訊，完成句子，提供「寫」的機會；辨別數字、比較數字及計算物品價錢，將數字應用在生活之中。調整對特殊生的學習來說是不可或缺的，能確保特殊生參與核心課程。表 12-6 是當教室進行各種課程時應該做的調整，以使特殊生能學習。

表 12-6 教室課程調整

教室發生的事情	如何調整
講課	視覺提示、示範、簡化、提供主要概念
大團體討論	學生回答時給予提示
課堂作業練習	提供學習指引或筆記、選擇適當的練習題
小組／小團體學習	傾聽
打掃時間	依照身體能力決定部分／全部參與

　　特別注意的是，雖然中重度障礙學生的心理年齡可能停留在學前或國小階段，設計的課程活動以及活動中所用的材料一定要「適齡」，應該要使用原子筆、麥克筆取代蠟筆或是貼紙，也應從符合團體年齡的雜誌中選擇圖片，切勿使用幼稚的方式，才不會造成負面效果，也能促進學習，支持學生真正的年齡身分（李淑玲譯，2011）。

　　Downing（1996）認為只要給予機會及做好課程與教學調整，中重度障礙學生都可融合至普通班級。

第八節 教師訪談

問：課程設計的時候如何兼顧普通生和特殊生？怎麼調整課程讓特殊生都能參與？

答：第一個要先了解學生的程度在哪裡、需要的是什麼。開學的時候都要擬IEP，這時都要考慮到目前他們所要學的東西是哪些，再來是上課的材料和上課的方式。

問：設計課程如何兼顧普通生和特殊生的需求？

答：教師在這堂課裡面，要上的時候會很清楚知道要給普通生的目標是什麼、特殊生的目標在哪裡。教師會針對他們的目標去找到適合他們的教材。

問：有設定目標，如何去評量？

答：課程結束後，教師會開始評量在上課時學生有沒有做到他做的部分。也許教師在課程當中就會調整，在學生已經不能達到所預期的目標時，可能就會再

降低難度，或是減少數量。

問：一般認為特殊生需要較多的時間來教導，同樣一堂課 40 分鐘的時間，如果要對特殊生有比較多的照顧的話，是否相對就壓縮普通生的學習時間？

答：教師並不會特別去照顧特殊生，應該是把時間分給所有的學生。

問：該如何分？

答：課程設計或課程調整，課程裡面都有機會參與，這樣時間就分到每個學生身上。

問：設計課程比較困難的部分，是資料的蒐集，還是作業單的設計？一般以教科書為準，教師自己會不會再設計一些活動，或主要的調整在什麼地方？

答：大組和小組的方式不一樣，如果在大組，基本上以課本的活動為主，在課堂裡一些進行的方式會改變，有時有合作學習的方式，會有比較多操作的，或是特殊生可能有一些輔助的東西，他的課程或課本的調整會比較少，差異不是那麼大。例如一個課本的活動，教師會去思考這樣的活動是不是每一個學生都可以參與到，如果不是每個學生都可以參與到，教師就會做調整，調整課程或上課的進行方式，讓特殊生都能參與到。小組裡面調整就很大，雖然主題是一樣，調整就很大，例如時間的教學，大組要教分跟秒的換算，而小組只要認識時鐘。

問：愈高年級，課程愈抽象，特殊生愈來愈難切入，會不會整堂課 40 分鐘給特殊生實際學習的空間不大？課程設計上會不會有這樣的困惑？

答：愈抽象就愈難理解，在課程裡面就是，一個學期裡面不會全都是抽象的討論，會安排一半一半，穿插調整，有些單元是特殊生很容易就可以發揮、可以參與的。如果是一些在大組裡需要討論的部分，他可能就比較難理解。

第 13 章

如何在融合班執行
特殊生的個別化教育計畫

　　在融合式班級，班上有較多的普通學生，不可能為了特殊生的教學而不顧普通生的學習，特殊生學習的內容不可能與普通學生的課程各自為政，否則無法一起學習。因此訂定特殊生 IEP 須考量這個計畫與普通班課程是否能契合，也就是要在普通課程的架構下列出特殊生學習的內容，訂定統合式 IEP，以下將逐節介紹融合班如何訂定及執行特殊生的 IEP。

第一節　融合班學習經驗

　　在融合班訂定 IEP 之目標，主要是參考吳淑美於 1998 年之學習經驗檢核表而訂定，學習經驗檢核表中共列有 13 類學習經驗，每類再細分為幾個細目，這些學習經驗都可視為長期目標，可據此擬定出短期目標。根據學習經驗檢核表訂定之長短程目標的作法如表 13-1 所示。

表 13-1　訂定長程目標和短程目標的做法

長程目標	短程目標
一、數 　1. 會計算（如加減乘除）。 　2. 會使用測量工具。 　3. 會辨認及使用錢幣。 　4. 會買賣物品。	一、數 　1.1 能做 20 以內的分解。 　1.2 能用實物做一位數加法。 　1.3 能用實物做一位數減法。 　2.1 能使用體重計。 　3.1 以 1、5、10 元之硬幣組合 25 元。 　4.1 選購和是 25 元以內的食品（兩件）。
二、分類 　1. 探索及標明每樣事物之特性名稱。 　2. 用各種不同方法來操作及描述事物。	二、分類 　1.1 能描述自己喜歡的食物名稱。 　1.2 會將玻璃瓶、寶特瓶、鐵鋁罐等垃圾分類。 　2.1 會開封各種罐裝、盒裝的食品飲料的方法。
三、時間 　1. 會使用時鐘、月曆。 　2. 能依照功課表或作息表作息。	三、時間 　1.1 認識時間：時、分、秒。 　1.2 每天撕日曆／知道當天日期。 　2.1 會看聯絡簿寫作業。
四、空間 　1. 經驗及描述人事物動作的方向。 　2. 認識周圍環境（如教室、學校、鄰里）中各種事物的位置及關係。	四、空間 　1.1 能指認／說出級任老師和班上同學的姓名。 　2.1 能指認／說出校內其他場所的位置／用途。
五、聽及理解 　1. 傾聽。 　2. 理解並遵守指令。 　3. 能理解看到的圖。	五、聽及理解 　1.1 能安靜聆聽上課 20 分鐘。 　2.1 上課時能安靜坐在座位 20 分鐘。 　3.1 能理解男女廁所的標誌。

表 13-1　長程目標和短程目標的做法（續）

長程目標	短程目標
六、說 　1. 會做選擇並說出自己選擇的人事物。 　2. 會要求（如會要求物品、食物、活動、協助）。 　3. 會召喚他人（如會以手勢或語言召喚他人）。 　4. 會拒絕（如會表示要停止某些事，或不要某些事開始）。 　5. 會向別人打招呼。 　6. 會使用電話。 　7. 會提供個人身分的資料（如姓名、地址、電話號碼）。	六、說 　1.1 主動說出自己的需要。 　2.1 向他人借東西時能提出請求（不用搶）。 　3.1 能呼喚老師或同學的姓名—來。 　4.1 拒絕時，會說「我不要」。 　5.1 見面會主動跟熟悉的人說「○○○好」。 　6.1 會說出家裡電話。 　7.1 會說出自己資料。
七、閱讀 　1. 認識及會讀常見的符號（如交通標語、男的洗手間、文字、布列斯符號）。 　2. 能主動閱讀並從閱讀中獲得訊息。 　3. 會閱讀及使用媒體資源（如報紙、電話簿、字典）。	七、閱讀 　1.1 認識交通標語。 　1.2 認識男的洗手間。 　2.1 能自己讀完一本書。 　3.1 能自己閱讀報紙。
八、寫 　1. 會寫出個人的資料。 　2. 會寫字、語詞及句子。	八、寫 　1.1 會寫出名字。 　2.1 會寫看到的國字。
九、經驗及表達想法 　1. 把自己的話記錄下來及讀出來。	九、經驗及表達想法 　1.1 把自己的話用錄音機錄下來並放出來聽做補充。
十、照顧自己的需要 　1. 無短期目標？ 　2. 能使用合適的餐具進食。	十、照顧自己的需要 　1.1 能拿著雙耳的杯子喝水。 　2.1 用餐不挑食。 　2.2 用餐時能不用手抓食物。 　2.3 不吃掉在地上的東西。 　2.4 能在餐後收拾自己的桌面清潔。 　2.5 會使用紙巾擦手、嘴。 　2.6 會使用筷子夾菜、吃飯。

表 13-1　長程目標和短程目標的做法（續）

長程目標	短程目標
3. 會選擇合適的衣服穿。	3.1 會拉上／解開拉鍊。 3.2 會扣上／解開扣子、暗扣。
4. 會如廁。	4.1 會使用蹲式馬桶。 4.2 會表達出如廁的意願。 4.3 大小便後自己處理乾淨。 4.4 會辨認男的洗手間／上廁所。
5. 會照顧自己的清潔衛生。	5.1 不挖鼻涕吃／使用衛生紙擦乾淨。
十一、社會學習 1. 能接受他人的協助。 2. 能與他人分享。 3. 能和他人一起玩或一起工作。	十一、社會學習 1.1 能接受小朋友的帶領做任何事。 2.1 會把東西給小朋友分享。 3.1 能和小朋友一起工作。

第二節　發展及擬定特殊生的 IEP

一、訂定目標

　　經由課程評量（評量內容和教學內容相關），找出學生能力的長處與短處，從學生尚未完全精熟的能力開始教，並以此設定教學的目標，並將其列入 IEP 中。目標分成長期目標及短期目標，長期目標分成數個短期目標，以領域中的重要技能為長期目標，例如增進數學領域的運算能力。擬定學年和學期教育目標時可以從實際年級的指標選擇，參考同年級要達到的能力指標，或直接採用相同的能力指標。但要依學生能力及需求調整能力指標以符合學生的能力現況和需求。短期目標包括行為發生的情境、可觀察及評量的行為及說明行為精熟的標準（比例或次數）三個要素，例如小明能在聽到鐘聲響時進到教室，10 次有 9 次做到。在台灣，一學期至少要告知家長三次評量結果，教師可根據此標準評估學生在一段時間裡可完成多少短期目標。將所選的能力指標更加具體化，使其可評量、可觀察，且確保學生在一年內有可能達成。

　　融合式班級 IEP 乃依據 Giangreco、Cloninger 和 Iverson 提出的「給予孩子選擇和調整的課程」（Choosing outcomes and accommodations for children, COACH）模式訂定 IEP，COACH 採用生態評量，提供在融合安置下身心障礙學生所需的課程內容，其課程內容包括普通教育課程、跨環境的技能、特定環境的技能。COACH 的 IEP 的目標優先考量家庭的觀點，以家庭為中心，強調家長參與、團隊合作及問題解決策略，特殊生課程涵蓋普通教育課程、跨環境的技能及特定環境的技能。換言之，強調跨學科、跨情境的學習。融合班依據 COACH 將目標分為跨情境（生活教育）、作息及課程目標三種，以下將逐一介紹這三種目標。

(一) 跨情境目標

　　所謂跨情境目標（技能）指的是在教室很多情境都需要學習的目標（技能），主要根據融合班學習經驗而訂定，跨情境目標如表 13-2。

表 13-2　跨情境目標

領域／科目／作息	目標	時間／地點	評量	備註
跨情境	• 一進教室能主動和同學、老師打招呼。 • 對於陌生人能有適當的態度（不要太熱情）。 • 進教室前能將鞋子擺好並換上室內鞋。 • 能經由提醒而做好清潔工作。 • 能用語言表達現在的感受。 • 能主動參與班上的活動。 • 能主動找同學玩。 • 能按照課表拿出上課的課本。 • 能按照課表到上課的地點。 • 上課時能坐在位子上。 • 能遵守班規。 • 上課時能遵守老師及組長的指示。 • 能控制自己的情緒（不發脾氣）。 • 能主動收拾工作櫃。 • 能協助需要幫忙的同學。 • 能快樂地和同學遊戲。			

(二) 作息目標

作息目標是在某段作息特別需要學習的目標，為什麼作息目標很重要，是因為作息是例行的、每天都要做的，每個人每天都要做許多例行的事，例如每天要吃飯、做選擇、和別人互動等等。每個人每日例行活動，例如起床、吃早餐、上學、吃午飯、搭車、做功課，都有共通性及連續性，每日例行活動包括四個要素，首先是開始，其次是需要為當天的例行活動做準備，第三是最主要的——例行活動的核心，最後一個要素是結束例行活動。每日例行活動都可包含這四個要素，下面將以每天早上晨光時間月曆活動來說明這四個要素：

1. 開始：參與團體，坐在位置上。
2. 準備：拿出月曆的材料（例如鉛筆、色筆、月曆）。
3. 核心：在月曆上劃掉今天的日期、說出今天的日期、討論今天要做的事和期待。
4. 結束：把材料收起（例如鉛筆、色筆、月曆），準備轉換到下一個活動。

這四個要素也可應用於其他例行活動中，例如在午餐例行活動時，四個要素如下：

1. 開始：指出功課表上面的午餐時間。
2. 準備：午餐用具（例如餐盤、湯匙）。
3. 核心：會自己打菜及說出「多一點」。
4. 結束：和同儕一起去丟午餐垃圾。

在為特殊生設計個別化教育課程時，也要將例行活動列入個別化教育計畫中，考量每天例行活動中哪些要素需要提供支持，例如給予開始時的提示、針對準備這個要素提供必需的材料、按照教學順序提供核心要素，及帶領學生到結束活動，總之透過這四個要素來增進學生的發展。

在每天日常的例行活動中可以教很多東西，比起一次教單一技巧來得有效，例如藉由吃午餐來學會咀嚼、吞嚥、選擇午餐食物、說出午餐食物名稱或是不想吃的某些食物、與他人互動、問題解決、使用餐具及收拾桌子等目標。除了午餐時間，其他作息時間都可安排不同的例行活動，教導學生學習許多重要的生活技能，教師在安排每日例行活動時可提供必要的訓練，例如在每天早上的日曆活動中，學生要走向電子白板，面對其他學生說話以培養溝通互動技巧。

　　例行活動也可用來提升學生的讀寫技能，利用平時語文課讓學生簡短地分享發生在生活中的小故事，在黑板上寫下一些訊息（例如日期、天氣狀況、謎語、每日重要新聞、每日小問題、明天要帶的物品等），將分組討論的結果畫下來或用圖表呈現出來，交短短幾個字的心得報告，記下今天課堂上印象最深刻的事，大聲地唸測驗卷與作業單上的作答說明給需要協助的學生聽，做一些跟讀寫有關的班務工作（比如登記參加戶外教學人數、寫日期、記錄班上同學出席狀況），設置一個班級意見箱，讓學生輪流負責讀出同學提出的意見。

　　至於只會讀與寫簡單幾個字的特殊生而言，幫助其的方式就是利用各種自然情境和上各學科課的時候，讓其都能夠學到一些讀寫的技能。做法為在每一天的作息中，尋找一些自然的情境來增強讀寫能力。例如老師要求特殊生在每天早上導師時間（8:15-8:35），從《國語日報》上找一則短文或詩寫在黑板上，然後老師會利用五分鐘的時間，用特殊生所抄寫的短文、笑話或兒歌教其使用標點符號、練習發音和一些認字及造詞。

　　其他可以自然而然把讀寫技能融入班級活動的方法，就是跟學生一起檢討當天的作息時間（表 13-3）。透過檢討當天的課程表或是作息表這樣的固定活動，讓學生有機會表達、分享意見、傾聽老師與別人的意見，以及閱讀作息表，讓學生有參與感，並且對當天的作息更加清楚。此外，了解當天的作息與知道接下來要做什麼，會讓很多特殊生（例如自閉症的學生）感到安心。對自閉症學生而言，有充分的資訊與固定的作息，較能知道什麼時候該做什麼和什麼時候該停，並且清楚規則、規定和明確的結構是什麼，因此能夠適當地回應（黃蕙姿、林銘泉譯，2003）。

　　讓學生一起查看和檢討當天的作息表，除了可以給那些需要額外協助的學生讀寫練習的機會，還可以讓班上的每個學生每天都有一個有條理、有組織的開始。老師可以影印一份作息表或課表讓學生把它貼在筆記本上，如此一整天都可以查看作息，提醒學生當天所要做的事情。表 13-3 為一天作息表的範例，可以作為幫助自閉症學生的重要工具。

表 13-3　一天作息表的範例

時間	星期一
8:15- 8:35	導師時間
8:40- 9:20	語文課
9:30-10:10	語文課（寫作練習）
10:30-11:10	數學課
11:20-12:00	角落
12:00-13:20	午餐和休息時間
13:20-14:00	社會課
14:10-15:00	藝術人文課
15:10-15:50	藝術人文課

　　除此之外，教師可提供特殊生圖畫式作息，做法為將典型的一天拍下來，再將照片按照作息先後順序排列，製成圖畫式作息，學生了解每天作息將有助於穩定情緒。除了班上作息，教師可根據學生興趣及能力為學生設計個別的作息，表13-4 顯示融合班如何在每段作息訂定適合的作息目標。

表 13-4　作息目標

作息	目標	時間／地點	評量	備註
晨讀 （7:50-8:00）	• 早上到校會主動向老師問好。 • 能將自己的書包放到置物櫃。 • 能選擇圖書。 • 能閱讀 10 分鐘。			
打掃 （8:00-8:15）	• 能做好自己分配到的打掃工作。 • 打掃工作完，能將打掃工具放回原處。			
導師時間 （8:15-8:35）	• 能自動把聯絡簿、作業放至固定位置。 • 能與大家分享。			

表 13-4　作息目標（續）

作息	目標	時間／地點	評量	備註
下課	• 會利用下課時間上廁所。 • 會利用下課時間喝水。			
上課	• 有問題時會請老師協助解決。 • 會打開上課要用的課本。			
午餐 （12:00-12:30）	• 飯前會洗手。 • 午餐時能排隊打菜、打飯。 • 吃飯時能安靜地吃飯。 • 能將要吃的飯菜放入自己的餐具中。 • 用餐時盡量不讓飯粒掉出來。 • 飯後會清理自己的桌面。 • 能將用過的餐盤用衛生紙擦過。 • 能將擦過的餐具放入便當袋。			
午休 （12:40-13:20）	• 午睡時間能安靜。 • 午睡時間能趴下睡覺。			
作業指導 （15:40-15:50）	• 能在聯絡簿上填上今天的日期。 • 能在協助下抄寫聯絡簿。 • 抄好後，能主動將聯絡簿放回書包。			
放學 （15:50-16:00）	• 能獨力收拾書包。 • 能選擇正確的隊伍排隊。 • 放學時能跟老師及同學說再見。 • 能等待家長來接。			

（三）課程目標

　　IEP 之課程目標主要從三個方向考量：採用普通班課程目標、採用普通教育課程中符合特殊生需求的功能性課程目標，及針對無法採用普通教育課程的學生設計特殊教育領域課程目標。課程目標指的是教師特別設計配合各科進度訂定的目標，課程目標通常配合各科課程本位評量或單元目標訂定。如要找普通課程目標，教師須了解所有學生在單元教學後須達成的成果，找出年級指標中最具關鍵

的核心能力，據以擬定對特殊生最重要的學習目標，目標可能跨多重課程領域，經過統整按順序排列，作為個別化教學目標參考。

老師必須為在普通班的特殊生，找出每個單元特殊生學習的內容，確定學生能學習到每個單元的一部分，教師在訂定特殊生 IEP 目標時，可將學習每單元的三個新觀念列在 IEP 中，如此教師就必須從普通課程中找出特殊生學習的內容，並列入學生的學習評估中，這樣一來，特教教師和普通班教師就可一起討論，選擇普通課程中適合特殊生學習的內容，做出適合特殊生學習能力的教學及評估計畫（Clayton, Burdge, Denham, Kleinert, & Kearns, 2006）。表 13-5 以一國語科單元為例，訂出特殊生在該單元的學習目標（個別需求目標）。

表 13-5　特殊生在國語科單元的學習目標

單元	教學重點	活動名稱	教學目標	特殊生目標
黑面琵鷺之歌	• 學習欣賞詩歌敘寫方式，表示對大自然的關懷。 • 認識黑面琵鷺遷徙過程，體會尊重生命的意義。 • 了解曾文溪口自然風光。	• 誰是保育專家。 • 認識臺灣的貴客──黑面琵鷺。 • 河口生態知多少。	• 能用優美的聲音朗讀本課課文。 • 說出在本課中，尊重生命的方法和重要性。 • 能從課文閱讀中，說出曾文溪口的自然生態環境。 • 學習用詩歌的方式來描述對大自然的關懷與尊重。	• 在提示下能說出五個尊重生命的方法。 • 經由提示，說出在曾文溪口看到什麼。 • 能跟著唸詩。
勇敢的小巨人	• 認識周大觀，並且學習他愛惜生命的態度。 • 認識設問修辭。	• 我的身體會說話。 • 我還有一隻腳。 • 生命勵志故事選讀──開心天使。	• 能說出周大觀的相關事蹟。 • 能閱讀欣賞周大觀的詩集作品。 • 能聆聽分享其他身障人士努力奮鬥的故事。 • 說明生病時如何對抗病魔和尊重生命態度。 • 能分辨不同種的設問句並加以應用。	• 經由提示，說出周大觀的相關事蹟。 • 說出生病的經驗。 • 協助下能閱讀周大觀的詩作。 • 說出認識的語詞。

　　單元學習目標乃隨著單元而異，然有些目標是每個單元共同的目標，更是 IEP 中不可或缺的目標，表 13-6 是融合班國語科常見的課程目標。

表 13-6　融合班國語科常見的課程目標

領域／科目		目標	時間／地點	評量	備註
國語	查字典	能學會查生字、部首			
	仿說	能跟隨老師或同學仿讀課文			
	寫	能正確寫出筆畫			
	配對	能做詞語與圖片的配對			
	圈語詞	能圈出課文中的語詞			
	語詞接龍	能做語詞的接龍			
	故事接龍	能做故事的接龍遊戲			
	造句	能造出生字的語詞			
	看圖說話	經提醒能看圖說出簡單的故事			
	造句	能造簡單的句子			
	仿讀	能一句一句仿讀課文			
	認讀	能認讀教過的生字			
	聽寫語詞	能聽寫出正確的語詞			
	重複內容	能重複聽過的故事內容			
	寫	能寫出個人基本資料			
	仿寫	能仿寫生字、語詞、句子			
	說事情經過	能說出一件事情發生的時間、經過、結果			
	動作演示	能用動作演示出課文內容			
	問問題	能提出有關課文中的問題			
	回答問題	能回答課文中簡單的問題			

二、將課程與教學調整需求列入 IEP 中

　　課程與教學調整包括學習內容、學習過程、學習環境及學習評量等四大項目的調整，這些調整要列在 IEP 中，還要列出特殊生學習這些目標所需的支持（含

輔具及環境）以落實 IEP 的執行，表 13-7 是融合班教師根據學生國語科需求勾選作業、考試及上課方式所需的調整，再將其列入每位特殊生的 IEP 中：

表 13-7　融合班國語科調整教學檢核表

填寫說明：請針對班上每位特殊生需求勾選課程調整的項目

調整項目	學生姓名					
	A生	B生	C生	D生	E生	F生
一、作業之調整						
1. 降低難度		∨	∨	∨	∨	∨
2. 減少份量或長度			∨	∨		
3. 使用圖片作為指導語（題目條列）	∨	∨	∨	∨	∨	∨
4. 先將題目讀一遍或示範	∨	∨	∨	∨	∨	∨
5. 給予較多協助			∨	∨		
6. 減少紙筆作答			∨	∨		
7. 允許用口頭或其他方式（如用電腦）作答	∨	∨	∨	∨	∨	∨
8. 改編成另一種作業		∨	∨	∨	∨	∨
9. 允許較多犯錯，例如拼錯字	∨	∨	∨	∨	∨	∨
10. 允許較長的繳交期限	∨	∨	∨	∨	∨	∨
11. 在實際情境中講解及練習			∨	∨		
12. 改變反應題型，例如用選擇題或簡答題	∨	∨	∨	∨	∨	∨
13. 降低作業的用語難度	∨	∨	∨	∨	∨	∨
14. 給予短的條列式的指導語	∨	∨	∨	∨	∨	∨
15. 其他（給予不同層次之作業）		∨	∨	∨	∨	∨
二、考試之調整						
1. 降低難度		∨	∨	∨	∨	∨
2. 減少份量或長度		∨	∨	∨	∨	∨
3. 使用圖片作為指導語		∨	∨	∨	∨	∨

表 13-7　融合班國語科調整教學檢核表（續）

調整項目	學生姓名					
	A生	B生	C生	D生	E生	F生
4. 先將題目讀一遍或示範		V	V	V	V	V
5. 給予較多協助		V	V	V	V	V
6. 減少紙筆作答			V	V		
7. 允許用口頭或其他方式（如用電腦）作答				V		
8. 改編成另一種試卷			V	V	V	V
9. 允許較多犯錯，例如拼錯字	V	V	V	V	V	V
10. 允許較長的作答時間		V	V	V	V	V
11. 在實際情境中講解及練習			V	V		
12. 改變反應題型，例如用選擇題或簡答題		V	V	V	V	V
13. 降低考卷的用語難度		V	V	V	V	V
14. 給予短的條列式的指導語		V	V	V	V	V
15. 其他（給予合乎能力的試卷）		V	V	V	V	V
三、上課方式之調整						
1. 多使用圖片（繪圖）（情境）	V	V	V	V	V	V
2. 放大（題目條）	V	V	V	V	V	V
3. 教導學習技巧	V	V	V	V	V	V
4. 讓學生重複老師的要求		V	V	V	V	V
5. 使用教具給予學生操作	V	V	V	V	V	V
6. 讓學生有分享及發表的機會	V	V	V	V	V	V
7. 問學生問題	V	V	V	V	V	V
8. 上台發表	V	V	V	V	V	V
9. 閱讀，題意分析，理解	V	V			V	V
10. 找出重要訊息	V	V	V	V	V	V

第三節　執行 IEP

　　訂好 IEP 後，接下來就是如何讓這個方案付諸實行，教與學是密不可分的，學生的 IEP 不能只有提供一般支持而沒有或只有少許的學習結果。學習的目的為改變學生的行為，學習目標可以是普通教育課程的一部分，例如背誦九九乘法表、造詞和閱讀，也可以是配合學生程度設計的個別目標，不論學習目標是普通教育課程還是個別目標，它們都注重學生學到了什麼。在這樣的情況，必須一再檢查學生的 IEP，提供學生學習的機會，以使可以產生更多的學習效果，學生的家人必須參與這個過程。通常執行 IEP 的過程如下：

1. 決定由誰來負責某一小組及某一學生的個別化教學：

　　通常 IEP 中各科課程目標由各科教師負責，然作息及跨情境目標由各班導師負責執行及評估，決定好分工後，教師就開始準備所需的教學內容，以執行特殊生的 IEP。

2. 目標分析，排出目標優先順序：

　　跨情境及作息目標都可和教室作息結合，利用自然作息中提供的機會教學，不需特別找時間就可執行，唯有課程目標須透過教學安排，因此必須先分析所訂的課程目標在課堂中發生的機率。倘若目標無法插入現有的課程內容，就需要特別設計課程外的教學活動，以製造機會讓學生學習該項目標。因此教師在安排課程前，須根據其難易度排出目標的優先順序。

　　所謂優先順序指的是選擇優先教導的內容，以國語科課程目標為例，有些較難的目標如查字典或聽寫等，需教師特別教導及安排時間者應放在後面，有些如仿說、看圖說話等較常發生且較容易的目標，則應放在前面。表 13-8 是學生學習的優先次序表，在表格的最左邊一欄，條列出學生每日各科課程學習活動的優先次序；在中間一欄中，條列出學生想達到自己的學習優先次序時所需的材料工具；最右邊一欄列出支持和調整。

表 13-8　學生學習的優先次序和支持表

學　　生：＿＿＿＿＿＿　年　　級：＿＿＿＿＿＿＿＿　教師：＿＿＿＿＿＿＿＿＿

教學助理：＿＿＿＿＿　預定日期：＿＿＿＿＿＿＿＿

一天的學習優先次序	材料工具	支持／調整
• 每堂課都要參與 • 帶必要的材料與工具 • 上課時跟同儕一起行動	• 和同儕一樣	• 各科教師 • 同儕 • 行事曆（包含用具列表）
閱讀的學習優先次序	材料工具	支持／調整
• 跟全班一起聽故事 • 從圖書館選一本書閱讀	• 和同儕一樣	• 沒有 • 同儕、圖書館員
自然科的學習優先次序	材料工具	支持／調整
• 參與實驗 • 每一單元要學習兩個新概念	• 和同儕一樣 • 依單元而定	• 同儕、成人
數學的學習優先次序	材料工具	支持／調整
• 用計算機檢查作業 • 跟同儕一起解決問題 • 當合作小組中的計時者	• 大型按鍵計算機 • 和同儕一樣 • 計時器 • 數線	• 同儕、成人 • 同儕 • 同儕 • 成人

3. 找出在平時的課程計畫表中，哪些 IEP 的目標可以融入在普通班課程及活動流程中：

有了 IEP 的目標，就可掌握教學的方向及內容、符合特殊生的需要，接下來就是找出既有課程中特殊生的學習目標，確定特殊生在普通課程參與的部分，例如每一節國語課特殊生要學些什麼？一般而言，任何目標的學習都需透過活動的安排才有機會執行，當一組之成員不只有特殊生還有普通生時，教學就要經過仔細的設計才能融入 IEP 目標。例如國語科的 IEP 目標有仿讀時，教師就要將特殊生仿讀放入課程計畫中，並在上課時製造仿讀的機會。從表 13-9 的一週課程計畫表中，可發現課程中安排了唸課文的活動，這樣一來，唸課文或仿讀課文的 IEP 目標就可融入普通課程中。

表 13-9　一週課程計畫表

	國語	數學
教學重點	第二課　小松樹長高了 • 能以對話方式表達課文。 • 能了解克服困難才能成長。 • 能使用描述驚嚇和鼓勵的語詞。 第三課　樹的醫生 • 了解啄木鳥的習性及特性。 • 能使用敘述句及揣測句型。	加法 • 能做三位數（十位）進位的加法。 • 能做二位數加二位數二次進位的加法。 • 能運用三位數的加法解決有關問題。
星期一	• 透過三種層次課程評量，並複習第一課。 第二課 • 透過圖片概覽第二課全文。 • 唱跳與剪貼：老松樹。	• 能透過錢幣及數字卡，操作三位數加三位數，個位、十位、二次進位的加法。
星期二	• 透過長牌發問：引導深入了解課文內容。 • 生字語詞教學。	
星期三	• 比一比：透過短劇比較，選出相似或相反的描述語句。 • 選一選：透過文章閱讀，選出適當的語詞。	
星期四	• 造句高手：熟練本課句型。 • 第二課評量。	
星期五	第三課 • 概覽第三課課文（教師帶領唸課文）。 • 透過圖片了解啄木鳥外型。 • 透過文字資料了解啄木鳥。 • 分享看病經驗。 • 生字新詞教學。	
特殊生目標	• 認識鳥類。 • 習寫鳥類的名字。 • 認讀語詞。 • 仿唸課文中的句子。	• 辨認錢幣。 • 指認數字。

4. 哪些時間較適合把特殊生及普通生目標放在一起？哪些目標必須另外安排時間？

盡量在上課執行特殊生的目標，找出哪些目標課堂上有機會執行、哪些則和普通生課程內容不相容後，再決定是否需要另行安排輔導時間以執行無法和課程相容的目標。

5. 安排一般及特別的學習活動（alternative activity）：

計畫每天／每週要進行的活動，教學活動中欲達到的目標要盡量和 IEP 中擬好的目標結合。當目標融入教學活動時，教學活動就可符合特殊生的需求。教學應盡量採取活動式教學，因其可同時達到不同領域、不同難度的目標，是一種相當常用且有效的教學方法。訂定好目標、安排好教學活動後，就可準備所需的教材及教具，包括改編課文以符合特殊生的需要。一般的教學活動指的是在教室進行、不會干擾正常教學活動、不需專為特殊生設計、可同時涵蓋普通同儕的活動。特別的學習活動指的是為特別的學習目標設定的教學活動，有意義且適合特殊生的年齡。不管是一般或是特別設計的教學活動，為特殊生設計的目標都必須和課程內容相關，且必須提供所需的支持及調整，以使特殊生參與教學活動，執行 IEP 的目標。

6. 提供支持與提示：

除了教學，還要提供特殊生所需的支持。換言之，為了學生能獲得學習成果，老師必須為學生做某些事，例如安排學生的位置讓他們可清楚看到黑板、提供字卡或放大字體。在日常生活中，大多數人都會回應信號，例如聽到鐘聲響起走進教室，記得何時或是如何去做某些事。大部分學生能自然學習，然而有些學生需要被提醒，被教導如何去回應這些提示或訊號，學習一個新技巧時，需要更精細的信號或提示，參與活動時需要自然地提示才能有所回應。有些學生可能需要口頭的提示，有些可能需要視覺的提示，提示的類型與程度因活動類型及學生能力而異，在不同活動中可能需要各種不同的提示。常見的提示類型包括環境自然的提示，例如鐘聲、手勢、口頭、示範及肢體。

7. 作業安排：

除了回家作業，還要安排延伸課程內容的作業，例如讓特殊生每天或每週將學過的概念用圖片呈現出來，並讓其說出圖片的內容，每天可以持續地

進行。

8. 多感官學習：

教學時要運用多重感官技巧，例如要學生認讀字時，除了要他唸出來，還要他寫出來、用手描或剪下來，或用身體比出它的形狀，再透過聽錄音帶聽寫的方式將聽到的字寫出來。這種結合視覺、聽覺、觸覺及動覺運用之教學，既可增加教學的趣味性、活潑性，更可加深特殊生對學習內容的印象，因此常用在特殊生的教學上。

9. 訂定各科各單元固定學習模式：

將 IEP 目標插入課程活動流程，例如上國語課時讓學生找出課文中的語詞與圖片配對、閱讀或書寫簡單的句子及設計同一模式的學習單，例如剪貼每一課教到的概念圖片並在旁邊寫語詞。

10. 隨時檢視學生的學習：

讓學生有機會展現他學得的知識、技巧及概念。除了訂定教學目標外，須評量所有學生在教學後學習的情形，包括各單元學習的情形，據此列出特殊生最優先的學習目標，期末讓學生認讀教過的字以確認學習是否有類化。平時檢視 IEP 在課堂上執行的情形，做法為將上課帶到的教學目標和特殊生的 IEP 目標加以對照，或在課程目標上標記符合 IEP 目標，對照情形詳見如表 13-10 數學科 IEP 目標與教學目標對照表。

從表中發現，一個單元的教學內容如果經仔細設計，是可以將特殊生 IEP 的目標安排在教學流程中。

11. 教師上完一個單元後，計算該單元所上到的目標中有哪些是針對特殊生之 IEP 所設計：

即計算 IEP 目標在整個單元教學目標中所占的比例，以了解融合班之上課方式是否能確實執行 IEP 訂定之目標。表 13-11 以單元「快樂的節日」為例，計算 IEP 的執行率。

表 13-10　數學科 IEP 目標與教學目標對照表

單元名稱	IEP 目標	教學目標（日期）	評量
時鐘	能讀出短針所指之數字	能說出短針所指的數字（11/27）	○
		能說出短針的位置（12/3）	○
	能讀出長針所指之數字	能說出長針所指的數字（11/27）	○
		能說出長針的位置（12/3）	○
	能一個一個地數 1 至 100		
	能 5 個一數，唱數，如：5、10……100		
	能 10 個一數，10、20……200		
	能依題意操作教具	能用小時鐘撥出 7:40（12/3）	○
		能用小時鐘撥出 4:00（12/3）	○
長度測量	能分辨不同長度量尺，指出其長度分別為 15 公分、30 公分、45 公分等		
	能測量 1 公尺以內的物長		
加法	能了解題意，使用「＋」的運算符號	能列出加法的式子並算出答案（10/8）	○
		能列出 7+7+7+7+7 的式子（12/17）	○
		能列出 12+12+12 的式子（12/17）	△
減法	能了解題意，使用「－」的運算符號		
	能了解題意，列出算式	能把自己的算法記錄下來（12/17）	×
	能說出記錄之算式填充題		

評量標準：○表通過，△表需協助，×表不通過。

表 13-11 國語科教學目標

教學組別：平均分組（8 名普通生及 3 名特殊生）

單元	活動安排	目標	普通生	特殊生1	特殊生2	特殊生3
快樂的節日	引起動機	1. 能參與說故事（有關月亮）的活動。	√	△	△	△
		2. 能說出中秋節的日期。	√	√I	√I	△
		3. 能分享賞月的經驗。	√	△	△	×
		4. 能說出父母的職業。	√	√I	√I	×
		5. 能說出老師的工作內容。	√	√I	√I	×
		6. 能說出國旗的顏色、圖案及其所代表之意義。	√	√I	△	×
		7. 能說出雙十節慶祝活動（至少三種以上）。	√	√I	√I	×
		8. 能透過角色扮演──「賣水果」，認識各種水果。	√	√I	√I	△
		9. 能看引導圖片，說出內容。	√	△	△	×
	概覽課文	1. 能跟隨老師朗誦課文。	√	√I	△	△
		2. 能自己唸課文。	√	√I	×	×
		3. 能說出課文大意或段意。	√	×	×	×
		4. 能參與角色扮演，了解課文內容。	√	△	△	△
		5. 能背誦課文（如美麗的寶島）。	√	△	×	×
		6. 能回答和課文有關的簡單問題。	√	△	△	△
	認識生字生詞	1. 能仿讀新詞（或生字）。	√	√I	√I	△
		2. 能安靜 10 分鐘聽課。	√	△	△	△
		3. 能自己唸出生字或新詞。	√	√I	×	×
		4. 會用手書空，練習筆順。	√	△	△	△
		5. 能仿寫生字或新詞。	√	△	√I	

表 13-11 國語科教學目標（續）

單元	活動安排	目標	普通生	特殊生1	特殊生2	特殊生3
快樂的節日	認識生字生詞	6. 能用生字造新語詞。	√	△	△	×
		7. 能說出生字部首。	√	△	△	×
		8. 能利用新詞造句。	√	△	△	×
		9. 能用肢體動作，表演生字或新詞的內容（如搬、擠、鞠躬……等）。	√	√I	√I	√I
		10. 能回答和生字、新詞相關的問題。	√	△	△	×
		11. 能跟隨同儕練習說句子。	√	√I	√I	△
	書寫	1. 能拼出簡單生字圖。	√	√I	√I	√I
		2. 能仿寫簡單的生字詞。	√	√I	√I	√I
		3. 能聽老師的指示，圈出課文語詞。	√	√I	△	×
		4. 會做文字配對剪貼。	√	√I	√I	√I
		5. 能在句子中圈出相同的字或詞。	√	√I	√I	×
		6. 能將相同的圖片連起來。	√	√I	√I	√I
		7. 能把相同的字貼上。	√	√I	√I	√I
		8. 能自己寫出生字詞。	√	△	△	×
		9. 能做延伸的作業活動（如迷宮圈詞、圖畫日記、閱讀心得……）。	√	△	△	×
	內容研究	1. 能看圖說話。	√	△	△	×
		2. 能依指示排出句子。	√	√I	△	×
		3. 能仿排句子。	√	√I	√I	△
		4. 能找出（聽指令）課文中優美的句子。	√	√I	√I	×
		5. 能回答課文內容： • 中華民國的生日是哪一天？ • 為什麼鳳梨香蕉都稱王？……	√	△	△	×

表 13-11　國語科教學目標（續）

單元	活動安排	目標	普通生	特殊生1	特殊生2	特殊生3
快樂的節日	形式探究	1. 能熟讀課文句子，做句型練習。 例：「慶祝大會上，有學生、有軍人、有商人、有工人、有農人等等」中的「有……有……有……有等」。	√	√I	△	×
		2. 能正確說出分段大意。	√	△	×	×
		3. 能做替換語詞的活動。	√	×	×	×
		4. 能朗讀課文融入「喜悅的語氣」、「加強語氣」及疑問、驚訝、感謝、祝福等語氣。	√	△	△	×
		5. 能安靜聆聽同學發表。	√	△	△	△
		6. 能依課文找出正確的答案。	√	△	△	×

評量標準：√ 表完全做到，△ 表部分做到，× 表未達成，I 表 IEP。

　　比起其他兩位特殊生，特殊生 1 的 IEP 目標在整個單元教學目標中所占的比例較高，上課內容比較符合他的 IEP。

第四節　教師訪談

問：如何看待每一個學生的特質？

答：每一個學生都有不同的特質。有些學生說、理解能力好，可是寫、記憶能力很差；有些學生很會讀，卻不太會寫跟用；或是讀的能力很差……。教師要去突破那個障礙比較難，而發揮好的能力是比較快速的方法，也是比較能讓學生有成就感的方法。盡量找出學生特長能力、優秀的能力是哪方面，盡量讓其做這方面的表現，增加學生對學習的信心。其實學生自己也知道，自己感覺得到比較弱勢的部分。若學生有信心的話就比較不會去逃避學習、逃避自己不喜歡或是不專長的部分。

問：一般家長對特殊生的期待會不會過高或過低？

答：這個個別家長差異性很大。

問：會不會試著跟家長溝通？

答：這是一定要溝通的。

第14章

多元評量

在過去，評量與考試不可分，評量為考試的代名詞，既然名之為考試就要有所謂的標準答案。為了教師評分的方便，導致考試過分依賴選擇題式的測驗，選擇題缺少對答案選擇的解釋，無法了解學生學習的過程及限制，因而造成教師無法了解學生學習上的困難。若只仰賴測驗的成績作為安置或其他重要決定時，易造成誤判；因此在做特教診斷時，不能只將測驗分數當作唯一的指標，還需仰賴其他的評量工具來判定一個學生的學習狀況。

第一節　評量的目的

評量的目的是為了評斷學生的學習問題，了解學生學了什麼而做資料方面的蒐集，並且為學生教育做出決定。評量的另一功能就是發掘學生的長處及了解教師教學的品質。這些評量提供了老師一些資訊，如學生所需要學習的內容，以及如何用最棒的方式迎合他們的需求，它提供了 IEP 訂定學習目標的方向。教學和評量是不可分離的，透過評量，才能了解教學是否有效，亦是調整教學的依據。

評量通常由專業的工作團隊、學生以及家長一起完成。他們提供學生表現的等級，以及他們的興趣、實力、需求、能力和學習方式的選擇。教師可以選擇評量的形式，以了解每個學生的學習能力。在選擇評量的方式時，多元智能理論提

供了一個很好的觀點，認為每個人都有自己擅長的天賦，應針對每個人的獨特性選擇評量的內容。

評鑑或評量常是由班級教師經過明確的教學後來實施，通常是用來判斷哪一種技巧最適合使用。評量和評鑑最大的不同是，評量可能是在教學之前或在進入特殊班級之前，評鑑則是在教學一段時間後所做的評量，以了解學生是否學會教師教的技巧為主，可以是針對某一特定技巧而評鑑，也可以就進入班級前後的學習情形做一評鑑，以了解教學的成效。IEP 中所列的目標是否達成，就要靠教學是否發揮效果，因此 IEP 可說是一種評鑑教師教學的指標。

不管是評量還是評鑑都是一連續的過程，教學前要評量，教完要評量，評量完再教，周而復始形成一個循環。評量及評鑑得到的結果，不但可了解學生進步的情形，也可以作為教師調整教學的參考。無論是評量或評估都可用來監控學生的進步，決定他們應該要被教導什麼。IEP 尤需仰賴評量來訂定特殊生的學習目標及進步情形。

第二節　評量的原則

評量最重要的原則是提供所有學生一個可接受及可以做到的評量內容，這個內容必須隨著學生的需要而調整，透過評量，教師及父母可以了解學生學習的情形、會些什麼及需要提供的支持。和傳統評量方式不同的是，評量者關心的是被評量者學會了什麼，而不是他是否學了某一個題目。雖然特殊生的能力低於普通生，仍應給予考試，評量的標準仍可以有好與不好之分。任何評量都須先了解學生的程度，才能設計適合的考題，盡量考在課堂上教到的重要概念，而不是考一些枝節的問題。

當然教師要知道該教些什麼，才知道該評量些什麼，評量的內容和教學內容息息相關，教師可針對每一學科的特色訂定評量的內容，當教師重視教學的內容及歷程時，評量的方式也會跟著改變。評量若只針對此評量反應良好的學生，將對不適合此評量方式的學生不公，至於普通生為了升學需有畢業成績或平時成績之排名等紀錄，則可另訂透明、公開的辦法於最後一學期為之。評量時可列出評量的範圍，例如涵蓋的單元、評量的標準和重點，並事先讓學生知道，使學生知道如何準備，減少挫折感。評量資料愈詳盡愈好，並應妥善保存，特殊生的作業

或學習單會被收集在 IEP 資料夾裡，從中可判斷學生進步與否及作為行為目標通過與否的決定。

第三節　評量的種類

評量可分為平時、期中及期末數種，其目的為記錄學生各科學習的情形，以了解教學是否達到學生的需求，並根據評量的結果，調整教學的內容。期初之評量主要是了解學生的起點，較常採用課程式評量。期末之評量則是為了解經過整學期教學或訓練後學生學習的情形，以了解教學是否有效。特殊生除了透過上述評量了解參與普通課程及特殊教材學習的情形，還需要針對 IEP 做評量。評量可說是為了解學生的學習及針對其學習狀況，須做某些教育安置或決定時，所做的一些正式或非正式之測驗。評量的方式可以有多種型態，例如回家作業、上課的學習單，也可以是一篇報告或是一件成品，診斷性的評量則能測試出學生的特殊需求。評量方式整齊劃一的程度與範圍愈大，就愈悖離教育上所謂「因材施教」的原則，因此建議同時採用多種評量於同一班或同一年級學生，教師可以視教學內容及需求來選擇評量工具。評量工具可分為下列幾種：

一、正式的評量

正式的評量通常都是一些標準化或常模參照測驗，有標準化的施測程序，對象大都是需要特殊教育服務的學生，透過診斷式的評量，可以知道學生的問題在哪兒及需要哪些特殊教育的協助。具有診斷功能的測驗工具通常較為複雜，因此施測者須接受訓練才能施測特殊生。然而要了解一個學生的問題，通常不只需要一種測驗工具，甚至要由父母、教師及測驗專家共同來提供資料，才能對一個學生所需的教育方針提供正確的決定。

在過去，正式的評量工具都是以認知測驗為主，例如智力測驗或成就測驗，受了多元智能（multiple intelligence）的影響，除了認知領域，其他領域的智能也漸漸受到重視，每個學生都有其獨特性及特別好的能力，因此透過活動教學及使用多元評量的方式來了解學生的學習優勢蔚為主流。

二、檔案評量

　　檔案評量是一種能隨時間成長的評量方式，一般考試多半只針對固定的範圍、固定內容及特定的科目做評量，無法看到隨時間成長的學習成果。融合班提供多元的學習，因此除了一般的考試外，在整學期的評量計畫中增加了一些能反映學生學習的報告或學習檔案（portfolio）。學習檔案可讓學生將正在學習的科目內容做深入的探討。透過資料蒐集及分析的方式，例如可用剪貼及上網蒐集資料的方式，做出一篇主題報告，報告可以從學期初做到學期末，如此就可做出較深入的一篇報告，這樣的報告或檔案比起 30 分至 60 分鐘的考試，更容易看到學生學習的多樣面貌，例如看出國語文運用的能力及邏輯思考能力，因此學習檔案是一種相當有價值、可以了解學生學習狀況的評量方法，更可作為學生成長的紀錄。

　　檔案評量記錄了學生在一年內課程中的學習。這些文件展現了他們在各種科目的實力與成就，還包括了從老師那兒得到的軼事紀錄，它們顯示了學生一年內所做的課程內外的學習，藉此提供具體的成果給家長。檔案評量資料可以存放在任何信封、文件夾、活頁式筆記本或盒子（例如鞋盒）。

　　每個學生的檔案中可以包含不同的科目及各種和學習相關的資料，可以按科目置放，從中可看出學生成長的具體資料，例如數學日記的寫作，取材自平常數學課自己和同學及教師的活動回憶以及進一步的探討，並就日常生活遇到的事件與數學概念做連結。檔案內的資料可以是學習單、廣告單、雜誌、相片、閱讀日誌、作文或各種報告、作品、獎狀、感興趣的文章，甚至連 IEP 都可放入，尤其要製作目錄。檔案的資料可以由學生自由選取並放入，如此可以讓學生培養做選擇及學習負責的能力。藉由親手做資料篩選，學生有機會仔細思考和比較他們前後的作業樣本，並學會以自己和成就為榮。

　　在大多數情況下，檔案評量將儲存在學校。他們可能包括前幾年的作業，作為永久記錄學生在一段時間內的進展，能真實反映學生學習的情形，是評估學生學習的一個重要工具，甚至幫助了解特殊生的學習，有助於未來的課程規劃。應定期與家長分享檔案評量，將重要部分複製給家長。

三、非正式評量

　　非正式評量可以是老師自行製作的小考、教師設計的檢核表觀察及記錄學生學習的情形、自編的測驗，或是針對課程內容設計的課程評量。雖不像正式評量具有標準化施測程序及常模，但卻是教師調整教學最好的幫手，一般常用的學習評量表格如表 14-1，以自然科為例：

表 14-1　自然科學習評量表

科目：＿＿＿＿＿＿　　單元名稱：＿＿＿＿＿＿　　評量者：＿＿＿＿＿＿

評量標準：∨ 表能正確做到，✕ 表不能做到，△表再努力

綱要	目標	評量（學生名字／日期）						備註
	能理解概念							
	能做預測							
	能選擇有效的方法							
	能使用正確的設備							
	能分析資料							
	能正確地測量							
	視需要尋求同儕協助							
	能記錄觀察結果							
	能判斷下一個步驟							
	能在實驗之後清理乾淨							

　　此外，教師可以運用非正式評量的方式製作期末成績報告表。成績報告表必須考量個人需求增列項目，特殊生要加列個人的個別化教育目標，報告表最後要列出綜合表現或寫評語的空間，在每一學期的最後，教師要針對學習評量表評

分，特殊生的 IEP 上的目標也要被評量，所有任教的專業教師都應該要在這些學生的評量上合作。表 14-2 為融合班期末評量的項目：

表 14-2　融合班期末評量項目

項目		評量結果	備註
主動學習	能配合課程蒐集相關資料		
	能主動參與相關主題的討論		
	能主動提出問題		
	能與同儕經驗分享		
	能積極主動參與課程相關的活動		
	能主動在課後找資料以增進學習		
	能使用電腦網路找資料		
學習態度	願意和別人合作		
	上課時能集中注意力		
	上課時願意等待特殊生		
	能容忍及接受別人的缺點而不會想去告狀		
	能接納及協助和自己不一樣的人（如特殊生）		
	能適當表達自己的情緒，不會因自己情緒不好而傷害其他同學		
	能遵照老師的指令做實驗及操作		
	能做課前預習及準備		
	按時繳交作業及教師指定的物品		
	能接受分配到的工作並執行		
	能學習尊重少數人的意見		
	能遵守班級公約，如違反時願接受處罰		
	能使用工具書（如百科全書及應用字典）		
	能使用媒體資源（報紙、電視）以獲取知識		
	能關心國家大事及周圍發生的事		
	當同學有不同看法時能有接受的雅量		

表 14-2　融合班期末評量項目（續）

項目		評量結果	備註
學習態度	能辨認別人的情緒		
	有不愉快情緒時會想辦法解決，例如找人談		
	當自己被批評時會先反省自己		
	能將看到、聽到的事物做筆記		
聽	在上課能夠將聽到的事物做筆記		
	與人交談時眼睛能看著對方安靜地聽		
	能主動為獲得新知去聽（聽演講）		
說	能記得並說出聽到或看到的事		
	上課時能回答問題		
	能看圖說話		
	能邊聽邊歸納重點		
	能對聽的內容做綜合、分析		
	能邊聽邊批判說話的內容		
	說話時能尊重對方的感覺		
	說話時吐字清楚完整		
	在一般公眾場合能視需要小聲說話		
	語量能符合說話情境和情感的需要		
	說話內容具體，用詞生動		
	說話捉住要點，不長篇大論		
	能夠歸納別人的意見發表談話		
	能將課文內容做口頭報告		
	能夠歸納自己的想法，準備好發言內容		
讀	養成持久的閱讀習慣		
	能廣泛閱讀各種書籍		
	能用自己的話重述文章內容（如整個單元意旨）		
	能夠理解文章的意義（主旨）		
	能夠區分段落並掌握重點		

表 14-2　融合班期末評量項目（續）

項目		評量結果	備註
讀	能夠區分主題與細節		
	能掌握作者安排的文章結構		
	能找出文章中的因果關係		
	能判斷故事中人物的個性感情		
寫	能書寫清楚，不寫錯別字		
	書寫時用詞正確、適當、豐富		
	能使用常用的標點符號		
	能寫出自己的感想		
	寫的內容結構正確順暢		
	能寫出事物發生的時間、地點、事件、經過、結果並交代清楚		
	能用簡明的文字描述事物的形狀、性質、特徵、關係		
	對事物能表明自己的觀點態度並進行評論		
	能寫出讀後心得		
	書寫的文章銜接自然順暢		
	文章表達清楚，層次分明		
	能為自己寫的文章或畫的圖定主題		
	將蒐集的資料做成書面報告		
綜合表現：			

評量標準：NP 表非該生目標，○表達成，△表部分達成，× 表未達成。

四、課程本位評量

　　課程本位評量是教學與評量並重的，並能因應個別差異，是依據學生目前的課程表現來決定他們的教學需要，以提供教學者快速而有效的資訊。以下提供兩

個例子。

(一) 國中國文科：夏夜

看課文前先想一想

    1. 夏天的晚上有哪些特別的

      動物？

      植物？

      人物？

      景物？

    2. 夏天的晚上氣候應該如何？

    3. 夏天晚上應該有什麼樣的氣氛？

朗讀課文

    1. 再想一想，文中出現了哪些夏天的

      動物？

      植物？

      人物？

      景物？

    2. 把它用不同的顏色或記號圈出來。

    3. 跟你想的有一樣嗎？

    4. 課文中那些動物及人物在做什麼？

    5. 課文中那些景物有什麼特色？

    6. 本文夏夜的氣候如何？

    7. 本文夏夜的氣氛如何？在什麼地方可以看出來？

    8. 我會把上課聽到的 植物 寫出來？

分工合作畫夏夜草稿

姓名								
工作 ‧要畫的東西								

（二）國中理化科

	單元名稱：浮與沉	
前言	前一陣子，大家都在為電影「鐵達尼號」瘋狂，看到鐵達尼號撞上冰山的一幕，不由得產生了疑問——鐵達尼號是由鐵鑄成的，整艘船那麼大、那麼重，為什麼可以浮在水面上而不會下沉呢？	
問題	1. 說說看，那麼重的鐵達尼號為什麼可以浮在水面上？ 　【提示：海水對鐵達尼號產生一種向上的力量，是什麼樣的力呢？】 2. 根據上題，我們來設計一個實驗證明這種力量的存在。 　(1) 請把實驗「畫出來」，想一想需要用到哪些器材？ 　【動手畫一畫】 　(2) 實驗結果如何呢？這種力量，有什麼用途？ 3. 日常生活中什麼情況下，可以看到「浮力」的現象呢？請舉例說明。 　【暑假時到海邊或游泳池，會游泳的人輕易地做水母漂，不會游的人也可藉助游泳圈、浮板泡水、嬉戲，人在水中變得輕飄飄的！】	
教學 目標	普通生： 1. 能說出船浮在水面上的原理。 2. 能畫出實驗。 3. 能舉出日常生活中浮力的現象。	特殊生： 1. 能說出船沉了的原因。 2. 能和普通生一起做實驗。 3. 能說出實驗的器材名稱。

五、紙筆測驗

是目前教師最常用的一種考試方式，也是家長最熟悉的評量方法，其缺點是較無法測出學生學習的歷程，只能根據分數的結果判定學生成績的好壞，無法作為調整教學的依據，為教學提供所需的資訊。

六、實作評量

　　凡是強調實際表現行為的評量方式，都可以稱為「實作評量」。根據施測情境的真實性程度來區分這種評量，其形式是非常多元化的，例如書面報告、作文、演說、操作、實驗、作品展示、案卷評量等（圖 14-1）。實作評量的好處為可以減少語文不利的因素，幾乎所有的紙筆測驗都要施測者看得懂題目才能作答，還要能記憶教過的內容，實作評量就可免除這個缺點，可直接作答。實作評量會事先將活動的目標列出，例如自然科的實作評量，評量的重點如下：理解相關的概念、能做實驗、記錄實驗結果、做出圖表、尋求協助及清理環境。實作評量範例如下：

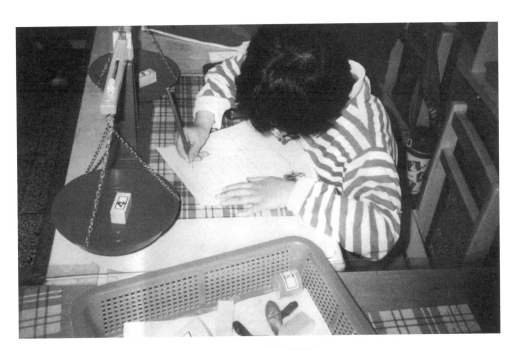

圖 14-1　實作評量

(一)數學科

1. 數錢

項目	分數	評量結果
會分辨 1 元、5 元、10 元、50 元硬幣	8%	
會用 1 元及 5 元硬幣數 9 元 （用了幾個 1 元、幾個 5 元）	5%	
會用 10 元硬幣數 30 元 （用了幾個 10 元）	5%	
會用 1 元、5 元及 10 元硬幣數錢幣 16 元 （用了幾個 1 元、幾個 5 元、幾個 10 元）	5%	
會數 9 元和 13 元合起來是幾元	5%	

2. 數糖果

項目	分數	評量結果
會拿出像 ⟨○○⟩ 一盤那麼多，並數一數有幾顆糖果	3%	
會拿出像 ⟨○○⟩ 兩盤那麼多，數一數有幾顆糖果	3%	
請你拿出像 ⟨○○⟩ 三盤那麼多，數一數有幾顆糖果	3%	

材料：紙盤、糖果。

(二)生物科：血液運輸

1. 呈現血液、血管和心臟模型：

(1) 當你跌倒受傷時，會流出什麼樣的液體？

(2) 請觀察你的手背，這一條一條青青的管子是什麼？

(3) 這個管子裡面有什麼？

(4) 請在模型中指出心臟的位置，並且在下圖中圈出來。

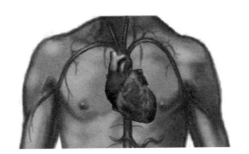

2. 呈現心臟搏動模型：

(1) 請看看汽球中裝滿什麼？

(2) 當你捏住汽球時，瓶子中的水有什麼變化？

(3) 當你把汽球放開時，瓶子中的水有什麼變化？

(4) 請你模擬平時心臟跳動的樣子。

姓名			
操作			

(5) 請你模擬跑接力時心臟跳動的樣子。

姓名			
操作			

3. 想一想：

(　　) 1. 你覺得模型中的汽球像我們身體的哪一種構造？　(A)鼻子　(B)心臟　(C)腳。

(　　) 2. 你覺得瓶子中的水像我們身體中的哪一種構造？　(A)血液　(B)口水　(C)淚水。

(　　) 3. 你覺得瓶子像我們身體中的哪一種構造？　(A)手　(B)腳　(C)血管。

(　　) 4. 你覺得心臟有什麼功能？　(A)將血液送到血管　(B)可以用來跑步　(C)可以用來說話。

七、真實實作評量

　　利用真實情境來評量，例如用講故事的方式或是以繳交成品的方式來評量。在融合班，不論是對特殊生還是普通生，都需要依據他們的特色來設計教學活動及教學評量。透過買東西、開發票、擺碗筷等活動來學習數學，讓他們體驗不同層次的量感、數感、形感等。在一、二年級特殊生數學科期末的評量中，配合課本的單元，設計了和學生生活經驗相關的活動，讓他們親自動手做（圖14-2）。例如為一年級特殊生訂定了一個邀請客人到家裡來玩的主題，安排每位接受評量的學生分別替主人準備各項招待客人的工作。A生平日喜歡扮媽媽，手裡總是抱著一個洋娃娃，於是在評量中安排她擺放碗筷、餐盤、插花等；B生喜歡模仿大人做事，便安排他擦桌椅、擺設水果；C生喜歡倒水，於是倒汽水、插吸管等工作就交給他；D生的行動較不方便，便安排他當商店老闆，負責貼價格標籤、開發票、包裝禮品；E生的常識豐富，為他設計的是開放式的問題，如怎樣

圖14-2　真實評量

幫老闆布置商店、賣什麼東西會賺很多錢及為什麼。雖然學生仍需要老師在旁協助或提示，但從他們好奇、歡喜的神情中，發現他們已經在喜歡的活動中，不知不覺體驗到了碗與筷子、桌子與椅子、飲料及吸管的配對，以及幣值的大小、數與量的關係、分工合作的真諦等，這種評量比編造一些與生活經驗脫節的習題或考試給學生真實多了，也更能發揮他們的潛力。特殊生真實評量範例如下：

學生姓名：A 生、B 生

1. 請你用牙籤、紙黏土做一個長方體。
2. 請你拿三顆葡萄乾給這個小朋友，一顆葡萄乾給另一個小朋友，四顆葡萄乾給自己吃。
3. 請你來拼方塊，你拼的方塊要和我拼的一樣多。
4. 請你把蛋糕切成兩塊，分給兩個小朋友，每個小朋友的蛋糕要一樣大。
5. 請你幫老師把十本簿子發給小朋友，每個小朋友的簿子要一樣多。

學生姓名：C 生、D 生

1. 請你和老師玩棒球，看誰打中的球多，你贏了，老師要送給你寶劍喔！
2. 請你用不同的長方體和正方體積木，堆出你喜歡的房子。
3. 請你把彩色筆分給五個小朋友，每個小朋友兩支。
4. 請你把蛋糕切成兩半，自己吃一塊，另一塊分給小朋友吃。

八、過關實作評量

　　另一種實作評量是以過關的方式，通過老師安排的活動，可以一個人一組，也可以幾個學生一組（表 14-3）。

表 14-3　過關實作評量

關數	題目	答案	評量目標	過關啦
第一關	請數數看天花板上有幾個吊扇？畫○再寫數字。	（4）○○○○	• 能數數。 • 有數的概念。 • 會寫數字。	
第二關	請數一數紅色、黑色小方塊各有多少個？再比較方塊大小，大的打 ∨ 小的打 ×。	紅色 16 個 （∨） 黑色 14 個 （×）	• 能數數。 • 會寫數字。 • 能比較數的大小。	
第三關	請看看數字列車（1-20）上少了哪幾個數字？	1、13、14、 17、19、20	• 有數序的概念。 • 有推理能力。 • 會寫數字。	
第四關	請問右邊數來第七個是什麼東西？	ㄇㄨ　ㄐㄧ	• 有方位的概念。 • 有第幾的概念。 • 有數的概念。	
第五關	請數數看箱子裡的造型積木各有幾個？	○（5）個 □（3）個 △（16）個	• 能分辨形狀。 • 能做形狀分類。 • 能數數。	
第六關	請問三個盤子裡各有多少錢？	第一個（8）元 第二個（10）元 第三個（12）元	• 能認識錢幣 1 元、5 元、10 元。 • 能做錢幣的合成（加減）。	
第七關	請問買一個刷子要用上題哪一盤錢，是多少錢？	第（三）盤 （12）元	• 有問題解決能力。 • 有第幾的概念。 • 能認識錢幣。	
第八關	請問排在第 15 個位置的書名是？	ㄓㄨ　ㄐㄚ　ㄍㄨㄟˋㄕˋ	• 有第幾的概念。 • 會數數。 • 有數的概念。	
第九關	請看一看數字長條上，還要填上哪些數字？	4、10、16、20	• 有推理能力。 • 有偶數的概念。 • 會寫數字。	

表 14-3 過關實作評量（續）

關數	題目	答案	評量目標	過關啦
第十關	請你當小老師，看看老師的考卷上，哪幾題寫錯了？	∨1. ×2. ×3. ∨4.	• 有問題解決的能力。 • 會做 10 以內的分解。 • 會做 20 以內的合成。	

備註：1. 在教室內布置情境，請學生自行過關。能力好的學生可協助特殊生。

2.「過關啦」的部分可請學生互相當小老師，和老師一起批閱及訂正，對的畫笑臉，錯的畫哭臉。

第四節　特殊生評量

有些老師會針對特殊生特別施以不同的評量方法，有些則一視同仁，不論是普通生或特殊生，全都採用非傳統的評量方法，例如用檢核表或是檔案評量的方式。對特殊生而言，IEP 本身就是一種用來評量學習結果的工具，透過對 IEP 擬定的目標進行評量，就可了解特殊生透過教學學習的成效。以下是針對特殊生評量時特別要注意的事項：

1. 評量不限於學校及認知項目，非認知項目如參與課外活動、出缺席的情形都可列入評量。

2. 特殊生亦要參加評量，可依學生能力採不同的內容、時間及測驗工具來評量。

3. 評量要涵蓋特殊生參與普通班的情形。

4. 特殊生與普通生的課程及學習核心是一樣的，因此評量的科目可以和普通生一樣，以數學、語文、社會、閱讀、自然、實用生活、藝術與人文為主。

5. 評量的調整必須在 IEP 中註明，評量必須和教學有關。

6. 在融合班，特殊生的評量分為下列幾種方式：

(1) 透過個別化教學方案，評量方案中訂定的跨情境、作息及課程目標是否做到。

(2) 參與普通課程的評量：評量特殊生參與普通課程時學習的情形，例如評量各科上課學習的情形。

(3) 評量特別安排之教材、學習單及作業學習之情形。

特殊生在一般的班級裡，常需要做成績的調整才能通過考試標準，當特殊生不可能達到普通生的標準時，不只成績要調整，作答的方式也要調整。例如有書寫困難的學生會改由電腦作答或是減少書寫，或口述他們的答案再用錄音機錄起來。特殊生的 IEP 上必須列出調整考試的安排，有些學生甚至不用參加傳統的考試。如果他的 IEP 中，需要評量的項目為課堂參與、社會性及溝通技巧時，就不需透過紙筆測驗，而可透過資料蒐集或課堂觀察的方式來評量。透過這些評量，老師可以監控和記錄學生在課堂學習及參與情形。

針對學習困難的學生，可能需要改變考試的型態，例如放大或是採用其他的方式。找出學生的起點後，就可決定評量的內容，訂出調整的策略。調整策略可隨課程內容而調整，常見的測驗調整策略如下：

1. 指定學習夥伴去幫助有特殊需求的學生預習考試。

2. 提供模擬考試給學生練習。

3. 複習並在課堂上強調重點。

4. 使用各種增進特殊生成績的方法，像是選擇題、是非題、看書考、回家測試等等。

5. 使用螢光筆標示重要考試規則。

6. 放大考卷。

7. 允許額外的時間完成他們的活動及寫作，或者只需完成一部分考試項目。

8. 減少複選題答案的選項（例如把四個選項減為三個）。

9. 允許學生在考試時使用課堂筆記。

10. 不因為寫錯字或潦草的字跡而扣分。

11. 減少考試長度，並在要優先完成的題目前打星號。

12. 大聲讀出試題，如果那是必要的。

13. 大聲讀出考試規則。

14. 用錄音測試他們學到的訊息。

15. 允許學生使用錄音錄下他們考試的答案。

16. 允許學生使用有輔助計算的裝置，像是計算機。

17. 允許重考並且平均兩次成績。

18. 盡可能地給他們部分的分數。

19. 在活動的一開始就訂好成績的評分方法，讓學生知道他們應該怎麼做才能得到好成績。
20. 提供加分的機會。
21. 考試時提供單元名稱及頁數。

第五節　考試補救教學

透過考試，除了可了解學生學習狀況外，更可藉著考試訂定補救教學策略，以下為國中融合班教師在分析學生考試錯誤項目及原因後所定的補救教學策略：

(一) 國文科

姓名	分數	錯誤項目內容簡述	錯誤原因	補救教學策略
A 生	52	1. 國字注音未練習，導致錯誤太多。 2. 課文解釋未充分理解。 3. 修辭法偏弱。 4. 翻譯兩題只寫一題。	＿＿粗心 √ 不懂 √ 未準備 ＿＿其他	• 針對修辭部分加強，請他課堂回答修辭問題，並請班上兩位小老師幫忙他。 • 以鼓勵的方式勸勉其好好準備第二次段考。
B 生	44	1. 國字注音大多空白不會寫。 2. 課文解釋大多空白不會寫。 3. 習作題錯誤太多。 4. 翻譯兩題都放棄。	＿＿粗心 ＿＿不懂 √ 未準備 ＿＿其他	• 連翻譯都完全空白，許多題型一字不寫，感覺毫無學習與考試的成就動機。 • 針對第二次段考採用提前複習考試範圍、領寫習作試題，並要求成績再不理想，得放學後留下加強。

(二) 數學科

姓名	分數	錯誤項目簡述	錯誤原因	補救教學策略
A 生	21	廖生幾乎是沒有準備的狀態，且很多題目的敘述如果長一點，就會沒有耐心看。	＿＿粗心 ＿＿不懂 √ 未準備 ＿＿其他	增加上課時詢問廖生的次數，提升對內容的熟練。
B 生	9	曾生幾乎沒有準備。	＿＿粗心 ＿＿不懂 √ 未準備 ＿＿其他	提升曾生對內容的熟練。並調整作業內容，提升信心。
C 生	55	李生很多題目都會的，但是有一點點變化的部分就無法思考。	√ 粗心 ＿＿不懂 ＿＿未準備 ＿＿其他	調整李生作業的內容，盡量熟練基本運算。

第六節　教師訪談

問：評量的方式，例如月考怎麼考？

答：有紙筆測驗，還有一些操作，評量有很多方向，第一個是操作方面的評量，報告的部分如數學日記，還有學生平常寫作業的情形。

問：特殊生有沒有調整評量的方式？

答：特殊生的評量操作的東西比較多。

問：同一個時間測驗嗎？

答：分開測驗。

問：數學怎麼評量？考卷是什麼形式？

答：考卷包括說、寫以及操作東西。

問：說是指什麼？

答：聽寫或學生看到什麼，這是可以說的部分，例如這是時鐘，這是幾點，學生可以做計算，他可以操作，他可以測量，他可以去畫，畫長針，去測量，去撥時鐘，秤東西，這都是較實際操作的東西。給特殊生考試的話，他看不懂字裡面的話，就要唸給他聽，讓他去想。

問：用什麼方式來評量學生？

答：日常生活的作業就是一種評量，完成作業還有學生的小組合作呈現也是評量，還有像發表、說的部分。其實會去想他說的部分、寫的部分、創作的部分，還有他作業的部分，就是日常生活中就會記錄，就會評量。另外就是定期期中、期末的評量，期中、期末的評量方式會有滿大的變化，不一定是紙上操作，有聽、讀、上台說，教師會綜合一些方式。所以教師會讓學生知道考試的成績不是最重要的，平常的努力、平常上課的表現、平常完成作業有沒用心，或是上台發表，或是老師請他蒐集資料也都是評量的重點。

問：普通生和特殊生的評量方法是否有所不同？

答：如果在班上的話，教師會盡量讓學生不要覺得差異很大，就是評量的程度、評量的目標不同，例如國語評量聽、說、讀、寫，特殊生、普通生都要評量這些，只是評量的層次及目標不一樣。教師不會讓他們覺得有太大的差異，因為會讓他們上台說，特殊生也會上台說，讓他覺得自己跟大家是一樣的，他也是這個團體的一份子，他要做的跟大家是一樣的，但是讓他盡量去表現。

問：同樣的課程範圍，如何設計測驗卷，才能符合特殊生和普通生的需求？

答：特殊生會看他目前的能力和 IEP 的目標、他必須要達成的目標來設計，所以測驗卷是分開設計。普通生的目標廣度會比較廣，從基礎的到深入的，到延伸的部分；特殊生會著重在基本能力的訓練。

問：老師平常用什麼方式來評量學生的學習？

答：主要還是平常上課，教師觀察他們的學習狀況，然後做記錄。當然還有紙筆評量、作業上的評量，看他們的作業表現，還有實作評量，例如在學校寫作文。檔案評量，就是把他們平常的作業收集起來，一段時間觀察他們是不是有進步。這學期有試著讓他們寫日誌，想要培養他們每天閱讀的習慣，目前

感覺還不錯，特殊生也還可以，因為是大組的，也可以看簡短的故事，稍微寫一下內容摘要還有心得。有些學生，像普通生語文能力強，就真的做得滿好的，閱讀日誌目前沒有評量，因為純粹是讓學生自由發揮，不想給他們分數的壓力。所以告訴學生想要看什麼書就帶什麼書來看，老師不會限制這本書不好不要看，除非是非常不宜兒童的，不過還好目前學生都帶一些還不錯的書。

問：普通生跟特殊生的評量有什麼不同？

答：特殊生的評量就是要做一些調整，像有一些眼睛不好，就把考卷放大，有些會給比較多的提示，有的是題型一樣，內容簡化。評量的內容一定是上課帶到的目標，老師希望他們學會的東西，就會設計在這個評量卷裡面。就是一段時間，像期中考、期末考，就是要做評量，看學生這些東西學到了沒。所以評量的項目跟內容也就是針對他這些目標去做題目的設計。普通生設計題目的時候，比較傾向是測出他們的語文能力，不是像坊間的一般測驗卷是只要生字、語詞有準備，大概就可以考得很高分。可是也不是故意要把他們考垮，就是平常多看課外書的、上課有認真聽的，就不會考很差。考卷會比較傾向可以測出學生真正的語文能力，希望他們寫出自己的想法，而不是制式的答案。

在融合班，家長是老師工作的夥伴，家長不再被動地配合學校，而是主動出擊參與學校的活動、決策及教學，因此如何有效地與家長溝通，讓家長成為學校的助力而不是阻力，就顯得格外重要。

第一節　家長參與

通常家長都很願意參與學校的事務，在融合班，家長更是教師及學校最佳的工作夥伴，家長與學校溝通的管道應該多元且必須暢通。溝通管道除了平時的溝通、聯絡簿、電話或家訪等讓家長了解孩子在校的學習情形外，還包括下列方式：

一、一學期一次教學座談會

提供家長一個觀察學校環境及了解教學的機會。事前準備包括印製資料、布置教室、教室清掃、安排學生的日常作品及作業展覽，當天流程可以包括老師及教師助理員的介紹、課程及作息表的說明，可藉此解釋老師對學生的教室常規和期望、在學校可以接聽或回覆電話的時間，家長則可以提出關於他們孩子學習的

問題，及給學校的建議。以下摘錄一則教學座談會融合班家長對學校的期望與建議：

(一) 加強體能

1. 方案：
   (1) 下課請開放操場遊戲區。
   (2) 每天至少跑操場一次。
   (3) 孩子極缺乏攀爬、平衡、靈活、立體空間體能方面的訓練，希望增加單槓設備，以增進體能。
2. 為每位學生設定符合個人體能方面的學期目標（由自己衡量訂定或請老師訂定），例如畢業前要跑（走）完 500 公尺／1000 公尺、拍球〇〇〇下、增進游泳〇〇能力。

(二) 教學方面

1. 學期初請提供融合班學期行事曆，以便家長配合學校安排家庭行事。
2. 對學生具備自學能力的培養，要有遠程計畫和做法：
   (1) 可先在學期中選用一課之課程，由老師引導，讓學生分組自學。
   (2) 老師的工作是引導／統整／修正／補充。
   (3) 當學生慢慢具備自學態度和方法後，在課堂上，上完每一課課文就可多給學生一些較獨立的作業。
3. 讓家長知道如何在家協助孩子學習，請老師協助下列事項：
   (1) 請老師在聯絡簿上寫下進度以幫助家長協助孩子預習和複習，或蒐集補充資料。
   (2) 作業請配合進度給予（少量多餐）。
   (3) 放假時各科老師給作業時，請做橫向聯繫（各科協調），避免過量。
4. 常規管理：請將目標導向建立在學生自我管理能力上，而非高壓和規條管制下呈現的被動秩序。

(三) 建議

1. 彰顯好的人、事和行為，因為處罰只是強化負向行為。

2. 培養責任感，不一定要用獎品／蓋章的方式。

3. 讓學生學習自我管理，管理項目如下：

　　(1) 工作進度。

　　(2) 收發作業。

4. 管理規則之訂定及工作之輪流執掌是學生自己的責任。

5. 上角落或轉換教室不要排隊，而是強化：

　　(1) 小組責任制。

　　(2) 互相幫忙和等待。

6. 老師只需要關鍵性地參與，常動眼睛觀察及找問題，冷靜地找尋解決之道，積極參與討論和指導，就可培養學生自我管理。

(四) 培養溫馨的校風

1. 老師多使用正向溝通語言，例如「你做完○○事，可以去玩」，少用：「你沒有做完○○事，不可以出去玩」等負向語言。

2. 減少告狀和打小報告，學習自我處理人際關係。

3. 提倡尊重精神：尊重自己、尊重別人、尊重環境。

4. 培養感恩、惜福的心（消弭暴戾之氣），例如感謝別人的服務、感謝別人的原諒、珍惜所有／愛物惜物、表達滿足的心意。

　　家長透過上述書面的、具體的描述對教學及生活教育的意見後，學校亦須針對其意見具體回應，對可立即改進者馬上改善，無法做到者則須讓家長知道並敘明無法做到的理由，以求做到雙向之溝通。

二、安排特殊生父母到校說明

　　安排特殊生的父母到校向其他家長、教師及學生說明應如何照顧特殊生，讓家長、老師及同學了解班上的特殊生及他們希望得到的協助。當然除了特殊生家長，其他家長也可透過開母姊會時談談他們的育兒經。

三、家長固定到校拜訪和老師溝通

學校應鼓勵並接納家長固定到校拜訪和老師溝通的做法，教師在和家長溝通時盡量強調孩子的優點、具體描述孩子的問題，並傾聽家長的看法與建議。

四、期末問卷

藉由問卷，以國中融合班為例，了解國中融合班學生家長之理念及其期望。問卷分為下列幾個部分，從不同角度了解家長對孩子就讀融合班之看法：

1. 未來會考出題方向重理解、時事、實際操作及英語會話與聽力，因此必須多蒐集資料讀活書，非死背就可得高分。你希望融合班如何因應？你將如何配合（例如協助孩子多蒐集課本以外的知識）？

   (1) 多閱讀課外讀物、雜誌、時事新聞。

   (2) 教改是循序漸進的，有些科目還是得靠死背，至於讀活書的範圍太廣泛，流於空談，讓家長疲於奔命。家長努力工作想給小孩更好的生活品質，休息的時間還得伴讀、找資料，這樣的教改只是更加重負擔。我懷疑這是教改所預期的結果嗎？

   (3) 還是順其自然讓小孩子自由發展，留一些空間給他成長，才是最大的幸福，做父母的只能盡人事罷了！

   (4) 希望學校多設計學習單，配合課程，老師能融入生活教育使孩子不只讀書也學會人際關係，表達自己。我的期望只有讓孩子能自動去做學校交代的事，把它看成自己的事情，帶他蒐集資料。

   (5) 用時事、實際、靈活的題材來教育及操作，讓孩子更加有深刻印象。

   (6) 加強學生讀書能力，讓他們有能力去應付會考。

   (7) 要求孩子整理剪貼時事新聞、加強宣導各入學方案各項成績計算方式及如何爭取分數、協助孩子蒐集課外知識、鼓勵盡其所能，並主動參與校內外活動，有積極負責向上精神。希望老師能要求融合班同學要團結一致，多為班上爭取榮譽，有需要的，定竭盡所能配合。

   (8) 請老師多協助蒐集資料、建議相互支援供參考。

(9) 語言的部分，要有環境，若在校，交談能漸漸地使用英文會話，相信在聽力及會話上一定會有很大的進步。另家庭生活亦要配合。

(10) 班級同學及老師於日常作息中即隨時以英語交談，加深字彙的運用，及有多時間的學習，在無形中達到英語學習的效果，加強英文課外讀物之選讀，及邊聽英文教學 CD，盡可能讓孩子用英文溝通（藉此爸媽也可以再加強英文）。

(11) 希望老師指導讀書的方法、蒐集資料的種類及方式，我們做家長的盡量配合，但還煩請老師指點。

(12) 介紹各公私立高中職特教班給學生認識，使學生能分辨並找到合於其性向能力的學校就讀，抽空陪同孩子去認識想就讀學校的環境，目的在讓孩子了解，要達到目標，自己要付出多少。

(13) 最好定期舉行模擬英語會話練習：老師和同學對話、同學之間對話練習、老師蒐集資料給同學閱讀比賽。

(14) 教導孩子平常除了要學習蒐集資料外，更要按時收看新聞、剪貼報章雜誌，加強英文寫聽說的能力，培養全班的讀書風氣，建立小班制教學及向學心。學校和家裡要常保持聯絡，使孩子可以學習一貫的教學。

(15) 全力配合，全力指導孩子教學資料蒐集。

(16) 以現有的教材教授孩子已足夠，問題是目前課程的進行能這樣做最好！國文著重課文分析討論、語詞運用、熟記解釋，再針對課文運用部分練習創作或口頭發表，避免填鴨式的過多練習。學習單的字體太小（課文字體縮小，有礙學生視力）。

(17) 社會科：按學期進度教學，能生動活潑教學更好。多讓孩子討論課文內容及蒐集相關資料，報告更好。老師很辛苦，一定得熟知史地內容、提出討論大綱、蒐集相關資料及重點準備，開學前就要擬妥課程計畫，開學後交付孩子一整學期的進度。

自然科：仍以課程為主，融會貫通即可，過多的蒐集，會讓孩子增加負擔（資賦優異者則不在此限），實驗部分訓練孩子做筆記及操作觀察記錄（聰明的孩子沒問題，問題是平凡的孩子該怎麼加強？）

2. 你希望融合班如何協助學生快快樂樂地升學，並讓融合班的特色有助於升

學？快樂之中不要忽略課業。

(1) 基本上我並不熱衷於目前的升學方式，我只希望自己的孩子在學校的團體生活中學習如何獨力自主、堅持原則、強烈的道德觀以及不畏強權扶助弱小，如此他將來出社會更有能力去適應，畢竟父母親無法跟著小孩一輩子，加強小孩本身獨力自主、明辨是非的基本觀，個人覺得這比讀書升學更加重要。

(2) 強調團體的運作，給予個人適度的表達，提供建立孩子的自信心等課程，讓孩子上戲劇（話劇）以故事方式表演，多教孩子電腦基本操作及找尋課程相關的資料。

(3) 我會支持融合教育，靈活教材，來讓孩子印象深刻。

(4) 希望同學與同學之間能互助，像家人一樣，大家一律平等，快快樂樂。鼓勵同學多閱讀國學常識，並給予每人分享報告、讀書心得，激勵學習，對於藝能及特殊事蹟，能給予更適切的體驗及了解。建議目前尚無太重之升學壓力，可給予每日「背」詩詞、論語、大學之類書籍及單字等，積少成多，可由家長及同學相互背誦方式簽名，老師抽背，培養定靜安慮得為目標，加強求學精神，必要時得做課後輔導。

(5) 請老師在英文課布置純英語環境，讓這一節課生動活潑，如身在英語系國家旅遊一般。因為生活即學習，身歷其境自然而然去適應和學習用英語溝通。

(6) 上課題材活潑生動，盡可能讓孩子參與題材製作過程，課程的配合能有活動來搭配，讓每個孩子都能主動參與。

(7) 應加強學科上的學習，應輔導學習能力較差之學生讀書方法及複習功課之要領，可讓融合班同學多參與校內之活動，藉以提升同學的多元發展之目標，也可讓融合班之教學效果能顯現出來，增加推薦甄試之機會。

(8) 成績固然重要，但不是重點，幫他找出志向與專長，了解自己，發揮自我的專長。

(9) 請老師可將自己的親身經驗與學生分享，幫助孩子面對升學問題。蒐集升學資料，常常提醒同學注意推薦項目及應有的觀念。

(10) 除了加強會考要考的學術科外，還要使教學內容生動活潑有趣，協助

孩子們成立讀書互助會，彼此互相教學互助。

(11) 能重視個別差異因材施教，並能達到學習目標。進入融合班就讀，在於讓孩子了解特殊孩子，接納他們不一樣的行為舉止，及發現他們的優點，普通孩子亦然，全班平等看待，人本尊重，教導他們理解人的差異，要多體諒比自己慢的同學，全班同心協力，互相幫忙。優秀的孩子能有包容的心，平凡的孩子能有更努力的心，如果大家汲汲經營將來的升學甄試入學而忽略融合班的學旨——人本，就太枉費設這一個班。

五、聯絡簿

　　家長和教師平時的聯繫仍以聯絡簿為主，聯絡簿上亦可列出每天的作業、課程進度，作為與家長溝通的橋樑。聯絡簿格式如表 15-1。

表 15-1　聯絡簿格式範例

日期	星期一 　月　日				星期二 　月　日			
科目	國語	數學	自然		國語	數學	自然	
進度								
習作								
作業單								
作業簿								
老師 的話	（　　）要攜帶				（　　）要攜帶			
家長 的話	簽名：				簽名：			

六、期中報告

定期向家長報告學生學習的情形，例如在期中考後將開學至學期中學習的情形讓家長了解，亦是讓家長對學校放心的方法，表 15-2 是一則期中學習報告範例。

表 15-2　期中學習報告

姓名：　　　　日期：　　　　至

科目	目標	表現			備註
		非常好	適當	需協助	

第二節　家庭與學校間的互相合作

家庭和學校一樣也是學習的場所，父母在家也可協助孩子學習，父母可以提供孩子下列的協助：

1. 與孩子聊聊並傾聽他說話，重視他的感覺及意見，盡可能地積極互動。

2. 讓孩子知道父母認為他是最特別的，重視孩子好的品格。

3. 給予孩子機會做自己及家庭事務的選擇或決定。

4. 做一個好的典範。

5. 鼓勵孩子培養一項專長，加入一個社團、做運動，或是一個興趣。

6. 不要幫孩子做那些他已經會、可以自己完成的事情。

7. 保持規律的用餐時間及睡眠時間，規律對安全感的建構是非常重要的。

8. 提供一個舒服安靜的地方給孩子做作業。

9 在家驕傲地展示孩子的作業。

10. 在剪貼簿裡收藏學校的回憶。

11. 增強日常生活技能，例如遵守時間、找出變化的地方或閱讀地圖。

12. 假如你有任何問題或對學校有疑慮，馬上跟老師聯絡。

13. 陪孩子讀 15 分鐘的課文。

14. 回饋孩子的努力。

家長通常會與老師合作，如果他們相信老師是最適合給他們孩子幫助的人。任何解決方法應認真仔細地與家長討論。以下是最需要彼此合作的事項：

一、家庭作業

家庭作業通常是父母關注的部分，老師一定要清楚地說明程序，回答學生有多少家庭作業？多久分配一次？是否有任何長期的報告？作業如何評分？給家長看作業分配表，讓他們知道哪些作業即將到期，與家長討論哪些方法可以讓他們在家幫助孩子完成作業。

二、行為規範

家長通常會與老師合作，如果他們相信你是真正願意協助他們的孩子。任何解決方法應認真仔細地提出和討論。將學習問題歸因於怠惰、態度欠佳或行為不檢是不適當的。老師需要去判定這些問題的原因，這些在家長的幫助下通常可以完成。老師和家長可以共同合作去制定計畫來記錄一些在家或在校的不良行為，記得感謝家長的關注、合作以及他們寶貴的時間。最好在會議結束後立即做筆記，而不是依賴自己的記憶。表 15-3 是和家長共同討論的學生在家一週行為檢核表。

表 15-3　在家一週行為檢核表（日期：　　/　～　/　　）

時間	作息	檢核項目	週一	週二	週三	週四	週五
17:00-18:00	打球						
18:00-18:30	洗澡						
18:30-19:00	吃飯						
19:00-20:30	家教						
20:30-21:00	打電動						
21:00-22:00	寫功課						
22:00-23:00	看課外讀物						
23:00-	睡覺						

三、家庭閱讀

實施家庭閱讀，將有助於學校的學習，提供孩子閱讀的技巧，每個禮拜至少四次的在家閱讀，年紀較小的學生每次至少 20 分鐘，年紀較長的學生每次至少 30 分鐘。父母自願帶領家庭閱讀成效會更大。選擇一些書和孩子分享，聊聊那些插圖，當你唸到哪裡手指也要跟著移動到哪裡；也可讓孩子讀給你聽或是看著圖片重述一次故事，讓孩子有時間去閱讀書上的內容，認識書上的字及語詞，鼓勵他們從句子中找出那個字的意思。週末可以帶孩子到書店或圖書館，也可鼓勵孩子寫日記、寄卡片給朋友或親戚、寄電子郵件或寫信給朋友等。父母可以和其他家庭聯繫交換家庭閱讀心得，並且提供建議給那些無法做家庭閱讀的家庭。父母也可幫助特殊生的父母做一些調整，使特殊生也能參與閱讀。

四、觀念溝通

與家長溝通時，嘗試把一個問題脫離出來討論。盡可能具體地表達你的擔憂，因為它們影響到其他的學生。當問題被釐清時，詢問家長是否有任何問題或

意見以增進其孩子的學校經驗。認真聽取他們的意見，準備好自己具體的建議以改善情況。例如若你建議心理測試，可提供家長醫院心智科電話號碼，向家長解釋測驗結果，將有助於讓每一位參與教導他們孩子的人了解教導他們的最好方法。準備好介紹任何可提供特殊服務的輔助人員。

家長與老師應交換使用成功策略的經驗，及避免使用哪些策略，建立家庭輔導課程，提供家長方法建立家庭輔導包括親師合作，使用與學校相同之策略，促進家庭與學校間頻繁、積極及良性的溝通，建立清楚的目標，避免責備，使用專業術語，發展融洽且一致的策略，家長和老師有效率地溝通，互相討論建立有效的策略和教育風氣。

第三節　教師訪談

問：通常以哪些方式與家長溝通？

答：視家長的工作來決定！如果是平常碰不到面，就會用聯絡簿的方式，事情比較嚴重的才會打電話；常常會來學校接孩子的，就會當面面談；太嚴重的話，才會特別請家長來學校。大部分都是用聯絡簿還有電話的方式。每一種都有不同的效果，例如孩子在學校發生了很不適當的行為就會寫聯絡簿，我們寫聯絡簿的方式是：請某某某學生，回去告訴家人陳述在學校和誰發生衝突的情形。寫聯絡簿不會交代那麼清楚，因為學生都高年級了。回去之後家長就會聽孩子的描述，之後家長再用電話跟老師聯絡，就可以互相談論學生回去之後向家長陳述的觀點，和在學校老師陳述的觀點有沒有一樣，也就是跟真正事實有沒有符合。這時候就可以知道學生有沒有說謊，或是他的觀念有沒有正確，他跟家人描述的時候有沒有偏向哪一方面。這個方式滿不錯的，讓學生練習不是每一件事情都是老師很詳細地寫在聯絡簿上，要讓他練習主動跟家人說，把整個過程用自己的觀點講給家人聽。

問：家長最常反映的項目？

答：教學、教養。教師和家長是站在同一個合作的角度上，如果是平常比較常聯絡、常到學校來的家長，其實也是教學上可以協助教師的助力，教師有什麼需要，或是有什麼課程正在進行，會跟家長談，家長知道很多資源，就會告

訴老師。

問：最難溝通的？

答：目前沒有，都滿容易溝通的。

問：家長有意見時如何處理？

答：對比較關心教學的家長，會用比較和緩的角度來看，他們要聽聽老師的看法，並給些意見，老師提出意見後，家長也說他的意見，老師會做一些調整，所以不會有太大的問題。在開學初家長座談會時，教師會把怎麼處理講得很清楚，或是為什麼會這樣做，跟家長談得很清楚。大部分的家長都是支持的沒有太大的意見、我們的理念都很清楚，所以沒有什麼理念衝突的部分。

問：是否碰過家長反映不願意普通生與特殊生一起上課？

答：目前沒有。

問：通常會以什麼方式和家長溝通？

答：老師如果在教學上很認真的話，就能夠取得家長的認同，家長基本上就很願意接受老師的一些理念，例如老師想要跟家長溝通些什麼，家長就比較容易接受。老師本身要先做好，家長相對意見都會比較少。可以趁一些機會去和家長聊聊或是在談學生的問題的時候，透過這種機會了解家長的想法、價值觀、理念大概是如何，了解之後，與其溝通的時候就會比較能抓到他的想法，也比較可以同理他的想法。接著教師可以去思考用什麼方式來與家長溝通會比較容易被接受。

問：會以電話來聯絡嗎？

答：大部分是當面，因為這裡家長的互動滿密切的，家長很多常會到這邊來，互動的機會就很多。家長通常會、比較常反映的是孩子在家裡的情況與問題，會問孩子在學校是不是這樣、有沒有這個狀況，如果有的話，會一起討論如何處理及幫助這個學生，他在家裡可以做哪些，老師在學校可以做的事情是什麼，雙方可以聯合起來，讓標準一致並有共識。在跟家長溝通方面，比較困難的是雙方理念不同，基本上老師尊重家長的看法，假如他的方法不是很

好，如果他願意聽，接受老師這邊的建議的話，其實也不會有什麼困難。比較困難的是，有的家長覺得自己很懂，家長會覺得教育的理念自己知道很多，也知道孩子的問題是什麼，但因為很忙，沒有辦法付出很多的時間來幫孩子解決這個問題，其實老師會希望在家裡，爸爸、媽媽再撥一點時間給孩子，或是盯孩子的某些行為，就會有所改善。但教師的期望跟家長的有矛盾時，就比較困難了，老師覺得這樣就可以幫他，可是家裡做不到。

問：如果家長對老師的教學不滿意，會如何處理？

答：如果真的碰到這種情形，老師就要先反省，看看家長提出來的是什麼問題，是不是真的有這個問題，因為有時候自己有盲點。家長一定是看到了問題才提出來，一定是到了某一種程度了，家長才會有反應。如果平常雙方的互動是很密切的，關係也是很坦誠的話，就會建立很不錯的關係。其實也有很好的家長，就算有一點小事也要告訴老師，這樣的話就比較好解決，因為他跟你是很坦誠的關係，他有意見提出來，應該可以很快改善問題。較害怕的是沉積許久的問題，家長抱著不是很好的態度來跟老師反映，這種情形老師要檢討，因為會有這麼大的問題一定是哪邊出了狀況，教師可能要回頭思考一下自己什麼地方可以做得到，而不是完全不曉得自己什麼地方有問題。

問：會有家長去反映，為什麼？

答：教師要先了解為什麼會有這樣的反應，通常是可以理解為什麼家長會有這樣的反應，例如他們通常也是認為孩子的學習上面會受干擾，他們才會有意見。所以這個解決之道還是要在自己教學上面做檢討，為什麼在教學的時候會讓家長反映出這個訊息，是不是教學流程出了問題或設計出了問題，老師還是要在這上面做檢討，如果在這上面就可以把問題解決掉，家長就不會有意見了。如果這樣子還是有聲音的話，那可能要和家長溝通。基本上，家長都是擔心自己的孩子沒辦法專心上課，或是沒有辦法學到他該學的東西，如果他的孩子學得很好，沒有一些問題出來，他應該是不會有這樣一個聲音出來。通常會有這樣一個聲音出來就是孩子出現了一些問題，而他也是因為特殊生的干擾。如果老師能夠把這問題的根源搞定，也就是說特殊生的干擾影響到孩子的學習能夠化解的話，家長就不會有聲音。

問：給學生帶回去的作業單會常需要家長的協助嗎？

答：會比較偏向是他可以盡量獨力完成的。家長要協助的部分就是觀察，學習單後面通常會需記錄獨立完成百分之多少，家長可以幫老師觀察孩子大概這張學習單有百分之多少是自己完成的，如果在 60% 以下，可能這一張學習單對他比較困難，教師就要再做調整。會比較希望設計的學習單是比學生目前能力再難一點點，他就有可能部分是自己可以完成的，有一部分有一點挑戰度這樣。這樣就不至於有太大的挫折，又可以從這裡面把自己能力再提升一點，這是最好的設計。

針對個人及中重度障礙學生所做的調整

　　每個學生的問題不一，需要的調整也不同，基本上可分為內在及外在調整策略。內在調整策略包括教導學習、記憶、閱讀等策略，待學生精熟後，再予以類化。外在調整策略指的是在教學方法或課程內容上調整的策略。

　　一般而言，學生學習問題可分為視覺、聽覺、觸覺及動覺四個部分，調整策略如附表 1-1。

附表 1-1　視、聽、觸、動覺教學調整策略

困難處	調整的策略
視覺或視知覺有困難	1. 視覺材料、教師板書要清晰。 2. 用鏤空的框架來定位視覺材料的位置；用直尺來定位閱讀材料的位置。 3. 用口頭陳述及說明，並輔以實際操作來加深印象。
聽覺或聽知覺有困難	1. 提供視覺性線索。 2. 靠近教師且不易被噪音干擾的位置。 3. 口頭指令要明確、簡短，並提供視覺線索。 4. 教師藉口頭提醒、眼神接觸等方式，讓學生注意到老師要給予指令。 5. 教師放慢說話速度、使用簡單易懂的詞彙。

附表 1-1　視、聽、觸、動覺教學調整策略（續）

困難處	調整的策略
觸覺或觸知覺有困難	1. 凸顯觸覺材料的材質和外質。 2. 加入視覺和聽覺的材料以輔助學習。
動覺或動知覺有困難	1. 將動作的操作步驟分解得更細。 2. 加入視覺和聽覺的材料以輔助學習。

一、針對不同問題調整教學策略

　　將課堂上特殊生遭遇的問題分類，可得到針對不同問題的調整策略，根據美國密西根州 The Project of the Plymouth-Conton Community School District 為資源班學生發展出來的教學調整策略，發現教師可針對不同的問題做出不同的調整，調整策略如附表 1-2。

附表 1-2　針對學生問題擬定之調整策略

如果學生無法做到	老師可以試著做
對學習感興趣	1. 說有關人生的故事。 2. 連結學習的目的與先前或未來的經驗。 3. 配合概念層次調整學習材料，使其簡單具體或抽象複雜。 4. 先提供和概念相關的社區經驗，再教抽象課程調整概念層次。 5. 當課程開始時，給予正面的回應。 6. 藉由增強，例如有正確答案時，馬上給予回饋、稱讚或一對一交談，引發學生對學習的興趣。 7. 大聲唸短文或故事，以刺激學習興趣。 8. 讓學生的位置離老師近一點；距離也會影響學習興趣。

附表 1-2　針對學生問題擬定之調整策略（續）

如果學生無法做到	老師可以試著做
有學習的動機	1. 藉著課程與教學的安排： 　• 安排支持的環境。 　• 設定可實現的漸進目標，使學生進入新的學習情境時，有期待成功的動機。 　• 提供具適度挑戰性的學習內容。 　• 提供有意義的學習結果。 　• 小步驟教學，使其有成功的學習經驗。 　• 安排有趣、活潑、多變化的活動或作業。 　• 提供學生選擇的機會。 　• 用各種不同的方法練習新技能。 　• 提供學生主動反應的機會。 　• 提供學生與同儕互動的機會。 　• 在作業安排上，限制一頁的問題數量；設計作業問題中有該生的名字，並且以其生活情境中熟悉的問題作為出題素材。 2. 透過外在誘因來引發學生的學習動機： 　• 對於學生良好的表現予以獎勵。 　• 讓學生了解學習對於他的助益為何。 3. 加強學生的內在動機： 　• 教導學生設定目標、自我評鑑和自我增強。 　• 使學生了解努力和結果之間的關聯性。 　• 對於學生良好或進步的表現予以立即回饋。 　• 增進學生的內在滿足感，以激勵學習。
聽從指示	1. 減少指示的步驟。 2. 使用較少的字。 3. 舉例。 4. 重複。 5. 請學生以自己的話重複或解釋。 6. 提供指示的檢核表。 7. 將指示的話錄下來。 8. 協助學生觀察自然的提示，例如同儕執行時的動作。 9. 當學生開始動作時，在他身邊監控。 10. 以視覺或聽覺的方式來給予指示。

附表 1-2　針對學生問題擬定之調整策略（續）

如果學生無法做到	老師可以試著做
按進度繳交教材或作業	1. 準備一本筆記本記錄作業，請學生常常自己檢查。 2. 放一些作業單在學校。 3. 提供學生作業單。 4. 提供作業單給家長或其他教師。 5. 請學生帶聯絡簿或可供記事的日曆。 6. 將作業寫在黑板上，供學生抄寫。 7. 檢查學生是否有將指定作業抄在聯絡簿，並給予增強。 8. 進行較大的作業時，準備一個大信封袋，可分批裝記事卡、圖片等。 9. 隨身攜帶書、筆、紙，以分類每天的功課，例如成績、要點、進度表。 10. 迅速歸還正確的作業。
專注地工作	1. 減少分心，多給予回應。 2. 提供較小的任務或較容易的任務。 3. 提供檢核表。 4. 減少特別活動的時間，或是提供能在短時間內完成的活動。 5. 增加休息時間，以減少工作量。 6. 進行靜態的活動，讓學生可以休息一下。 7. 使用計時器，控制工作的時間。 8. 提供提示： 　• 使用肢體、視覺及聽覺上的提醒可以引起學生的注意。 　• 肢體上的接觸（拍拍背）最容易引起學生的注意。 　• 輕敲黑板，說：「注意囉！接下來說的事情很重要！」 　• 在課堂中展現一些小幽默以及讚美。 　• 重要的段落或字詞用螢光筆標出。 9. 增加完成的速度：增加學生的完成任務率、致力於完成任務可以增進專注力、安排小作業、單獨輔導和額外時間做輔導都是必要的。 10. 幫助學生了解在什麼時候、什麼地方、該做什麼事情、什麼東西該放在哪裡，這樣的要求可以使學生更有組織能力。 11. 要求順序，示範如何按順序編排筆記本，並堅持他們一定要將它放回適當的位置。

附表 1-2　針對學生問題擬定之調整策略（續）

如果學生無法做到	老師可以試著做
準時完成任務	1. 減少欲完成的任務量。 2. 允許學生花較多的時間完成。 3. 提醒剩下來的時間，例如剩兩分鐘時，提醒一下。 4. 按時間順序列出工作項目，例如記在家裡的日曆上。 5. 提供工作項目檢核表。 6. 在記事本上，工作結束的地方做記號。 7. 提供正向的回饋，例如工作完成時給予獎勵。
參與團體活動	1. 在團體活動時，進行直接教導（明確訂出所期望的溝通及社會技巧）。 2. 提供二至三位同儕作為夥伴協助。 3. 賦予學生責任或擔任領導者（角色須清楚、明確）。 4. 在團體裡，安排可協助該學生的小組成員。 5. 利用教師助理或志願者幫助學生完成工作，直到學生具備技巧。 6. 將工作內容結構化，並將工作項目及步驟條列出來。 7. 重申教學的目的，並將之與活動連結。
獨立工作	1. 交付有挑戰性但不太困難的工作。 2. 確定學生可看到工作的結束。 3. 給予明確的指導說明。 4. 降低工作困難度或提高困難度。 5. 交代較容易完成的作業。 6. 常給予增強，當專心從事工作時，要稱讚他。但不要因為稱讚而打斷他。 7. 提供工作的目標，作為學生動機。 8. 讓學生將個別工作視為自己的責任，並能獲得成長，而不是老師要擺脫他。 9. 作業的內容要多樣化，例如繪製圖表、地圖、旗幟、繪畫等，不要只有書寫的部分。

附表 1-2　針對學生問題擬定之調整策略（續）

如果學生無法做到	老師可以試著做
經由傾聽學習	1. 口語外，也要運用視覺提示。 2. 使用閃示卡（flash cards）。 3. 讓他閉上眼睛，回想聽到什麼。 4. 以視覺方式呈現字彙或概念。 5. 請學生記筆記，並以螢光筆將重點畫起來。 6. 用聽覺及視覺媒介呈現教材。 7. 解釋每個小步驟。 8. 用視覺呈現輔助口頭指示或演講，例如將大綱以書面或是投影方式呈現。 9. 請學生重複老師的指示說明。 10. 團體教學時，在每一步驟休息一下，使學生能將過程記在腦子裡。 11. 提供其他資訊來源，例如父母、錄音帶。 12. 縮短聽的時間，並重複講的內容。 13. 用寫黑板或投影提供視覺線索。 14. 口頭及操作交替進行。 15. 事先教導較難的字和概念。 16. 告訴學生將會學到什麼，並說明為什麼要傾聽。 17. 避免用「被動式」，例如要說「小唐幫忙小明」，而不要說「小明被小唐幫忙」。因為如此較不易了解。 18. 說話要簡潔，例如說「小明，請坐下」，而不要說「小明，麻煩你坐在自己的椅子上好嗎？」 19. 講演時，保持幽默。 20. 提供學習單或學習指引。 21. 將不同性質、長度、說話速度的指示錄下來，以供練習。 22. 提供視覺性線索。 23. 靠近教師且不易被噪音干擾的位置。 24. 口頭指令要明確、簡短，並提供視覺線索。 25. 教師藉口頭提醒、眼神接觸等方式，讓學生注意到老師。 26. 講一段要給予指令。 27. 放慢說話速度、使用簡單易懂的詞彙。

附表 1-2　針對學生問題擬定之調整策略（續）

如果學生無法做到	老師可以試著做
口頭表達意見	1. 接受學生以不同的形式分享想法： • 書面報告。 • 以藝術方式表達，例如畫圖、拼貼、雕塑。 • 展覽作品。 • 圖表、流程圖或表格。 • 布告欄。 • 照片紀錄。 • 地圖。 • 透視圖、3D 動畫。 • 影片回顧。 • 猜字謎、表演默劇。 • 做廣告。 • 拍攝影片。 2. 問只要簡短回答的問題。 3. 給予提示，例如用開始的句子或圖片作為提示。 4. 訂立討論時的規則，例如不能打斷他人的話。 5. 將口頭報告納入評分項目。 6. 教導學生在課堂上如何問問題。 7. 教導如何運用肢體語言和口語表達。 8. 等待學生回答；學生舉手時，不要馬上叫他，最少要等三秒。 9. 按學生程度問問題，要求學生回答。「什麼」（what）和「為什麼」（why），是不同層次的問題。 10. 讓學生漸漸突破自己，例如先在小組裡發言，再到大團體中發表。 11. 如果學生覺得以錄音方式呈現較容易，便不要勉強他口頭報告。 12. 允許學生報告時拿備忘手稿。 13. 有耐心並鼓勵學生說出想要的東西。 14. 在班級中讓學生從事一些需要溝通的工作。 15. 提供選擇的機會並讓學生用語言表達自己的選擇。 16. 讓學生與同學藉著閱讀課文來練習困難的語音。 17. 鼓勵學生與同儕互動。 18. 引導同儕注意聽學生說話，重點在說話內容而非說話方式。

附表 1-2　針對學生問題擬定之調整策略（續）

如果學生無法做到	老師可以試著做
	19. 不要為了糾正學生而中斷其說話，待其說完後再示範正確的說法。 20. 當學生口吃或說話速度很慢時，給予等待時間。 21. 讓學生練習將口語和熟悉的活動、物體做結合。 22. 對於閱讀流暢度有困難的學生，用不同顏色標示完整的詞語。
閱讀	1. 語文材料閱讀有困難： 　• 口頭提示教學重點。 　• 運用概念圖。 　• 教學生聯想和理解字的部件。 　• 用具體的詞彙、圖畫、實物和生活實例補充說明。 2. 數學題目閱讀有困難： 　• 教師或同儕閱讀題目給該生聽。 　• 將題目錄成錄音帶。 　• 使用較簡短的詞彙。 　• 教導學生圈出和了解關鍵字句。 　• 教導學生使用繪圖或操作教具來協助理解題意。 　• 將數學概念具象化，與生活情境結合。 　• 要學生用自己的話重述問題。 　• 給予的題目須學生精熟後再變換。 　• 教導能區辨題目中相關和不相關的資訊。
書寫	1. 給予較大的寫字方格，再逐步縮小格子。 2. 給予提示（描點、描紅、外框字等），再褪除。 3. 給予字體結構的方格。 4. 使用多重方式練習書寫（砂紙上、背上寫字等）。
寫簡短文章	1. 先教導學生口述其生活經驗。 2. 從教導句子開始（看圖、字卡等方式練習造句）。 3. 寫作文的題材應是學生生活經驗且有興趣的題材。 4. 教學生練習寫簡單的小故事，並包括一些規定的要素。 5. 用一些問句來幫助學生練習寫故事。 6. 使用填空策略、圖畫媒介等方式協助學生寫作文。 7. 教學生如何運用寫作大綱計畫要寫的內容。 8. 提供作文範例，使學生模仿並改變。

附表 1-2　針對學生問題擬定之調整策略（續）

如果學生無法做到	老師可以試著做
察覺關聯	1. 直接指出關聯所在。 2. 在學習單或內容上，把相關的部分做上記號。 3. 課堂討論——和學生自己的經驗結合。 4. 直接教導物品的功能、種類、相反概念或順序。 5. 以標題或圖表舉例。 6. 以樹狀圖呈現事件的關係。
組織、結構和連結學習材料	1. 加強課程內容與學生生活經驗間的連結。 2. 加強跨領域課程間橫的聯繫。 3. 加強相同課程中不同單元間縱的聯繫。 4. 教導學生統整的策略，例如整理筆記、摘要重點等。

資料來源：Mayle, J. (1979).

附錄二
多元智能多層次教學範例

配合主題之多元智能多層次教學範例如下：

一、主題

太陽系是一個不斷變化、廣大無際且相互作用的系統。

二、重點

1. 物體如何在太陽系統運轉？
2. 地球生命如何受太陽系統的運作影響？
3. 為何地球和月亮被視為一個系統？
4. 日蝕是怎麼發生的？

涵蓋之重點如下列主題網：

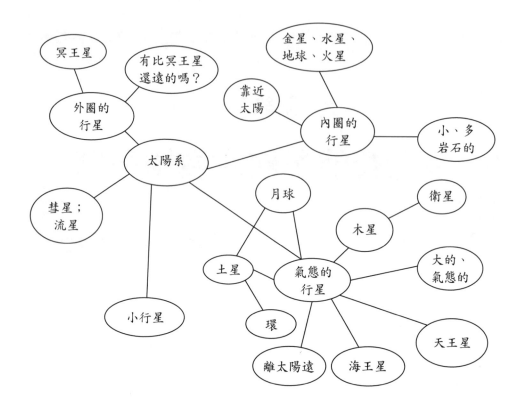

三、包含領域及重點

1. 科學——地球和空間。
2. 人際學習——日曆。
3. 美術——創意模式。
   描繪月亮的圖形。
4. 文學——撰寫文章作品。
   閱讀有關月亮的故事與詩集。
   撰寫有關月亮的故事與詩集。
5. 音樂——聆聽有關月亮的音樂。
   寫有關月亮的音樂。
6. 數學——估測與空間的方向。

四、多層次學習目標

重點	層次一（最高）目標	層次二目標	層次三目標
廣大無邊的太陽系	知道時間——地球與月亮在太陽系統位置的空間關係。	知道地球和月亮在太陽系統位置。	知道地球只是太陽系統中的一小部分。
相互作用的太陽系	• 知道為什麼地球繞著太陽轉、月亮繞著地球轉。 • 知道為什麼我們有四季、太陽和月亮及發生日蝕。 • 了解月亮各方面，以及如何影響地球潮汐。	• 知道為什麼地球繞著太陽轉、月亮繞著地球轉。 • 知道有關四季的事情。 • 知道月亮會發生日蝕。 • 如何影響地球潮汐。	• 知道地球繞著太陽轉、月亮繞著地球轉。 • 可以說出季節名稱；從我們生活的季節中，分辨相似的季節。 • 知道月亮是個行星，但是只能看到某些太陽影響不到的部分。
不斷變化的太陽系	知道地球與月亮系統一直繞著太陽運行，就像其他星球或衛星永遠環繞著太陽運行一樣。	知道地球與月亮系統一直繞著太陽運行，就像其他星球讓著太陽運作一樣。	知道地球一直繞著太陽移動、月亮一直繞著地球運行。

五、學習活動

重點／活動	多層次策略	語文	數學	空間	動覺	音樂	人際	內省
地球／月亮系統	能力較好的學生觀察與記錄／其次畫出太陽、地球、月亮	說出地球、月亮及太陽的名稱／其他字彙	地球一天幾小時／一年幾天	太陽與月亮的距離	學生做出太陽、地球、月亮的動作		團體中的工作表現	記錄在「空間日記」

（續）

重點／活動	多層次策略	語文	數學	空間	動覺	音樂	人際	內省
地球中心	能力較好的學生可畫出國際換日線	說出地球在宇宙的位置名稱（太陽系）	知道時間區、周圍可以討論	學習地球自轉（虛幻的中心）	創作自己的地球儀		年長的學生可幫助年幼的學生	記錄在「空間日記」
晝夜／時間區	能力較好的學生可說明時間區	學習中心名稱及時間區	指出在不同時間區的時間	地球位置跟太陽中心有關	學生可以分享、轉動地球儀		團體合作預測時間區	記錄在「空間日記」
季節	能力較好的學生可預測春、冬天晝夜平分的時間，為什麼是這些日子	說出每個季節的名稱	剩下多少天就到冬天、春天？	地球位置跟太陽自轉有關	學生可以參與創作季節	聽每個季節的歌曲		記錄在「空間日記」
各階段的月亮／日蝕	能力較好的學生計算美國下一次日蝕的時間	說出月亮每個階段、日蝕名稱	多少天完成月之一個循環？	月亮的位置與地球和太陽有關	學生可以參與創作月亮的各個階段	聽寫有月亮兩字的「帶我飛向月亮」的歌		記錄在「空間日記」
月亮各階段的記錄	能力待加強的學生可畫出月亮每個階段的樣子	加強、加深月亮每個階段的概念	月亮一循環有多少天？	月亮在天空的位置	學生描繪他們看到的月亮		請學生分享全部的紀錄	記錄在「空間日記」

（續）

重點／ 活動	多層次 策略	語文	數學	空間	動覺	音樂	人際	內省
閱讀／撰寫有關月亮的文章	可利用不同層次的書籍／文章	學習書本名詞				聽莫札特音樂	請學生分享閱讀	記錄在「空間日記」
天文領域知識	學生將得到額外的不同經驗	學習天文名詞	到那裡需要多少時間？	天空上的星星		聽一些演奏音樂	較年長及年幼的小組團體	記錄在「空間日記」

六、教學策略：地球—月亮系統

(一) 多層次策略

能力較好的學生觀察與記錄，能力次者畫出太陽、地球、月亮。

材料：太陽（海灘球）；地球（棒球）；月亮（乒乓球）。

程序：學生四人一組（不同程度），每組一人拿著不同的球舉在頭上繞著太陽轉。

(二) 語文

說出地球、月亮及太陽名稱，同時說出相關字彙：

1. 地球—月亮系統。

2. 路徑。

3. 天體運行。

4. 橢圓。

5. 可以描述圓形與橢圓形路徑的不同處。

6. 自轉。

7. 可以描述當物體在太陽系統時，繞著太陽公轉與自轉的不同處。

(三) 數學

學生可以算出地球一天時間是月亮的多少時間。月亮一天有 27.3 天之久，而且月亮一年也是 27.3 天，這怎麼可能？學生可以學到月亮永遠用相同的面面對地球。如果地球一天 24 小時，一年 365 天，那地球一年有幾小時呢？

(四) 空間

學生可以看到的太陽系統是什麼形狀？並計算太陽和地球，月亮和地球之間的距離，圓形與橢圓形路徑有什麼不一樣？他們可以學到太陽系統中的所有物體有橢圓形的運行軌道，月亮是以橢圓形的路徑繞著地球轉，就像地球是以橢圓形的路徑繞著太陽轉一樣。

(五) 動覺

學生不斷地運作、實際模仿，就像物體在太陽系統不斷移動一樣。有人模仿太陽，有人模仿地球，有人模仿月亮，有人模仿天文學家觀察地球—月亮系統環繞太陽的路徑。模仿地球和月亮的學生走在橢圓形的路徑時，必須慢慢地旋轉。模仿月亮動作的人必須確保他們一直面對著地球繞，就像月亮某一側永遠面對著地球繞一樣。

(六) 人際：合作

他們必須是一組四人的團體。有三個人分別是太陽、地球及月亮，另外一位則是天文學家。

(七) 內省：說出他們之後想做些什麼

在他們結束活動之後，每個人可回應他們做了或看到哪些事情，或更多任何他們有興趣學習的東西和創意的想法，激發他們寫下來的動機。

附錄三

學生對融合班的看法

一年級

1. 別人的老師很兇。
2. 我們有特殊生和普通生，別的學校沒有特殊生。
3. 有角落和地墊的布置。
4. 我們要脫鞋子。
5. 我們的教室裡面有標本。
6. 老師對我們很好。
7. 我們的教室裡有球，別人的沒有。
8. 座位的規劃不同……我們是分組，別人是一排一排的。
9. 班上的人數比較少。
10. 別人的學校有司令台，我們的學校沒有司令台。

二年級

1. 普通的小朋友跟小天使一起玩。
2. 融合班的老師不會打人，用愛的教育。
3. 小朋友的座位採分組的方式。
4. 老師以說理的方式教導我們。

5. 老師放很多書讓我們看。

6. 有角落課讓我們可以選擇。

7. 老師會教小朋友要相親相愛，互相學習。

8. 老師會說很多故事給我們聽。

9. 老師會教導我們如何照顧小天使。

10. 我們有三個老師。

11. 老師會用遊戲教導我們。

12. 老師很細心，會準備很多好玩的東西。

13. 老師會教小天使說好話，做好事。

14. 融合班的小朋友都很溫柔。

15. 融合班的小朋友有主題報告，讓我們有更多知識。

三年級

1. 融合班教育方式不同，老師不會太兇，老師對每個同學的標準不太一樣。

2. 融合班獨一無二，小朋友都很開朗，老師都很溫和，小朋友下課都會互相幫忙，幫助小天使，大家都覺得很快樂。

3. 有不一樣的小朋友，大家都會包容、幫助他們。

4. 一般學校都不願意接受小天使，融合班是希望每一位小朋友都能學習成長。別的學校小朋友不聽課，老師多半就算了；融合班的老師都會不斷提醒小朋友上課要注意聽。

5. 融合班很照顧小朋友。

6. 融合班有融合的精神，小朋友都會互相幫忙，學習體諒別人的心。

7. 融合班的學習方式有比較多活動，難度會放鬆一點，時間也不會很緊迫。

8. 別的學校一個年級有好幾班，融合班一個年級只有一班。

9. 融合班的老師不打人，別的學校老師會打人。

10. 以前的學校上課都很古板，這裡比較好玩，有角落課、社團，比較好玩。

11. 融合班是在教小朋友學會幫助其他小朋友和合作。

12. 融合班跟其他學校很不一樣，這裡就像一個大家庭，可以認識各式各樣的小朋友。

13. 融合班讓我愈來愈懂得怎麼幫助有需要的人，我也會變成更棒的人。

14. 融合班是個很好的地方，其他學校都比不上。

15. 這是個很特別的地方，能讓我們跟不一樣的人在一起，也能和不一樣的人一起玩，他們讓我們學習互助合作，融合班真是個溫暖的大家庭。

16. 我覺得我改變很多，因為我以前會挑食、會鬧……，現在不會了，我真的好感謝融合班。

17. 融合班是小天堂，很快樂。

18. 融合班是一個學習幫助別人的地方，讓人覺得很快樂。

19. 融合班很特別，因為普通生和特殊生可以互相幫助，是一件很快樂的事。

20. 我在融合班學到了不同的知識，現在我學得愈來愈多，我覺得在融合班很快樂。

21. 融合班是一個很適合需要幫助的小天使學習的地方。

22. 融合班是一個可以幫助人的地方，也可以學到很多東西。

23. 融合班讓我學到如何和特殊生互相合作，和其他學校不一樣。

24. 融合班是小天堂。

25. 在融合班我學到了怎麼幫助需要幫助的人，我發現幫助別人真的很快樂。

四年級

1. 人數很少沒有分幾班，老師不會用體罰，會幫助有需要的小朋友，有角落課，同一時間兩邊一起上課。

2. 一班有三個老師，我們有讀書會，有外地來的英文老師。

3. 教學方式很活，很好玩，讓我們很愛上學。同學六年不變，感情更加倍。常有上台的機會，讓我們做主題報告，增加組織和語言能力。老師特別溫柔，老師跟學生是雙向關係，使我們不會恐懼老師。

4. 有愛我們的老師，鼓勵我們一直努力向上，老師們的努力，讓我們真實知道。

5. 有一些需要幫助的人，座位沒有一排一排地排，老師不會那麼兇。

6. 有三個年級一起上的角落課，自然課會做實驗。

五年級

1. 和小朋友在一起很快樂。

2. 電腦不會壞掉。

3. 融合班有著不同的學生，讓我們可以和不同的人接觸，及去了解他人。

4. 可以和不同的人一起生活。

5. 融合班的學生都會互相幫助。

6. 很開放、自由。

7. 很自由。

8. 融合班的老師很溫柔，有很多實驗用具，是一所「實驗學校」。

9. 讓大家有友誼的橋樑。

10. 來學校感覺很好。

11. 融合班的特色就是老師不打學生。

12. 這裡的老師比較漂亮。

13. 很開放。

14. 可以交到好朋友，有很好玩的東西。

15. 融合班讓我可以和與我不同的人多一點接觸，讓我學習去包容他們，也讓他們從我們身上學習。

16. 有遊戲器材。

六年級

1. 同學很善良。

2. 融合班的活動很多。

3. 會互助合作。

4. 老師很溫柔。

5. 大部分的老師都很好。

6. 制服與眾不同。

7. 同學活潑好動。

8. 家長會互相幫忙。

9. 給特殊生有一個良好的學習環境。

10. 同學很有包容力。

11. 小朋友很乖、老師對人很好。

12. 融合班的孩子很適應團體生活。

13. 老師脾氣好。

14. 同學會主動教特殊的同學。

15. 體罰比較少。

16. 校風開放。

17. 同學之間很友善。

18. 同學之間很容易打成一片。

家長對融合教育之看法

一、登記就讀及已就讀融合班之家長

　　融合的好處及成效除了在孩子身上看到，還可透過家長對自己孩子的觀察而獲知。吳淑美（1997）調查登記就讀及已在竹大附小學前及國小融合班就讀之學生家長認為融合班的優缺點如下：

（一）融合班的優點（n=179）

項目	優點	百分比（％）
1	能增進孩子的情緒智商（互助合作、包容、體諒、惜福、肯定自我）。	33
2	能因材施教發揮潛能。	15
3	能了解不同類別的人及個別差異。	15
4	增加生存適應的能力。	10
5	增加學習動機及自主性。	8

（接下頁）

（續）

項目	優點	百分比（%）
6	具有人本精神（尊重、平等、開放、自由、快樂、有教無類、良性競爭）。	5
7	有模仿對象。	3
8	增加互動的機會。	2
9	是最正常化及常態化的環境。	2
10	班級人數少。	2
11	特殊孩子不會被排斥。	2
12	師資好。	1
13	重視親職教育。	1
14	增進語言表達能力。	0.9
合計		99.9

（二）融合班的缺點（n=179）

項目	缺點	百分比（%）
1	教師需準備教材，工作壓力大（需最好的師資才能勝任）。	32
2	擔心無法適應其他較嚴格之學制。	18
3	特殊生之行為及情緒會影響秩序。	16
4	教學較難隨時兼顧各種需求。	15
5	資源（人力、經費、行政及場地）不足。	7
6	推展及得到認同不易。	5
7	普通生會模仿特殊生。	4
8	家長干預較多。	2
合計		99

上述結果證明，選擇讓孩子到融合班就讀之普通生家長，大多是希望藉著和特殊生相處，培養孩子的愛心、耐心及助人。家長認為融合班的教學方式比較能做到因材施教，孩子可以學會與不一樣的人相處。

二、孩子就讀融合班之家長（n=50）

吳淑美於 2014 年蒐集融合班成效資料時，請國小一至六年級特殊生及普通生家長填寫問卷，回答融合班整體環境對孩子的幫助、對課業學習的幫助、對孩子行為改變、融合教育優點、融合教育缺點及與其他學校不一樣的地方等六個問題，國小各年級融合班普通及特殊生家長對融合班的看法如下：

（一）融合班整體環境對孩子的幫助

融合班在整體環境上對孩子的幫助與影響，請舉例說明。

一年級

1. 在一般生與特殊生的比例為 2：1 的特性下，因生活與學習的全面性接觸與互相了解，確實發揮了融合教育的精神。
2. 我家小孩在念幼稚園的時候就會特別照顧肢體不便的同學，在融合班上學的時候也會特別照顧同學，老師也很稱讚。
3. 能給予孩子一個正面友善與包容的成長及學習環境。孩子不因特殊生的身分感受壓力，總能開朗快樂地去上學。
4. 讓一般生與特殊生相處，學習接納欣賞與自己不同的人。例如跳啦啦隊時會互相合作，當特殊生跟不上時會拉著他一起跳。
5. (1) 互相合作；(2) 友愛同學，不因是特殊生而輕視；(3) 教室雙向開門自由的空間。
6. 開放式的無障礙空間讓孩子能安全地活動，與特殊生也能無障礙地互動。老師們的耐心及引導與互助合作，讓孩子的問題可以及早發現及早糾正。
7. 多樣化的學習內容，讓孩子更能適性發展。例如原本很害怕游泳的孩子，卻在全班共同上課中感到安全放心而愛上游泳課。
8. 讓孩子學會友善環境及友愛不同質性的朋友，對於品格教養有很不錯的增

進。

9. (1) 我的孩子為特殊生，在普通學校可能因讓老師較頭痛而被貼標籤，但在融合班能被平等對待，老師和普通生給予特殊生更多的包容；(2) 老師配置比例較高，孩子比較能被注意到、照顧到；(3) 環境安排對孩子來說，比在一般學校安全，比較不會有衝撞情形產生。

二年級

1. 融合教育特色就是將一般學生與特殊生共同在一個班上學習，這個平台可讓孩子無形中認知自己的差異，但又能同時習得自己與他人並無太大的與眾不同，而是在相互尊重與交流的過程中，知道生命的機會是一樣的。

2. 幫助一般生觀察並接受特殊生先天的差異，引導一般生嘗試與特殊生進行合作，讓一般生用健康的眼光（同理心）去體諒特殊生，進而珍惜自己比特殊生擁有的優勢。

3. 能融入團體生活。

三年級

1. 孩子二下從一般學校特教班轉到融合班就讀，融合的環境對我的孩子來說很快就適應了、情緒也穩定了。老師放手讓他與一般生做一樣的事：如寫聯絡簿、寫一樣的生字本，慢慢地他能寫部首了，這證明孩子是有潛力的，只是被壓抑了，貼標籤真的很可怕。看著孩子和一般孩子整隊一起放學，那畫面好美好感動。

2. 融合校區整體環境雖小但是健全，每間教室經過特別的設計，老師也非常有愛心耐心，在這樣的環境成長，我相信小孩會獲得更多的啟發。

3. 孩子對班上的特殊生能夠有正確及正向的認知，例如運動會中要協助特殊生共同完成表演與競賽。

4. 融合班有一群理念相近的家長，教學理念有系統的設計、好的環境。孩子在這三年中交到一群讓他天天期待一同上學的朋友，一同參加游泳、鐵人比賽，假日一同外出騎車，孩子們活出了我們心目中的童年。

5. 校區環境優美，雖然校區較小，但設備一應俱全，更有溫水游泳池及專業教練。讓孩子可以在安全的環境下將游泳這項運動學得很好，教室的設計也讓人有溫暖的感覺。

6. 校區小，每個年級的孩子幾乎都彼此熟識，感覺就像個大家庭，友善的環境包容度高，孩子間的感情也特別好。

7. 充滿了包容力與尊重的環境，也造就了孩子寬容且溫和的性格。

8. 孩子看見不同且有差異的孩子，不會投以好奇異樣眼光，且能接納與自己身體狀況不一樣的孩子，一同上課、生活、遊戲，以愛包容對方，學習成長、視界更寬廣。

9. 孩子平常接觸同學有一般生及特殊生，在外面遇到身心障礙的人士時，也能以平常心對待。

10. 在普通生與特殊生混班教學的環境中，珍惜與滿足自己是個正常的小孩，不把一切視為理所當然，進而培養一顆關懷與幫助特殊生的心。

11. 整體環境上讓孩子覺得是一個很有安全感、穩定的地方，所以可以放心地在這裡上學，學習更多事物。

12. 融合班建立了友善、互助、體諒、快樂的學習環境，讓孩子每天都能開開心心地成長學習。我從不擔心小孩在融合班會被欺負、排擠、嘲笑。衷心感謝這些用心幫助照顧小天使們的同學們，他們真的很棒。

四年級

1. 融合班在整體環境上對孩子來說是一個可以快樂、互助地學習的地方。例如孩子遇到不愉快的事，老師會即時注意到並且很快處理。

2. 一般生懂得關懷特殊生，幫助及協助他們，也能學習和特殊生相處。特殊生不會受到歧視，也較沒有霸凌的問題。

3. 一般生非但不會排斥特殊生，還會加以照顧愛護，培養高尚品格。特殊生也能得到尊重，有利其身心發展。

五年級

1. 讓孩子情緒變得很穩定，學習成效較大，因為特殊生是可以被教育的。而班上孩子的行為就是他們模仿的對象，有了良好的示範不會學習不當的行為，在孩子的提醒、包容與等待下，即使腳步不是立即的，但也能跟上。而普通生與其他學校的差別是更穩重，不會時時想捉弄其他小朋友。

2. (1) 環境安全；(2) 學生單純；(3) 老師可以照顧周全。

3. (1) 班級少、人數少，每個孩子、不同年級、每位老師與孩子都很熟悉；

(2) 教室的安排、座位、廁所都讓孩子有較佳環境；(3) 充滿綠意、人情味濃、家長團結互動較多。

4. 孩子較懂得如何與人相處，較能完成一件事情，較有獨立思考能力，也較能體諒別人。

5. 孩子比較長時間地接觸不同的特殊生，比較能同理他們，因此比較能發展出關懷他人、同理心等特質。孩子以前在別的學校就讀時，班級氣氛多競爭，同學間常有不順從他人就被排擠的情況。來到融合班，孩子自然地與特殊生相處，看見別人的不足更能體貼他人，學習感恩。

6. 我兩個小孩都在融合班快樂成長，融合教育是好的。

7. 我的孩子個性較靜、內向怕生，自從進入融合班個性變得開朗活潑，也會照顧同學、體諒同學，回到家也比較會主動照顧妹妹。有客人來也不會怕，會主動招呼客人。

六年級

1. (1) 融合班是個「友善校園」，每個家長與孩子都是認同融合教育的互助、群性表現與愛的教育才選擇這裡；(2) 融合班是個安全的校園，人數少、組成分子單純，讓家長非常放心。

2. (1) 班級人數少，孩子感情融洽，甚而認識不同年級的孩子；(2) 老師能顧到每一個孩子的需要，不管是特殊生或普通生；(3) 課程活動含有融和精神，進行中孩子學習彼此幫助（合唱、啦啦隊、運動會）；(4) 孩子能欣賞並接納別人，互相學習。

3. 一般生比較能理解包容特殊生。

4. 特殊生和普通生一起上課，互相扶持，互助合作。孩子能了解世上有各式各樣的人，大家應互助合作，共存共榮。

5. 人與人之間的距離較正常化與親近。相對於其他學校，孩子間互動只限於在學校，下課後、週末的交流及互動很少，疏離感較多。在融合班，大家彼此熟識度、信任度很多，家長間的私下活動也是，也會有學校以外的交流活動。孩子在自己班上因為較被尊重的關係，能有較多機會發言及相互討論，有較大的空間表現自己，個人的自由展現機會高以及個人發展較不受壓抑。

6. 整體環境對孩子有幫助。

7. 看見不同且有差異的孩子不會以好奇異樣眼光對待，且能接納與自己身體狀況不一樣的孩子，一同上課、生活、遊戲，以愛包容對方，對孩子的成長學習、視界更寬廣。

8. 在整體環境適應上，老師和隔壁班的老師都會互相幫忙。我的孩子是多重障礙且有過動傾向，老師會和孩子做規範且做每日檢核表檢核孩子，找一些孩子的增強物來幫助孩子，有動力自己努力學習。我的孩子因為情緒問題，以前會大叫……，用不好的行為來表達，老師會要求家長互相配合，加上醫師及藥物等來幫忙孩子，使孩子更好。感謝老師的付出，讓孩子有很好的學習和影響。

9. 讓普通的孩子學習與小天使和睦相處，進而願意出手扶持。

(二) 融合教育對課業學習的幫助

融合教育在課業學習上對孩子的幫助與影響，請舉例說明。

一年級

1. 強調異質合作的精神下，無論是一般生或特殊生，老師在學生學習過程中，鼓勵小朋友發揮自己較擅長的部分，並彼此合作來達成目標。如造句練習中，有的小朋友動腦，有的動手，讓小朋友在愉快的心情中學習。

2. 雖然分成小組學習，但是孩子的適應力很好。課堂上的考試評量沒有評比名次，不會造成孩子課業上的心理壓力，每天還是很開心地去上學。

3. IEP 能幫助孩子依能力及不同需求循序漸進學習，並保持對學習的興趣。

4. 可以讓老師注意到每位孩子的學習狀況。例如分組教學時一位老師約負責 10 個學生，學生的學習狀況老師可以一目了然。

5. 能分組討論，互相分享，並能表達自己的看法。

6. 小班制、遊戲式、活潑的教學方式，讓孩子對學習保持興趣。作業不過多、不過度練習，孩子有空白時間做自己的興趣嗜好。沒有分數且多元的評量方式，讓孩子家長充分了解孩子到底學會什麼、哪邊需要加強，也不會去和同學相互比較，養成過重得失心。

7. 結合生活經驗，讓孩子不只學習課本知識，也能運用在生活中。如國語介

紹了一系列的春天，孩子到戶外時會想去了解發芽、樹葉、蝴蝶成長的過程，將知識與生活結合。

8. 課業上較一般學校淺，低年級可增強廣度和生活性。

9. (1) 小組教學，個別差異比較能被照顧到；(2) 沒有很大的壓力，所以孩子能保有學習熱情；(3) 老師能針對個別差異給予不同的作業，特殊生有能力完成自己的作業，減少親子衝突。

二年級

1. 學習過程除了接受幫助，同時也可以幫助別人。

2. 有較多老師可以教導小朋友。

3. 以多元的方式引導孩子思考，課程有趣不僵化，鼓勵學生多發表及實作，建立孩子的自信心。

三年級

1. 每天回家會主動拿功課寫，50% 以上自己主動完成。耳濡目染的融合教育，尤其對語言能力弱、但有模仿力的孩子，真是有很大的幫助，雖然當下沒說出他的學習成果，但日後會顯現出來。

2. 融合教育讓自己的孩子學習如何愛人、助人，培養出寬闊的胸襟，讓孩子了解到每個人都有適合他的對待方式，孩子變得善解人意且更加珍惜自己的能力，培養團隊合作的技巧。例如覺得每個融合的孩子，在某些遊戲或者課業上面，都會成為各自擅長的領導者，而其他孩子，也樂於配合。

3. 小班教學分組上課的方式，讓孩子更有機會表達自己的學習狀況，從不以成績來代表一切。鼓勵孩子發現自身的優勢，建立自信。我發現融合校區的每個孩子都充滿自信、滿足，真的很棒。

4. 有較多元的學習。例如主題月，孩子針對主題去思考。

5. 融合教育能真實體現全人教育的精神，課業不單單是書本上的鑽研，孩子們能多元發展。由於特殊生與一般生一同學習，孩子不會對於成績的細微差異斤斤計較。而課程中，統整設計的靈活度還不錯，跳脫分科教學的限制。

6. 不以制式的課本教學，老師設計多元的學習方式，孩子在課業學習上較有彈性，在彼此討論、協助的同時，也讓孩子更能活用所學。

7. 各自發揮所長，合作解決問題，讓孩子看到自己的光點。

8. 採小班教學，每班有兩位老師及一位助理教師，可以對每位學生有較佳的掌控。

9. 我的孩子雖然是普通生，但從小好動的個性，並不容易靜下來好好學習。融合教育的老師有著比一般老師更多的愛心與耐心，讓在一般學校會被列入搗蛋份子的他，得到的總是鼓勵而不是責備，每天都期待去上學，在校門口和我開心地說再見。快樂地學習就是最好的學習方式。

10. 孩子在課業學習上都能跟得上進度，孩子學習得很好。

11. 融合教育是針對每個孩子的程度狀況不同而因材施教，所以教學重點也會因每個小孩能力不同而做調整，完全做到有教無類。而且班上同學都是小老師、小幫手，對小天使課業學習上有莫大的助益。

四年級

1. 因為小班制，三位老師互相協助，孩子容易得到老師的關注，老師能掌握孩子學習的進度，對孩子是好的幫助，孩子對學習是正面的、積極的。

2. 兩位一般生配一位特殊生的分組方式，讓特殊生在課業上可以直接受到一般生的協助與幫忙。一般生在協助的過程中，也可提升自己的能力。

3. (1) 一般生有義務且樂於教導特殊生，經由教學的過程，一般生須先融會貫通、整合才有辦法教，所以能教學相長；(2) 學習以討論方式進行，刺激學生思考能力與學習興趣，有別於坊間填鴨式教育。

五年級

1. 由於孩子一整天在學校都照表抄課，家裡也將老師交代的作業執行，因此所有的學習都是連貫的。而老師也針對孩子的程度給予不同的作業，孩子在重複且一致的步調下，發現他的學習是有回應的，不但詫異他的進步，也會發現這樣同步教學，不但有目標，無形中幫他累積了許多學習經驗。

2. (1) 形成性評量較少；(2) 總結性評量可多元及分散，減少考試壓力。

3. (1) 課程分：角落、大組、小組，讓孩子可以充分發揮，反覆練習；(2) 雖有人先學會後了解，但學生可以彼此教導，學習分享成果，樂於等待；(3) 沒有成績的競爭，但也令孩子流於安逸；(4) 才藝課程（如音樂、美術、美語）較沒有完整規劃，但家長如有意提升孩子，可以自行在外尋求

資源。

4. (1) 獨立思考能力佳；(2) 靈活的創作力。

5. 三年來因為學校的紛擾，老師的流動率高，對於多層次教學並沒有看到，實在可惜。只是上課比較活潑，學生不是單聽課，高年級可以比較看到討論和發表，但是低年級就少很多了，所以教學及課業方面，並沒有太多感覺。

6. 課業學習因為學校的評量測驗一學期兩次，與一般市立學校不同，因此較沒有考試壓力，多餘的時間，通常用來閱讀課外讀物，或是要求孩子多運動。

六年級

1. (1) 班級人數少，孩子在學習上有問題，老師都可以掌握到，另外輔導；(2) 因為都是小組上課，孩子也能互相幫助。

2. (1) 這幾年由於實驗計畫，課程幾乎和體制內相同，創新及真正融合課程及教法未落實；(2) 每學期的教學日發表，孩子藉此合作完成專題，對孩子是不錯的經歷。

3. 老師能了解每個孩子的能力、需求給予幫助，在作業考卷的調整也可依能力安排。

4. 課業上，能力好的會主動教不會的孩子。互相討論，課堂上發問，回應的風氣很盛；減少一般學校的競爭，多了共同討論的樂趣。

5. 因為近年教師輪替太過頻繁，因而讓課程的設計及教學目標頻頻中斷無法延續，這是很可惜的一件事。一些班級原有好的練習，往往進行一段時間，因為換了老師就停了。比如小一語文開始讀三字經，到後來的唐詩背誦，實施幾年後，孩子也習慣了讀唐詩，也因語文老師頻換的關係而停止，還記得孩子搖頭背唐詩的專注模樣……。

6. 比正常教學制輕鬆。

7. 正常的孩子能協助需要幫助的孩子，學習如何協助、扶持他人的需要，不只是看見自己的需要。

8. 我的孩子因為有視障問題，直接學習注音符號很困難，跟老師溝通討論後直接學習國字，讓孩子能更加成長。另外，針對視障，老師會把字體盡量

放大，盡量拿實體物品以利孩子學習，感謝老師們的用心付出。

9. 學習上能融合不同的人群。課業上趕不上一般國小的進度。

(三) 融合教育對孩子行為的改變

融合教育對孩子行為上的改變與影響，請舉例說明。

一年級

1. 因一般生與特殊生的比例，孩子在同理心的發展，更為精緻快速。我的孩子在一般生與其他特殊生行為舉止的表現上，有更深一層的了解。

2. 學習同理心，體恤同學。

3. 孩子在具特教經驗的老師幫助下，課堂中學習的穩定度有明顯提高，情緒控制亦有進步。

4. 普通生與特殊生相處自然融洽。例如上學在校門口碰面時，會互相打招呼，手牽手一起進學校；日常生活，特殊生需要協助時，普通生會主動幫忙。

5. 能因有能力協助別人而產生自信。

6. 以前孩子看見身心障礙者，總是用好奇的眼光盯著看；現在不會，會覺得和大家沒什麼不同。以前走路常喊累很懶得走，現在會珍惜自己擁有健全的身體。

7. 對自我比較有信心，也能學習照顧包容其他人。我的孩子是獨子，在融合教育下，學會了如何跟較小年級的孩子相處，並試著想去照顧他們。

8. 接納不同的異己，對特殊生不害怕，能有愛心地協助。

9. 我的孩子受挫時可能會躲在桌子底下或趴在桌上不肯起來，老師同學能給予較多時間讓他調適情緒，所以比較不會因情緒不好而有脫序情形發生。

二年級

1. 學習過程除了被幫助，其實也是可以幫助人的。

2. 對團體生活及同儕相處能力提升。

3. 學習「接納」並找出「可行」的溝通模式，變得容易體諒別人。

三年級

1. 能很開心地上學去，也懂事多了。

2. 發自內心樂於助人。例如幾次接送過程，看到自己的孩子主動去牽特殊生同學的手進教室，覺得很感動。

3. 同理心、包容、溫柔寬容的心，我看見自己孩子的改變，他為了班上的一位小天使，天天絞盡腦汁只為了博取他的一個笑容。下課時，大家搶著陪伴小天使上圖書館、廁所，走進校園常常都會被感動到。

4. 在融合的理念上，我們認為對孩子的同理心與互助上面資助很大。

5. 孩子能珍視自己的才能而非一味地和別人競爭，也能接納自己的短處，做最好的自己。我的孩子鋼琴還不錯，他能珍惜合唱比賽中伴奏的機會，他的課業平平，但也不會因此就放棄學習。

6. 從小就接觸跟自己不同能力的孩子，讓孩子在個別差異中彼此協助學習，孩子會更有同理心，對於人與人之間的互動也會彼此關懷包容。

7. 老師注意到每個孩子的差異與長處，讓孩子有發揮的空間並得到自信心。

8. 強調品格道德教育，不是只重視學業成績。

9. 比較會為其他弱小的小朋友著想及照顧妹妹。例如知道爸媽在忙時，會幫妹妹洗澡。

10. 被老師笑稱里長伯的他，是個愛幫忙、凡事都想參一腳的孩子，不論是排路隊還是啦啦隊競賽，老師都會指派他負責協助特殊生。在能力所及的範圍內主動幫助弱勢，已經自然而然地成為他生活的一部分。

11. 孩子的行為方面都能與人相處愉快，固執性降低，也都能替他人著想。

12. 孩子口語能力漸漸加強，能主動說出自己想要做什麼，負面情緒減少很多，每天都開開心心地上下學，在學校和同學朋友們一起學習成長。

四年級

1. 讓孩子懂得尊重，欣賞同學的優點。我家孩子看到特殊生有一點的進步就稱讚他進步很多。

2. 一般生在這裡學會幫助特殊生，特殊生純潔的心靈也影響著一般生。孩子在這樣的環境學習，以互相合作取代競爭，讓彼此在人格、品行上都有良好的互動與成長。

3. 經由在校接觸特殊生，我家孩子變得較溫柔能體諒人，較外校生成熟懂事得多。

五年級

1. 孩子經由老師的教導，對特殊生的包容更大，也會用同理心對待，對於特殊生的一些行為，因為大量的提醒、正確的指引，一些不當的行為會消退，自我刺激的動作也會減少。

2. (1) 正面：孩子和老師間沒有距離；(2) 反面：分寸拿捏較不容易；(3) 能容忍其他小天使。

3. (1) 對特殊孩子的接納提升很多，幾乎感受不到差異；(2) 能夠以正常、一般的態度與他人交談分享；(3) 不計較，主動表達，生活態度佳，對人的信任感提升；(4) 願意主動幫助同學。

4. 能為別人著想，較肯幫助別人。

5. 孩子的同理心、包容心都有學習，且會自然而然地和特殊生相處而不是排斥，也會主動去協助特殊生。

6. 產生同理心，會用包容心去看事情。以前因為他是家裡的第一個孩子，比較溺愛，害怕他會太固執自以為是，因此才會讓他來融合班。上學後發現他的想法與觀念改變很多。

六年級

1. (1) 我家小孩比較內向不善表達，因學校小組的上課和討論，學會表達意見並學會與同學合作；(2) 知道如何幫助小天使，並接納與自己不同的孩子。

2. (1) 孩子能接納並協助特殊生，普通生之間也因相處日久（六年）而彼此學習優點及調整自己；(2) 每學期孩子會到同學（特殊生）家玩，將來國中也可能在同一班（安置），對孩子而言，不分普特生，潛移默化中，孩子的包容度是大的。

3. 能讓孩子比一般的孩子更早了解每個人的不同，學習包容、尊敬、讚美、互相理解，幫助孩子將來在不同環境裡能適應不同的人。

4. 讓害羞沒自信的孩子重拾自信、自尊自重。

5. 我的小孩在這裡認識了「不同」的「各式」的同學，他們知道如何和自己

不同的同學相處。他們也感受到人與人之間的自然友誼和信賴。

6. 與同儕互動多。

7. 強調品格道德教育不是只重視學業成績。

8. 以前孩子有很多負面的行為,如會打同學、罵人、吼叫等,在老師帶領下孩子逐漸改善了一些壞毛病,雖然還有一點小毛病,但和以前比起來已改善很多,慶幸有融合校區老師的付出,謝謝老師們。

9. 小孩更有耐心與愛心,同理看待不同的人。

(四) 融合教育的優點

您認為融合教育有哪些優點,請舉例說明。

一年級

1. 人有優點也有缺點,我認為融合教育在鼓勵小朋友發揮長處與了解他人行為的背後原因,是非常不錯的教育特質。在長遠的人生途中,給了小朋友進入社會後所需的人際溝通上的特殊種子。

2. 齊頭式的教育方式,同理心的學習模式。

3. (1) 特殊生能和同學融洽相處,不會受到同學或老師排擠嘲笑;(2) 為學生訂定 IEP,因材施教,幫助孩子循序漸進學習。

4. 讓普通生能以平常心看待特殊生。例如普通生在校與特殊生相處融洽,認為每一個人都是特別的,特殊生需要幫忙時普通生會從旁協助。

5. (1) 師生比例低而獲得較多注意及關心;(2) 友善的同學關係,互助的精神。(3) 依個別的能力做不同的工作;(4) 分組教學;(5) 沒有比較與競爭;(6) 孩子的包容力及寬容性強。

6. (1) 普通生學習幫助及關懷有需要的人,特殊生學習融入一般社會,並擁有自信及自尊;(2) 適性教育,每個孩子都能受到老師的重視及引導。

7. 發現孩子不同的亮點,適性引導。給孩子更多發揮的空間,多變化的活潑課程,活化孩子的腦袋。

8. 人格教育。老師很有愛心,給孩子適性發展的空間。

9. 讓孩子從小學習包容與尊重。

二年級

1. 融合教育的特色就是一般學生與特殊生共同在一個班上學習，這個平台可讓孩子無形中認知自己的差異，但又能同時習得自己與他人並無太大的與眾不同，而是在相互尊重與交流的過程中，知道生命的機會是一樣的。學習的過程除了接受幫助，其實也是可以助人的。

2. 能融入團體生活。

3. (1) 學習同理心；(2) 不僅包容特殊生，正常生也有需要指導改正之處，也同樣受到包容，整體而言就是在落實愛的教育。

三年級

1. 沒啥缺點就是優點。

2. 融合的環境會讓普通生自然地對待及幫助特殊生。尊重差異，適才適所的環境及空間，造就孩子的包容心、快樂學習及成就感。對於特殊生，因為普通生的刺激及互助的學習，對其發展有相當的幫助。

3. 看見自己擁有什麼，更懂得以同理心替他人著想。每個孩子合作與互動，學習看到別人的優點。讓孩子自由、適性地發展學習，更能發現自身的優勢能力。

4. 能讓孩子在不知不覺中，經由環境感受到差異性，可以很自然地和有自閉症的同學相處。

5. 讓孩子們從小建立健全的人格，而非注重在「贏」過別人（在各方面），而是如同真實世界，在充滿差異的世上，接納、協助、共同生活。像是過往的啦啦隊比賽，並非只推出黃金陣容，只為呈現「最好」的一面，而是讓同班每個人都在團隊中有所表現。

6. 讓特殊生有正常的學習管道，而不是孤立在某些團體中，透過與正常孩子的互動，讓特殊生的能力激發出來。對普通生來說，透過關懷、協助，彼此尊重也訓練一顆柔軟的心。

7. 養成普通生的同理心、包容心，看到孩子能以開放的心胸接受特殊生，這些是我自己兒時學校環境完全學不到的。

8. 看見差異，尊重差異，接納差異，融合差異。

9. (1) 一般生及特殊生皆能盡早接觸真實社會的環境；(2) 提供身心障礙兒童

正常化的教育環境；(3) 一般生較有同理心，會為其他人著想。

10. (1) 讓特殊生能和一般人一樣，得到相同的教育環境，而不是特別的待遇；(2) 讓普通生能以純真自然的心，理解如何與特殊生相處；(3) 培養主動、負責任、關懷弱勢的孩子。

11. 普通生和特殊生可以一起學習，普通生可以幫助特殊生。

12. 投入的教師質量佳，較能照顧到每位孩子的需求，而且學生人數較少，較能教導普通生協助天生弱勢的小天使們，不論是普通生或特殊生都從融合教育的做法中獲得莫大的助益，讓每個孩子都能快樂地學習成長。

四年級

1. 讓孩子懂得同理心，互相協助。例如特殊生一點點事都做不來的時候，孩子不會嫌棄他，反而會設身處地，如果自己是他，可能會更糟。

2. 看見差異、尊重差異、融合差異、創造優異。學習優勢者與學習弱勢者可融合在一起，弱勢者在融合班人數上（每班八人）並不是絕對的弱勢，因此弱勢者與優勢者間的差異就不是怪異，也就不會受到歧視，進而互相尊重，最後融合在一起，互相學習。

3. 小班制教學讓小孩時刻被監督、約束，在兒童時期人格養成、人際關係培養的關鍵期很有助益，至少不會學壞；反而是在老師密集的引導下，學生素質皆不斷提升，看不到外校的霸凌，連不雅的話都不出口。

五年級

1. 因為班上都採小班制，老師的比重也夠，可以：(1) 適時介入特殊生的情緒引導；(2) 適時引導普通生特殊生的互動，更讓普通生了解特殊生的特性；(3) 特殊生可以有正確的人際互動學習對象，動物性本能也可以藉由良好的學習對象及適時的引導，知道要用對的方式來表達需求。

2. (1) 教學較可兼顧全體；(2) 學生不需常分班適應；(3) 全校學生彼此熟稔，衝突少；(4) 較易進行多元教學及評量。

3. (1) 沒有人落後學習，沒有人學不會，分小組學習成效佳；(2) 對與自己不一樣（特殊）的孩子，態度不同，接納多，不互相比較，願意協助同學完成。(3) 生活較務實，不只是書呆子。

4. 人本教育，強調如何與人互動，重視生活教育，重視小孩生活能力。

5. (1) 普通生、特殊生自然融合相處；(2) 氣氛是融洽互助而不是競爭；(3) 師生比例讓孩子獲得更多照顧；(4) 孩子的優點比較容易被看見及肯定，因為老師的包容力較高，也因為人數少，孩子比較有機會得到發揮、學習的表現機會，可增加自信心。

6. 無差異化的學習，沒有排他的觀念，學習關懷，愛護弱勢族群，五育並存。

六年級

1. 讓孩子學會付出、互信、互助、尊重、接納他人。

2. (1) 適性；(2) 擴大孩子的眼界；(3) 培養孩子彼此尊重、接納、謙和、同情的性格；(4) 多元化學習，含融合精神。

3. 每個孩子能依自己的能力學習，而從中得到自信，一切跟自己比而不是跟別人比較。

4. (1) 學習跟不同人相處；(2) 較會照顧、同理人；(3) 會主動思考，自發學習。

5. 尊重及包容人的個別差異，激發及實現人的善良本質。小兒子班上的新同學，全班把他當弟弟來對待，他的言行讓大家覺得純真可愛。

6. 上課較活潑。

7. 看見彼此的差異，尊重彼此的差異，接納彼此的差異，融合彼此的差異。

8. 包容性高，孩子們有愛心，遇到事情會想辦法解決，對特殊生會予以協助。

9. 孩子學會寬容、耐心。

(五) 融合教育的缺點

您認為融合教育有哪些缺點，請舉例說明。

一年級

1. 在短期的幾年之中，或許在課業的競爭上不如一般學校。

2. 實驗性質的教育方式，隨時可終止的計畫，影響孩子的受教權及老師的工作權；家長與老師、學生與校區環境、同學的適應程度都沒有全盤的考量。

3. 學習進度可能較一般學校慢，一般生可能有未來競爭力不足之疑慮。

4. 有的特殊生情緒不穩時會有攻擊情形或無法靜下來，例如上課時四處奔跑走動，突然丟東西或動手打人。

5. (1) 特殊生狀況太多難免影響其他孩子的學習；(2) 老師的互動影響班級運作；(3) 不適合重症的特殊生。

6. 無。

7. 代課老師的素質良莠不齊，沒有一定的管道可以約束管理，影響孩子的受教權利。

8. 今日的融合校區沒有給老師應有的安心任教環境，內部溝通協調度也不好。

9. (1) 若任課教師沒有專業特教能力，將無法給特殊生專業幫助；(2) 學生個別差異大，教師工作量大、壓力大。

二年級

1. 孩子初期接觸（一年級生）可能會因為對部分身邊同學的行為尚無法分辨或理解，而造成錯誤的模仿或學習，但經過一段時間後便能改善或導正。

2. 較少個別教學。

3. 為了配合特殊生，部分教學進度易落後。為了跟上一般生，部分課程特殊生會較吃力。

三年級

1. 太多優點就是缺點。

2. 可能會減低老師對普通生的注意和時間，使普通生受教品質降低，甚至普通兒童會模仿問題行為。教師比較一般學校多，可能會出現老師間教學意見上的分歧。

3. 老師間若意見理念不合，容易讓孩子產生無所適從的情況。

4. (1) 即使是在融合班就學的孩子父母，對許多融合方面的知識仍很薄弱，更不用說一般社會大眾會了解；(2) 融合和外界互通的管道似乎薄弱，學生缺少一些外界的刺激。例如去附小本部比賽說故事，完全是去湊數的。

5. (1) 融合教育的執行難度高，如果體制及教師沒有全力的建構及付出熱情，反而讓孩子們成為實驗品；(2) 家長對於融合教育要有充分的理解，

才能在過程中「補足」現有資源不足的缺口，與一般義務教育的參與度有相當的差異。

6. 老師如果訓練不夠的話，可能比較沒有能力及經驗處理特殊孩子的問題，久而久之，有些老師會以班上的大多數（普通生）為主體，特殊生易邊緣化。教學上也較不能落實多層次教學。

7. 融合班的環境單純，造就了孩子單純的個性，單純到有時面對其他孩子的不友善行為無招架之力。

8. (1) 資源常常缺乏，凡事需向校本部聯繫；(2) 原與校本部分開舉行的大活動，一旦融合一起辦，會顯得格格不入。

9. (1) 一般生可能被特殊生攻擊受傷；(2) 政府對這方面的教育不夠重視，在資源方面難以到位；(3) 師資難尋。

10. (1) 與一般學校相比，教學的進度和要求的強度會較慢（低）；(2) 普通生畢業後回歸正常的教學體制，可能會有適應不良的情形；(3) 情緒障礙的特殊生，容易造成學習的干擾。

11. 融合教育需要投入的教師、教育資源較一般教育多很多，須動用更多的社會資源，要國家投入更多的人力資源才能把融合教育的理念完全徹底地實現。對的事就該堅持實行下去，一起加油吧！

四年級

1. 因政府不支持，無法永續，造成老師的流動率高，學生的學習易受影響。沒有支持的法令。

2. 教師流動大，藝能科似乎無專任老師，沒有操場。

五年級

1. 因為融合教育是一個理念，我覺得家長也必須認同，不適合其他自我意識很強的家長，這會讓融合理念消失。

2. (1) 課程並無特別之處；(2) 教育教學責任較重；(3) 普通生人數不足。

3. (1) 學業成績短期內可能沒有比他校優異，長期在觀察中；(2) 有時部分同學起鬨（同學相處多年），新手老師較難掌控；(3) 無法要求用紙筆測驗來評定每個孩子的學習成就。

4. 孩子競爭少，校園太小活動空間少，太過保護小孩，孩子的視野小。

5. 融合的環境是比較友善的，但是等孩子畢業離開之後，到了外面反而不適應外面的環境（強調競爭）。

6. 沒有精英式的學習、課業壓力小、放任式的學習，孩子容易懶散，怕畢業後國中程度會跟不上同儕。

六年級

1. (1) 教學資源、人員不足，閉門造車，如為竹大附小校區應該與校本部一樣，孩子可有各種專業任課老師任課；(2) 資訊不足，融合孩子也可與校本部孩子一樣，知道各種活動競賽訊息、參與活動。

2. (1) 師資缺失，須先對融合有興趣，進而接受資訊與培訓；(2) 政府的支持不足，若是好的並且是可行的教育方針，不應受法規限制，而應調整規定。台灣的學校較一致性，但孩子不是全都一樣，為何不能在大城市先實施多元的校區，讓孩子在適合的環境中學習、成長；而不是把孩子塞到一定的模式中，強迫他們接受。若能有一個特殊學校設置部門，專門審校、評估，如此不需要受太多法規牽制。台灣的教育不進步，孩子不進步，國家社會也不進步。

3. (1) 對於中高年級以後的很多科目，仍是須細分，分組上課。孩子的能力愈大，感覺普通生和特殊生的差距會更大，在體能、行為及學習上的懸殊，讓他們在高年級時較難融合；(2) 另外，在這裡老師需要有很好專業的特教方面訓練，才能針對特別的孩子做合適的教學及引導，否則特別的孩子問題會更大，和同儕間的相處及互動會日漸有問題。而老師在排解特殊生及普通生的糾紛時，需要很好的技巧，讓孩子心中的不滿得到尊重與平撫，才不會產生特殊生好像沒被尊重，而普通生覺得老是因為特殊生害他被責備，這點我覺得是不容易克服的；(3) 老師之間亦須做到尊重、溝通及支援。這裡常發生老師間不能彼此合作的問題，進而影響整個班的運作，這是我認為融合教育的缺點之一。要每班的老師都能有很好的團隊合作模式進行並不容易。

4. 不同學生較難特定教學。

5. (1) 資源仍覺缺乏，凡事須向校本部聯繫；(2) 原與校本部分開舉行大型活動，平日未接觸、相處，結果畢業典禮、畢業旅行參雜一起，感覺格格不入。

6. 可能教學上會有一些阻礙，如功課或一些進度等。

7. 課業比較差。

(六) 融合教育與其他學校的不同

您認為融合班與其他學校不一樣的地方有哪些？請舉例說明。

一年級

1. 最好的是融合班的校區，另一個就是現在的老師，因為硬體與軟體（人），所以融合班才顯得不一樣。

2. (1) 學習成果的評量方式不同；(2) 教職員與學生人數的比例不同；(3) 學習環境、考試壓力都不大相同。

3. (1) 沒有在其他學校就讀過，無具體例子做比較；(2) 融合班老師具特教經驗或背景，能更直接給予學生幫助與輔導。

4. 小班教學，作業活潑不死板，例如一個班級只有 20 個左右的學生，搭配兩位老師；作業會有字的聯想、引導造詞、造句及繪圖等。

5. (1) 師生比；(2) 分組教學；(3) 包容多元的環境；(4) 學生的高 EQ；(5) 老師的用心。

6. (1) 學生組合不同；(2) 老師背景不同；(3) 師生比不同；(4) 無障礙環境較完善；(5) 教學方式不同。

7. (1) 課程的安排、成績的呈現方式；(2) 對於分數的不重視，讓學習狀況尚不穩定的孩子不會因為所謂考卷分數而影響信心，多樣的課程讓孩子視野更開闊。

8. 真正的融合環境，並非政府的假融合、假齊頭式的平等。

9. (1) 配置比較多老師，能對學生有較多關注；(2) 老師的特教專業能力足夠時，較能應付特殊生個別需要。

二年級

1. 有較多老師可以教導小朋友。

2. 一般學校因為沒有適當的環境、課程、規劃、人力安排等，學生常以刻板的印象去看待特殊生，往往無法同理特殊生的差異，積非成是的觀念容易苛求特殊生的表現，進而變相的霸凌、變成衝突。如果能讓特殊生被尊

重，接受正常的相處及學習，也許能對社會有正面的貢獻，反而是社會之福。

三年級

1. 最大不同是一般生和特殊生在同一間教室學習，一般生會照顧與關懷比自己弱勢的同儕，特殊生有不被排擠及一起相處、學習的機會，這麼好的教育體制最大的遠景是遍及每個學校，達到愛、世界和平。

2. 活潑、啟發的方式教學，以合作的方式代替個人的競爭，對於個別的差異，老師會教導尊重與了解。

3. (1) 不以智育成績決定一切，鼓勵孩子適性發展，孩子們被自然教育「尊重差異」；(2) 普、特生比例，讓融合教育真正被落實；(3) 每年的合唱比賽、啦啦隊比賽、水上運動會等，都可以看到普、特生合作呈現，絕對和別的學校不一樣。

4. 孩子及家長不太會把成績當作唯一指標，因理念相近而把孩子送來融合，在觀念上會比較接近。

5. (1) 尊重差異，而且讓差異融合生活中，例如班上的特殊生與一般生共同生活、學習，孩子們能從中知道如何與不同人相處，不帶著同情，而是完全的接納、自然的互動及互助；(2) 學習多元，雖然融合班不若一般學校有相當的分科專業教師，但是透過學生、家長社群的互助，反而發展出適性的成果，如游泳。

6. 小班制教學、較優的師生比、非制式排排坐的座位、尊重個別的差異，讓孩子的優點較能有機會發揮。

7. 對於每個人的差異多了包容力與尊重，在融合班注重發揮所長一起合作，與其他學校的強調競爭，風格迥異。例如：(1) 曾聽朋友講述，他孩子的班上有位「天兵」（推測是 ADHD），而這個名詞是由班上的導師冠上的；(2) 朋友的孩子因較慢加入舞蹈社團，技術不如舊生純熟，因而不准代表舞蹈社參與比賽。以上的實例，在我就讀融合班的小孩身邊從未聽聞。

8. 老師師資有愛心、耐心、專業及包容力與孩子們作伴上課。

9. (1) 特殊生的比例比較高；(2) 老師也都有特教背景居多。

10. (1) 目前融合校區以普特生 2：1 的比例安排，每班兩位老師加上特教助理員（非專屬），在人數的安排能照顧到特殊生，也能清除一些普通生教學強度較一般學校弱的問題；(2) 老師非常有愛心和耐心，用鼓勵代替責備和要求；(3) 強調團隊目標而不是個人成績，例如運動會的啦啦隊競賽，可以明顯感受到普特生之間的相處融洽與合作無間。

11. 學校用融合教育教導孩子，教導大家互相友愛、互相包容、互相學習。

12. 師資質量佳、學習環境佳、教學理念和方法佳，因材施教、有教無類，每個孩子都得到老師、同學的用心教導，自然能開心地學習成長。

四年級

1. 一般學校多半是大班制，一位老師須照顧二十多位學生，學生的德行可能照顧不周，而融合班有幾位老師的照顧，學生的德行和品行較容易照顧周全，學生與老師之間的互動更密切。

2. 一般學校是放一至兩位特殊生在班上，特殊生在班上易受歧視、忽略，甚至不容易受到尊重，融合班因為是以 16 位一般生和 8 位特殊生形成的班級，雙方能真正在良性的互動中學習與成長。

3. 利大於弊、優大於劣、小瑕不掩大瑜，故希望融合班可以永續經營，以造福更多的家庭。加油！辛苦了！感謝！

五年級

1. (1) 是一個善良的環境；(2) 可以讓特殊生有學習良好人際互動的環境；(3) 普通生家長也能同理特殊生，不會像一般學校會有家長排斥，讓特殊生及其家長因為學習環境而擔心；(4) 普通生也不會惡作劇特殊生，或者整特殊生；(5) 老師的介入也讓雙方的學習環境是雙贏的；(6) 因為層次化，也可滿足孩子學習所需。

2. (1) 環境安全；(2) 學生單純；(3) 師生比例較大；(4) 校地小，沒有運動場；(5) 一般生能體驗的班際比賽、園遊會、福利社等皆無法感受。

3. (1) 老師多、學生少、班級數少；(2) 不會大驚小怪地打小報告；(3) 家長不會比較孩子的成績、才藝、財富等；(4) 家長不會期待學校應如何……，孩子有歸屬感。

4. (1) 非填鴨式教學；(2) 給孩子較大的發展空間；(3) 鼓勵多於處罰；(4) 老

師較有耐心。

5. (1) 普、特生自然融合相處；(2) 氣氛是融洽互助而不是競爭；(3) 師生比例讓孩子獲得更多照顧；(4) 孩子的優點比較容易被看見及肯定。因為老師的包容力較高，也因為人數少，孩子比較有機會得到發揮學習的表現機會，可增加自信心。

6. (1) 教學方式較民主、自由，內容比較豐富、活潑；(2) 老師多半較有耐心、會聆聽孩子的心聲；(3) 老師也會觀察孩子的反應狀況；(4) 老師會主動告知孩子的狀況給家長知道，我們比較放心。

六年級

1. (1) 組成分子不複雜、學校環境單純；(2) 班級人數少，老師可以照顧到孩子的需求；(3) 孩子可以包容與自己不同的同學（小天使）；(4) 孩子在班上表現的機會較多；(5) 學生有問題，家長可以與老師密切溝通、快速改善。

2. (1) 普通生與特殊生能在彼此接納的氛圍中一同學習、成長；(2) 普通生能學習協助同學，並不認為同學有特別之處，而是同學的特質、個性就是如此；(3) 特殊生在同一班能有同性質的同學，不覺得孤單，且與普通生一同合唱、跳舞、活動等；(4) 課程多元化，依照特殊生的程度有所調整。

3. 進入學校就讀的孩子，家長在之前就了解班上會有幾位特殊生的存在，因此更能互相包容理解。

4. (1) 師生比例較高，學生受到較多的關注；(2) 同學感情深厚；(3) 教學多元。

5. 尊重不同特質及缺陷的孩子，是融合班的特色。不同特質的孩子能有比較大的自我空間（相對於普通學校），做自己及從中學習克服與調整自我的問題，而較不被邊緣化。如有一位特殊生，他的受挫力非常低，生氣起來威力非常大，但他的電腦技能好到不行，我沒聽孩子埋怨他什麼，反而是電腦上存的東西常要拜託他弄。他的問題在這裡沒被凸顯及放大，優點則被發現，我的孩子很崇拜他的專業能力。

6. 上課較彈性。

7. 老師師資、愛心、耐心、專業沒話說，包容力更是足。

8. 教學較多元，包容性高，有一些較別的學校不同的做法。因為在別的學校，特殊生較易受到欺負，但融合教育則是以尊重、包容差異性……，讓普通生和特殊生的待遇是平等的，非常感謝。

9. 學校人數少，老師和學生互動多，較熟悉彼此，沒有霸凌，大家相處融洽。

參考文獻

中文部分

吳淑美（1992）。發展遲緩幼兒在回歸主流教育安置下社會互動、社會地位及發展能力之研究。國立彰化師範大學特殊教育學系暨研究所特殊教育學報，**7**，45-83。

吳淑美（1996）。**國小特教完全包含班級教學活動實錄**。國立新竹師範學院特殊教育中心。

吳淑美（1997）。融合式班級設立之要件。**特教新知通訊，4**（8），1-2。

吳淑美（1998）。**個別化教育方案執行手冊**。台北市：心理。

吳淑美（1998）。**學前融合教學理念篇**。台北市：心理。

吳淑美（2001）。**比較融合班中普通及特殊學生教學情境之不同**。行政院國家科學委員會專題研究計畫成果報告（NSC89-2413-H-134-018），未出版，新竹市。

吳淑美（2002）。**融合班教師具備之教學理念及調整教學能力之研究**。行政院國家科學委員會專題研究計畫成果報告（NSC90-2413-H-134-006），未出版，新竹市。

吳淑美（2004）。**融合班的理論與實務**。台北市：心理。

吳筱蒨（2004）。探討自閉症兒童在融合班的學習經驗：以三個就讀竹師實小融合班的自閉症學生為例。國立新竹教育大學特教系碩士論文，未出版，新竹市。

呂岡沛（2004）。融合教育理念之學習空間的建築計畫研究：以竹師實小融合班為例。中原大學建築學系碩士論文，未出版，桃園市。

李淑玲（譯）（2011）。**普通班融合重度及多重障礙學生：教師的實務策略**。台北市：心理。

易世為（2005）。探討合作小組學習對增進特殊生溝通能力與社會地位之成效研究：以二名就讀國中融合班特殊生為例。國立新竹教育大學特教系碩士論文，未出版，新竹市。

林心茹（譯）（2005）。活用多元智慧。台北市：遠流。

林素貞（2013）。差異化教學與成功學習，教育研究月刊，**233**，46-60。

鈕文英（2002）。大津融合中小學實驗班之發展與成效研究。中原學報，**30**，239-262。

鈕文英（2008）。擁抱個別差異的新典範：融合教育。台北市：心理。

黃蕙姿、林銘泉（譯）（2003）。愛上小雨人：自閉症參與融合教育完全手冊。台北市：心理。

鄭耀嬋（2002）。國小融合班學生學習態度及其相關因素之探討。國立嘉義大學特殊教育學系碩士班碩士論文，未出版，嘉義市。

盧台華（2011）。從個別差異、課程調整與區分性教學的理念談新修訂特殊教育課程綱要的設計與實施。特殊教育季刊，**119**，1-6。

英文部分

Baker, J., & Zigmond, N. (1995). The meaning and practice of inclusion for students with learning disabilities: Themes and implications from the five cases. *Journal of Special Education, 29*(2), 163-180.

Clayton, J., Burdge, M., Denham, A., Kleinert, H. L., & Kearns, J. (2006). A four-step process for accessing the general curriculum for students with significant cognitive disabilities. *Council for Exceptional Children, 38*(5), 20-27.

Creemers, B. (1996). The goal of effectiveness and school improvement. In D. Reynolds, R. Bollen, B. Creemers, D. Hopkins, L. Stoll & N. Lagerweij (Eds.), *Making good schools: Linking school effectiveness and school improvement.* London: Routledge.

Downing, J. E. (1996). *Including students with severe and multiple disabilities in typical classrooms.* Baltimore: Paul. H. Brookes.

Downing, J. E., & Eichinger, J. (2003). Creating learning opportunities for students with severe disabilities in inclusive classrooms. *Teaching Exceptional Children, 36*(1), 26-31.

Ferguson, D., Ralph, C., & Meyer, C. (2001). Designing personalized learning for every for planning for diverse student needs during content area. *The Reading*

Teacher, 47(8).

Fuchs, D., & Fuchs, L. S. (1994). Inclusive schools movement and the radicalization of special education reform. *Exceptional Children, 60*, 294-309.

Gaylord-Ross, R. (1989). *Integration strategies for students with handicaps*. Baltimore: Paul. H. Brookes.

Giangreco, M. F., Cloninger, C. J., & Iverson, V. S. (2011). *Choosing outcomes and accommodations for children (COACH): A guide to educational planning for students with disabilities* (3rd edition). Baltimore: Paul H. Brookes.

Herre, H. (2008). *Willing and able: The Patrick O'Hearn School (Video)*. IMDb.

Inclusion International (1996). *Inclusion: News from inclusion*. International, Brussels: Inclusion International.

Kasa-Hendrickson, C. (2002). *Participation in the inclusive classroom: Successful teachers non-verbal students with autism*. Unpublished manuscript, Syracuse University: New York.

Kelly, A. V. (1992). Concepts of assessment: An overview. In G. Blenkin & A. V. Kelly (Eds.), *Assessment in early childhood education* (pp. 1-23). London: Paul Chapman Publishing.

Kochhar, C. A., West, L. L., Taymans, J. M. (1996). *Handbook for successful inclusion*. Maryland: Aspen Publishers.

Mastropieri, M. A., & Scruggs, T. E. (2001). Promoting inclusion in secondary classrooms. *Learning Disability Quarterly, November 24*, 265-274,

Mayle, J., & Riegel, R. H. (1979). Maladies and remedies: Guidelines for modifications of materials and methods for mainstreamed adolescents with academic difficulties. *Review of Educational Research, 49*, 517-555.

McMaster, C. (2013). Building inclusion from the ground up: A review of whole school re-culturing programs for sustaining inclusive change. *International Journal of Whole Schooling, 9*(2), 1-24.

Onosko, J., & Jorgensen, C. (1998). Unit and lesson planning in the inclusive classroom: Maximizing learning opportunities for all students. In C. Jorgensen (Ed.), *Restructuring high schools for all students* (pp. 71-105). Baltimore: Paul

H. Brookes.

Oyler, C. (2001). Democratic classrooms and accessible instruction. *Democracy & Education, 14*, 28-31.

Rouse, M., & Florian, L. (1996). Effective inclusive schools: A study in two countries. *Cambridge Journal of Education, 26*(1), 71-85.

Sailor, W. (1991). Special education in the restructured school. *Remedial and Special Education, 129*(6), 8-22.

Schumm, J. S., Vaughn, S., & Leavell, A. G. (1994). A planning pyramid: A framework for planning for diverse student needs during content area. *The Reading Teacher, 47*(8). (http://www.teachervision.fen.com/learning-disabilities)

Smith, T. E. (1995). *Teaching students with special needs in inclusive setting.* Boston: Allyn and Bacon.

Udvari-Solner, A. (1996). Examining teacher thinking: Constructing a process to design curricular adaptations. *Remedial and Special Education, 17*, 245-254.

國家圖書館出版品預行編目（CIP）資料

融合教育理論與實務／吳淑美著. --初版. --
新北市：心理, 2016.02
面；　公分. --（障礙教育系列；63136）
ISBN 978-986-191-701-6（平裝）

1.融合教育　2.教育理論

529.51　　　　　　　　　　　　　105000448

障礙教育系列 63136

融合教育理論與實務

作　　者：吳淑美

執行編輯：高碧嶸

總 編 輯：林敬堯

發 行 人：洪有義

出 版 者：心理出版社股份有限公司

地　　址：231026 新北市新店區光明街 288 號 7 樓

電　　話：(02) 29150566

傳　　真：(02) 29152928

郵撥帳號：19293172　心理出版社股份有限公司

網　　址：https://www.psy.com.tw

電子信箱：psychoco@ms15.hinet.net

排 版 者：鄭珮瑩

印 刷 者：竹陞印刷企業有限公司

初版一刷：2016 年 2 月

初版二刷：2021 年 8 月

I S B N：978-986-191-701-6

定　　價：新台幣 380 元